KB129173

자원봉사론

Volunteer Management

| 김범수 · 이기백 공저 |

학지사

머리말

　한국사회복지교육협의회에서 자원봉사론(Volunteer Management)이라는 교과목을 사회복지사 자격 선택과목으로 선정하게 된 시기는 2000년대 초였다. 당시만 해도 아동복지, 장애인복지, 노인복지, 지역사회복지관 분야 등 사회복지실천현장에서 많은 자원봉사자가 활동하고 있었다. 그 과정에서 자원봉사자를 효과적으로 관리할 수 있는 전문가의 필요를 느끼면서 자원봉사론이 사회복지사 자격 선택 교과목으로 선정되었다.

　자원봉사론 교육이 시작된 지 20여 년이 지난 지금, 자원봉사 영역은 크게 달라졌다. 이제 자원봉사는 전통적인 사회복지실천현장뿐만 아니라 문화, 체육, 기후변화 등 우리 삶과 연결되는 다양한 분야로 확대되었다. 그리고 이러한 자원봉사 활동을 지원하는 자원봉사센터, 청소년진흥센터, 시민단체, 사회복지시설·단체와 코이카 사업을 통해 수많은 국제기구에서 자원봉사관리가 새로운 일자리를 창출하는 시장으로 변화하였다.

　마침 한국사회복지교육협의회에서도 자원봉사론의 교과내용을 시의성 있게 대폭 개정하였다. 이 책도 개정된 한국사회복지교육협의회의 교과내용을 참조하여 최근 자원봉사계의 패러다임 변화에 발맞추어 새 시대에 맞는 자원봉사전문가 양성을 위한 교과내용으로 집필하였다.

　이 책의 구성내용은 다음과 같다. 먼저, 제1부 자원봉사의 역사와 이론에서는 자원봉사에 대한 이해, 자원봉사 관련 이론, 우리나라와 일본의 자원봉사, 영국과 미국의 자원봉사를 다루었다.

제2부 자원봉사 관리과정에서는 효율적인 자원봉사관리, 자원봉사 프로그램 개발과 활동설계, 자원봉사자 모집과 선발, 자원봉사자 교육훈련과 배치, 자원봉사 수퍼비전과 활동관리, 자원봉사자 인정·보상과 평가를 분석했다.

제3부 자원봉사 분야의 전망과 과제에서는 활동분야별 자원봉사, 자원봉사센터와 재난관리, 우리나라 자원봉사운동의 과제를 제시하였다.

자원봉사관리란 자원봉사자가 보람과 긍지, 성취감을 가지며 지속적인 활동을 통하여 성장할 수 있도록 하고, 자원봉사 프로그램을 성공적으로 이끄는 것을 말한다. 그러나 자원봉사에 대한 낮은 참여율과 높은 중도 탈락률을 보면 자원봉사자를 효율적으로 관리한다고 하는 것은 쉽지 않은 일이다. 또한 자원봉사 전문성이 부족한 관리자가 자원봉사업무를 추진하면서 빠르게 변화하는 지역사회와 주민들의 욕구에 대응하지 못해 갈등을 초래하는 상황들이 발생하고 있다. 이 책은 이러한 면에 초점을 맞추어 집필하는 데 최선을 다했다.

이 책은 특별히 대학과 자원봉사센터 현직에 있는 두 전문가가 많은 논의를 거쳐 완성한 교재이다. 또한 교재를 집필하면서 부족한 부분이나 더 다루고 싶은 내용은 QR코드를 통하여 정보를 알 수 있도록 하였다. 앞으로도 자원봉사의 새로운 정보와 부족한 부분은 계속적으로 보완해 나갈 것이다.

그리고 이 교재가 탄생하기까지 출판을 맡아 주신 학지사 김진환 사장님과 한승희 부장님 그리고 편집부 직원 여러분께 감사를 드린다.

2021년 2월
공동집필 김범수, 이기백

차례

제3부 자원봉사 분야의 전망과 과제

제1부
· · · · ·
자원봉사의 역사와 이론

자원봉사에 대한 이해

1. 자원봉사 정의와 전문용어

자원봉사란 개인의 봉사활동을 통하여 우리 사회를 바람직한 사회로 변화시키는 활동을 말한다. 레이 노다(Ray Norda)는 "변화를 만들어 내면 리더가 되고, 변화를 받아들이면 생존자가 되지만, 변화를 거부하면 죽음을 맞이하게 될 뿐이다(Cause change and lead, Accept change and survive, Resist change and die)."라고 했다.

로렌츠(E. Lorentz)는 "나비들이 날아가며 일으키는 작은 바람이 태풍을 일으킨다."고 하였다. 작은 물방울이 모여 강물이 되고, 강물은 모여 바다를 이룬다. 우리 사회에 자원봉사 · 사회봉사 운동이 정착될 수 있을까 하며 운동을 시작한 때가 1970년대 후반이다. 50여 년이 지난 지금, 우리 사회는 작은 자원봉사 나비들의 잔잔한 바람에 의해 조용한 파장이 일어나고 있다. 이러한 나비들의 파장은 점차적으로 전 사회를 바람직한 방향으로 변화시켜 나가고 있다.

1) 우리나라 자원봉사 용어의 사용 유래

우리 사회에서 자원봉사자(自願奉仕者)라는 용어가 사용된 유래를 먼저 살펴보는 것도 의미가 있다. 우리나라에 자원봉사라는 용어가 정착되기 이전에는 적선(積善), 적선자(積善者), 선행(善行), 선행자(善行者)라는 용어가 사용되었다. 즉, 선한 일, 착한 일을 하는 것 자체 또는 그것을 실행하는 사람을 일컫는 말이었다.

1978년 10월, 한국사회복지협의회에서 사회봉사안내소를 개소하려고 준비작업을 하고 있을 때였다. 당시까지만 해도 자원봉사자라는 용어 대신 봉사자, 봉사원, 봉사활동원, 적십자봉사원 등의 용어가 사용되고 있었다.

사회봉사안내소 개소 준비위원회에서는 먼저 'volunteer'라는 용어를 어떻게 사용할 것인지 논의하고자 자문위원회를 개최했다. 당시까지만 해도 volunteer는 볼룬티어, 보란티어, 발룬티어 등의 표기로 다양하게 사용되고 있었다. 당시 자문회의에서는 우리말로는 '자원봉사자'로, 영어 발음을 그대로 표기할 때는 '볼런티어'로 사용하기로 결정하였다.

그러나 김영호(1997)는 자원봉사라는 표현에 강한 문제를 제기하며, 무언가 상대에게 주는 의미만 있는 것 같은 '봉사'라는 표현은 적절치 못하다고 주장하였다. 그는 이에 대한 대안으로서 '자원복지활동원(自願福祉活動員)'이라는 용어를 제안 사용하고 있다. 한국여성정책연구원에서도 1986년도에 자원봉사자들을 훈련시키면서 자원봉사자라는 표현에서 봉사라는 용어가 적절하지 않다고 문제를 제기하고 '자원활동원', '자원활동자'라는 용어를 사용하고 있다.

'볼런티어21[현 (사)한국자원봉사문화]'은 자원봉사활동을 재미있게 하자는 의미에서 '볼런테인먼트(voluntainment, volunteer와 entertainment의 합성어)'를 사용하고 있다.

또한 자원봉사와 사회봉사는 가장 많이 사용되는 용어이다. 일반적으로 사회봉사라는 용어는 자원봉사와 일부 개념상의 구분 없이 혼용 사용되어 왔었다. 그러나 자원봉사의 용어는 자발적으로 시작한다는 'voluntus(자유의 지)'에서 출발한 것이기 때문에 '사회봉사'보다는 '자원봉사'가 알맞은 용어라 할 수 있다.

단, 대학에서 넓은 의미의 봉사활동을 지칭하기 위해 사회봉사라는 과목을 개설 사회봉사 혹은 자원봉사라는 용어를 병행하여 사용할 수 있다. 그러나 자원봉사활동에 참여하는 개인을 지칭할 때 사회봉사자라고 하는 지칭은 적절하지 않으며, 자원봉사자라는 용어가 더 정확한 표현이다. 본 교재에서는 일반적으로 우리 사회에서 정착 사용하고 있는 자원봉사, 자원봉사자라는 용어를 사용하였다.

2) 자원봉사의 정의

트랙커(H. B. Trecker)는 "자원봉사자란 지역사회의 복지증진을 위해 노력하는 사회기관·단체에서 무보수로 자발적인 노력을 하는 사람"이라고 하였다. 미국의 『사회사업백과사전』에서는 자원봉사에 참여하기를 원하는 사람들이 자원봉사에 관한 일정한 교육을 이수하고 참여할 것을 전제하고 있다. 바꾸어 말하면, 자원봉사에 관한 일정한 교육을 이수하지 않은 사람은 예비 자원봉사자 또는 자원봉사 신청자일 뿐이지 자원봉사자는 아니라는 의미다. 또한 자원봉사자란 지역사회의 문제를 해결하기 위하여 자신의 이득을 생각하지 않고 사회적책임하에 참여하는 활동이라고 하였다.

한국사회복지협의회는 자원봉사활동을 사회문제의 예방 및 해결이나 국가의 공익사업을 수행하고 있는 조직에 자발적으로 참여하여, 반대급부를 받지 않고 인간존중의 정신과 민주주의 원칙에 입각해서 필요한 서비스를 제공하여 이타심의 실현과 자기실현을 성취하고자 하는 활동으로 보고 있다 (한국사회복지협의회, 1978).

이와 같이 자원봉사자란 지역사회의 사회문제 및 해결에 참여하기 위해 자원봉사 관련기관에서 실시하는 자원봉사교육을 이수하고 일정 기간 동안 정기적으로 자원봉사활동에 참여한 자라고 말할 수 있다.

그러나 자원봉사를 전통적 정의인 상부상조(mutual aid)와 연계하여 보는 입장도 있다. 사람은 세계 어느 곳에서나 생존하기 위해서, 혹은 좀 더 편안한 삶을 위해서 서로에게 도움을 주면서 생활하여 왔다. 즉, 어려운 여건에 있는 사람들은 서로 도움을 주고받는 관계에 바탕을 둔 긴밀한 연계망 속에서 살고 있다. 전통사회에서 농부들은 추수할 때 서로 돕거나 공동의 재정을 계획하고 유지하며 살았다. 또한 어떤 공동체에서는 누군가가 죽으면 여러 사람이 함께 도와서 장례식을 치렀다. 현대사회에서도 종교 공동체들은 여전히 이러한 긴밀한 비공식적 연계망을 형성하고 있다. 사회가 현대화될수록 상부상조의 연계망은 더 공식적이고 협조적인 조직으로 발전하고 있다. 이러한 상부상조는 오늘날 자원봉사활동의 출발에 큰 근거가 된다. 많은 사회에서 사람 간의 연계는 더 개방되어 가고, 구성원은 도움을 통하여 누군가와 관계 맺기를 원하고 있다(볼런티어21 역, 2002: 23). 또한 삶이 여유로워짐에 따라 그러한 상부상조의 협력관계는 더 이상 서로 돕는 것에만 국한되지 않고 여가시간을 함께 보내거나 사회변화를 위한 자원봉사활동을 하는 것으로 점차 변화되어 나가고 있다.

3) 자원봉사 관련 전문용어

자원봉사론(Volunteer Management)이란 교과목이 대학에서 교과목으로 채택되면서 Volunteer와 관련된 용어가 집필자마다 다르게 번역·사용되어 왔다. 지금까지 인용된 자료들을 종합적으로 참조하여 자원봉사와 관련된 용어를 정리하면 다음과 같다.

(1) Volunteerism과 Voluntarism

자원봉사자를 의미하는 'Volunteer'란 라틴어의 'Voluntas(자유의지)'라는 단어에서 유래하였다고 전해진다. 라틴어의 'Volo(의지)'는 영어의 'Will'에 해당되는 단어인데, 이 'Volo'에서 'Voluntas' 'Volunteer'라는 용어로 변화하게 되었다. 이 용어의 의미 속에는 마음속 깊은 곳에서 우러나오는 진심으로 타인을 돕고 사회를 변화시키는 활동을 말한다. 따라서 'Volo'를 포함한 자원봉사의 의미는 타인이나 제도에 의한 것이 아니라 자기 자신의 자유의지를 바탕으로 자발적인 행동을 실천하는 것으로 이해할 수 있다.

그동안 Volunteerism과 Voluntarism에 관한 번역이 교재마다 다양하게 번역 사용되어 왔다. 본 교재에서는 'Volunteerism'이란 '자원봉사주의'로 'Voluntarism'이란 '자원주의'[1]로 사용한다.

두 용어의 의미를 간략히 설명하면 'Volunteerism'이란 용어에는 순수하게 무보수로 자원봉사활동에 참여하는 활동을 말한다. 그러나 'Voluntarism'이란 용어에는 Volunteerism과 비슷한 의미를 가지고 있으면서 비영리 민간단체에서 소정의 활동비나 보수를 받고 활동하는 자들도 포함되어 있음을 의미한다.

(2) Volunteering

자원봉사와 관련하여 또 많이 사용되고 있는 용어는 Volunteering이다. Volunteering(자원봉사)이란 용어는 Volunteer와 함께 비슷한 개념으로 많이 사용되고 있다. 따라서 Volunteering이란 친인척을 위한 봉사활동이 아닌 활동, 일반 개인이나 시설 단체 환경에 공익적인 목적을 가지고 참여하는 봉사활동을 말한다.

---

1) 송민경(2016) 참조.

(3) Voluntourism

'볼런투어리즘(voluntourism)'이란 'Volunteer'와 'Tourism'의 합성어이다. 휴가를 활용할 수 있는 직장인이 관광도 하고 일부 시간을 활용하여 빈곤지역의 현지인과 함께 숙박하며 봉사활동을 펼치는 것을 말한다. 볼런투어리즘 활동을 통해 저개발 국가의 현실을 제대로 이해하는 기회를 갖기도 한다. 또한 관광지에서 사용한 돈이 빈곤한 사람들을 위해 의미 있게 사용되기도 한다.

이 운동은 휴가 기간을 통하여 봉사활동을 한다는 의미로 긍정적으로 평가를 받기도 한다. 이와는 반대로 자원봉사의 의미를 잘 살리지 못하고 사용되는 용어라고 비판하는 학자도 있다. 그러나 단기간 또는 장기간의 휴가를 활용해서 여행과 접목한 자원봉사활동을 다양화하여야 한다는 측면에서 매우 바람직한 활동이라고 할 수 있다.

(4) Community Service

법원의 명령에 따라 교도소 수감 대신에 사회복지시설이나 공공기관에서 「사회봉사명령」이라는 조건으로 활동에 일정기간 참여하여 형을 감형받는 것을 말하는 것으로 엄밀한 의미에서 자원봉사라고 할 수 없다. 단, 「사회봉사명령」이라고 하는 용어에 사회봉사라는 단어가 사용되고 있어 혼란을 가져오기도 하니 주의하여야 한다.

(5) Voluntainment

'볼런테인먼트(voluntainment)'란 'Volunteer'와 'Entertainment'의 합성어이다. 자원봉사활동에 참여하고 싶어도 참여하기까지 여러 가지 교육과 과정이 필요하여 이후 자원봉사활동에 흥미를 갖지 못하는 사람들이 있다. 때문에 자원봉사활동에 참여하고 싶어도 참여하지 못하거나 중도에 포기하는 사람이 많다. 자원봉사활동은 일단 부담 없이 언제 어디서나 쉽게 흥미롭게 참여할 수 있어야 한다는 의견이 제기되면서 볼런테인먼트의 활동이 시작되었다.

이러한 주장에 관하여 일부 학자들은 자원봉사활동 프로그램을 흥미와 재미 위주로 기획하다 보면 자원봉사의 정체성에 혼란을 가져올 수 있다고 비판하기도 한다. 그러나 자원봉사활동이란 가까운 곳에서 대상자와 쉽게 어울리며 흥미를 가지고 자원봉사활동에 참여하게 하자는 의도를 지닌 볼런테인먼트의 개념은 자원봉사 영역에서 지속적으로 적용 활용해 나가는 것이 바람직해 보인다.

(6) 프로보노

프로보노란 라틴어 'pro bono publico'의 줄임말로 '공익을 위하여' 참여하는 활동을 말한다. 1989년 미국변호사협회 산하의 '프로보노 공익활동위원회'가 적극적인 법률 프로보노 봉사활동(Law Firm Pro Bono Challenge Project)을 전개하면서 시작되었다. 이와 같이 프로보노란 미국 변호사들의 공익활동에서 시작되었으며, 변호사를 선임할 경제적인 여유가 없는 개인 또는 단체에 대하여 보수를 받지 않고 법률서비스를 제공하는 활동을 말한다.

미국변호사협회는 1993년부터 모든 변호사에게 연간 50시간 이상을 공익활동의 봉사활동에 참여할 것을 요구하였다. 특히 50인 이상의 대형 로펌(Law Firm)에서는 연간 3~5%의 시간을 프로보노 봉사활동에 참여할 것을 권유하고 있다. 더불어 우리나라에서는 2001년 「변호사법」을 개정하면서 변호사에게 연간 일정시간 이상의 의무적인 공익활동을 하도록 권유하고 있다. 최근 미국에서는 변호사들의 무료변론, 경영컨설팅, 세무컨설팅, 홈페이지 제작 등의 전문 프로보노 활동이 점차 증가하고 있다.

따라서 프로보노 활동은 전문직종의 변호사나 세무사, 경영관련자들의 사회공익활동이라고 할 수 있으며, 자원봉사 활동 대상에 개인도 포함되지만 개인보다는 NGO 등의 단체가 잘 활동해 나갈 수 있도록 지원해 주는 데 치중하고 있다(임태형, 2011; 嵯峨生馬, 2011).

프로보노는 1993년 미국에서 시작한 활동으로, 우리나라에서 사용하고 있는 '재능봉사'나 '지식봉사'와 같은 고유명사와는 그 의미가 다르다. 따라서 프로보노라는 전문용어는 재능봉사, 지식봉사와는 다른 표현으로 '프로보노' 고유명사 그대로 사용하는 것이 바람직하다.

(7) 온라인 자원봉사

2020년도 1월 코로나 19 바이러스 발생 이후부터 그동안 부분적으로 현장에서 실천해 오던 온라인 자원봉사 활동이 더욱 관심을 끌고 있다. 온라인 자원봉사란 자원봉사의 기본적 속성에 충실하면서 집이나 직장과 같은 공간에서 온라인으로 비영리조직, 학교, 정부 그리고 봉사자가 필요한 조직과 사람들에게 도움을 주는 활동을 말한다. 이처럼 온라인 자원봉사는 시간과 공간의 제한된 면 대 면 봉사활동의 한계를 뛰어넘어 더 효과적이고 효율적인 봉사활동으로 인정받고 있다. 코로나 바이러스 사태라는 특유의 상황 속에서 기존의 면 대 면 자원봉사활동과 상호보완적인 관계로서 자원봉사의 저변을 확대하고 질적으로 성장시키는 역할을 할 수 있다. 그러나 컴퓨터나 온라인 사용이 미숙한 경우에는 봉사활동에 앞서 컴퓨터 교육을 실시하여야 한다. 또한 익명성이 보장되는 온라인 환경에서 봉사자가 기한을 지키지 않거나 중도탈락 하는 경우에 대한 철저한 교육과 대응방안을 준비해 두어야 한다(이인영, 2020). 온라인 자원봉사활동의 성공을 위해서 첫째는 책임감 있는 활동, 둘째는 자발적인 활동, 셋째는 지속적인 활동, 마지막으로 이타성과 공익성을 강조하는 활동이 필요하다.

(8) 내셔널트러스트 운동

1895년 영국에서 시작된 내셔널트러스트(national trust) 운동은 시민의 자발적인 자산 기증과 기부를 통해 보존 가치가 높은 자연환경과 문화유산을 확보하여 시민의 소유로 영구히 보전하고 관리하는 시민운동을 말한다.

1907년 영국의 「내셔널트러스트 특별법(The National Trust Act)」의 제정으로 내셔널트러스트가 확보한 자연·문화 유산에 대해서는 개인이나 국가의 소유가 아닌 '시민의 유산'으로 사회적 소유가 실현될 수 있게 되었다. 현재 영국내셔널트러스트는 전 국토의 1%를 소유하고 430만 명의 회원이 활동하는 영국 최대의 사적 토지 소유자이자 시민단체로서, 정부 정책의 감시자와 정부를 능가하는 자연·문화 유산 보전 담당자로서의 역할을 수행하고 있다.

우리나라에서는 2000년에 한국내셔널트러스트가 출범하였으며, 미래 세대를 위해 영구 보전할 수 있는 시민유산 확보를 위한 활동과 이를 제도적으로 뒷받침할 수 있는 '내셔널트러스트법' 제정활동 등을 진행하여 왔으나 아직 법이 제정되지는 못한 상태다.

한국내셔널트러스트

많지는 않지만 우리나라에서는 '강화 매화마름 군락지' '최순우 옛집' '동강 제장마을' '나주 도래마을 옛집' '권진규 아틀리에' '연천 DMZ 일원 임야' '청주 원흥이 방죽 두꺼비 서식지'를 확보하여 시민유산으로 보전·관리하고 있다.

(9) 푸드뱅크

푸드뱅크(Food Bank)란 식품제조기업이나 유통기업이 만든 제품을 유효기간이 넘기 전에 필요한 수요자에게 전달하는 나눔 운동을 말한다. 푸드뱅크에서는 식품제조기업, 유통기업, 개인으로부터 식품과 생활용품을 기부받아 독거노인이나 재가장애인 등 저소득 빈곤층에게 전달하는 나눔 활동을 하고 있다.

푸드뱅크

우리나라에서는 1998년부터 시작되었는데, 지금은 전국 4백여 개소로 조직화되어 운영이 되고 있다. 식품제조기업에서 전달되는 식품 및 생활용품이 연간 수백억 원으로 필요한 대상자들에게 지원이 되고 있다. 이러한 푸드뱅크 운동은 일부 지역의 소상인, 예를 들면 제과업이나 음식점 운영자 등을 통해서도 전개되고 있는데, 이는 나눔봉사 영역에서 매우 중요한 활동이라고 할 수 있다.

2. 자원봉사의 가치와 원칙

자원봉사의 가치는 인간존중에서 시작된다. 자원봉사의 가치는 인간과 대상의 관계를 통해 형성된다. 자원봉사 가치의 목적과 자원봉사 가치를 사회적 가치, 경제적 가치, 개인적 가치로 나누어 살펴본다.

1) 자원봉사 가치의 목적

자원봉사활동은 인간으로서 타인과의 관계 속에서 활동하는 최고의 아름다운 행위이다. 자원봉사를 통해 타인에게 도움을 주기도 하지만 본인 스스로도 얻을 수 있는 이점도 있기 때문에 자원봉사자 활동이 필요하다.

(1) 공공 사회복지서비스의 한계를 극복하기 위해서

자원봉사활동은 공공 사회복지서비스의 한계를 극복하기 위해서 자원봉사자를 활용하는 것이다. 공공서비스는 신속하고 체계적인 서비스를 제공한다는 장점이 있지만 국민들에게 만족할 만한 서비스를 제공해 주지 못하고 있다. 이러한 공공서비스의 한계를 극복하기 위해 자원봉사활동을 필요로 한다.

(2) 수명연장과 여가시간을 활용하여 삶의 질을 향상시키기 위하여

자원봉사활동은 수명연장과 여가시간을 활용하여 삶의 질을 향상시키는데 기여하고 있다. 자원봉사활동을 통해 자신의 모습을 발견하게 됨과 동시에 타인을 위하여 수고하고 난 뒤에 얻어지는 성취감과 만족감이 바로 자신의 생활을 풍요롭게 할 수 있기 때문이다.

(3) 인간성 상실을 회복할 수 있기 때문에

자원봉사활동은 인간성 상실을 회복하는 역할로 자원봉사활동의 필요를 강조하기도 한다. 현대사회에서 물질주의의 팽배 및 첨단과학의 발달로 인한 인간소외 및 고독이 증가하고 있다. 인간성 상실과 함께 우리 사회의 여러 가지 측면이 신뢰감의 상실을 불러일으킨다. 자원봉사활동은 인간성 상실을 회복하는 데 기회를 제공하고 있다.

(4) 자원봉사활동을 통한 주변사람들과의 사회관계망 형성을 위해

인간이 살아가는 데는 가족이나 친구 및 이웃 등 여러 사람의 도움이 필요하다. 인간은 주변 사람들과 '사회관계망'을 형성하고 이 관계망을 통해 물질적, 정서적으로 곤경에 처한 사람들에게 도움을 주고받는다. 이러한 사회적 지지를 주고받으며 건강한 삶을 유지할 수 있다(김현호, 2006).

(5) 자원봉사활동을 통하여 전문기술을 학습할 수 있기 때문에

자원봉사활동을 통하여 학생들은 장래 사회지도자로서의 자질을 경험하며, 전문기술을 학습할 수 있다. 또한 자원봉사자들은 자기 전공에서 학습한 전문지식과 기술을 현장에 적용하여 지역주민을 돕고 자신의 지식과 기술을 보완하는 학습의 연장으로 활용할 수 있다. 또한 학생들은 문제해결 능력을 배울 수 있고 문제의 발생배경이 무엇인지 시야를 넓힐 수 있기 때문이다(현외성, 1998).

자원봉사활동이란 이와 같이 개인의 이익을 추구하는 활동이 아니라 사회의 공익을 추구하는 활동이다. 가장 쉬운 예로 직장과 가정, 가족 등 개인의 사익만 추구하는 사람들이 모여 사는 사회와 공익을 위해 헌신하고 살아가는 사회를 선택하라면 전자와 후자 어느 사회를 선택할 것인가.

경제가 성장하고 선진국이 되기까지는 빈부격차, 환경, 실업 등 다양한 문제가 함께 발생한다. 이러한 사회문제를 어떻게 정부와 민간이 잘 협력해서

극복해 나가는가에 따라서 선진국의 대열에 들어갈 수도 있고 들어가지 못할 수도 있다. 선진국의 사례를 살펴보면 선진국이 되는 과정에서 시민들의 사회참여를 잘 활용해서 극복해 나간 것을 알 수 있다.

2) 자원봉사 가치의 유형

(1) 사회적 가치
① 사회적 가치의 정의
사회적 가치란 사회 조직과 개인의 변화와 발전에 가치를 두는 것을 말한다. 또한 지역사회의 사회적 약자가 있을 때 이해하고 긍정적인 행동을 발생시켜 그들을 돕는 활동을 말한다.

② 사회적 가치의 유형
• 다른 사람과 사회에 대한 이해 및 대인관계 기술 증진
• 지역사회 참여활동과 같은 긍정적 행동 유발
• 세대 간, 계층 간 이해
• 사회적 약자에 대한 이해를 구함
• 국가나 지방조직의 행정이 미치지 못하는 부분에 대해 보완

나비효과(butterfly effective)

나비의 날갯짓처럼 작은 변화가 폭풍우와 같은 커다란 변화를 일으키는 현상으로 사회적 가치와 비유하여 사용되기도 한다. 나비효과란 기상학의 카오스(chaos) 이론에서 유래된 말로 시작은 작지만 그 결과는 크게 나타날 수 있다는 의미로도 활용된다.

(2) 경제적 가치

① 거시 경제적 측면의 가치

정부에서는 사회안전망 등 공공복지에 의해서 다양한 사회복지정책을 펼치고 있으나 이렇게 세밀한 복지정책에서도 누락되는 복지대상자가 있기 마련이다. 자원봉사활동은 이렇게 정부의 세밀한 복지정책에서 누락되는 사회적 소수자들을 위해 활동하고 간격을 메우는 활동에 참여하는 활동이다.

② 미시 경제적 측면의 가치

첫째는 자원봉사활동에 참여함으로 정신적인 만족감 성취감을 얻을 수 있다는 점, 둘째는 자원봉사자의 지위와 관련 사회적인 명성을 얻을 수 있다는 점, 셋째는 자원봉사활동을 통하여 노동시장에서 겪고 넘어야 할 숙련의 과정을 미리 훈련할 수 있다는 점이다.

③ 자원봉사의 경제적 가치

2011년, 우리나라 20세 이상 성인의 자원봉사 참여율은 21.4%로 나타났다(볼런티어21, 2012). 이를 우리나라 20세 이상 성인인구수에 자원봉사 참여율을 적용하여 추정한 자원봉사의 연간 경제적 가치는 자원봉사 시간 수로는 약 8억 3천만 시간, 당시 금전적 가치로는 약 13조 3,000억 원으로 추정하고 있다(2010년 GDP 1,172조 8,000억 원의 약1.12%에 해당).

(3) 개인적 가치

인간은 다양한 경험을 통하여 성장할 수 있다. 자원봉사자는 자원봉사활동에 참여함으로 자신감과 신뢰감을 얻을 수 있다. 또한 자원봉사활동을 통하여 좋은 인간관계를 배울 수 있으며 자아실현을 할 수 있다. 그리고 개인의 자발적인 참여를 통하여 더불어 살기 좋은 마을을 만들어 나갈 수 있다.

테레사 효과(Teresa effective)

미국 하버드대학교 의과대학에서 발표한 연구자료에 의하면 남을 위한 봉사활동을 하거나 선한 일을 보기만 해도 신체 내에서 바이러스와 싸우는 면역강화물질이 증가한다는 것을 가리켜 '테레사 효과'라고 하였다. '테레사 효과'란 헐벗고 굶주린 어려운 사람들에게 자원봉사활동을 통해 돌보며 생활하였음에도 테레사 수녀가 건강하게 장수할 수 있었던 점은 면역강화물질이 생성되었기 때문이라고 했다.

3. 사회복지와 자원봉사

자원봉사영역에서 '사회복지자원봉사'라고 하는 용어가 사용되기 시작한 것은 2005년 「자원봉사활동 기본법」이 제정된 이후이다. 그전까지는 굳이 사회복지자원봉사라고 구분하지 않았다. 자원봉사의 출발은 사회가 발전하면서 적응하지 못하는 사회적 약자들을 위한 자원봉사활동에서 시작되었다. 그러다 보니 오래전부터 사회복지분야에서는 자원봉사자를 활용하여 왔다. 또한 1978년 10월 한국사회복지협의회에서는 우리나라 최초로 자원봉사자를 모집, 훈련, 배치, 사후관리하는 사회봉사안내소(지금의 자원봉사센터)를 개소하여 자원봉사자를 육성발전시켜 왔다. 그러나 2005년 「자원봉사활동 기본법」이 제정되면서 사회복지자원봉사라고 하는 것을 별도로 구분 활용하고 있다.

1) 사회복지시설은 공익시설이라는 점

사회복지시설은 크게 생활시설과 이용시설로 구분하고 있다. 생활시설은 크게 아동복지시설, 장애인복지시설, 노인복지시설, 노숙인복지시설, 정신

요양복지시설 등으로 구분할 수 있다. 이러한 시설에는 혼자서는 자립적으로 생활하기 어려운 사람들이 시설에 입소하여 생활하고 있다. 따라서 시설운영 비용의 대부분은 정부에서 지원을 해 주고 있다. 그러나 정부에서 지원해 주는 비용은 최소 한도로 삶을 유지할 수 있을 정도만 지원해 주고 있다.

때문에 사회복지시설에서 봉사할 수 있는 자원봉사자와 후원금이 필요한 것이다. 자본주의의 가장 큰 장점은 상호 경쟁을 통해 생산성이 높아지고 사회가 발전할 수 있다는 점이다. 그러나 이로 인한 큰 단점은 이러한 경쟁에 적응하지 못하고 낙오되는 자들이 발생하는 것이다. 이와 같이 정상적인 궤도에 적응하지 못한 사회적 약자들은 자기 가족이나 친척 등 누구나 될 수 있다. 때문에 사회복지시설에서의 자원봉사활동에 가치를 두고 활동하는 사람이 필요한 것이다.

2) 사회복지시설의 인력구조

먼저 복지 기관·시설·단체의 인력구조를 살펴보자. 첫째, 사회복지사와 행정직원 집단이다. 둘째, 복지 기관·시설·단체를 이용하는 도움이 필요한 대상자(client), 이용자(user), 소비자(consumer) 집단이다. 셋째, 자원봉사자와 후원자(sponsor) 집단이다.

그렇다면 복지 기관·시설·단체에 이러한 집단 중 어느 한 인력이라도 참여하지 않을 때 어떠한 현상이 일어날 것인가에 대해 다음의 몇 가지를 가정해 볼 수 있다.

(1) 사회복지사와 행정직원이 부족한 경우

예를 들어, 미신고 시설은 자원봉사자나 후원자에게서 프로그램별로 동정심은 얻을 수 있으나 행정·재정·서비스의 관리가 원활하지 못해 공인된 기관으로부터의 사업 심사에서 불리한 위치에 있게 된다.

(2) 복지 기관 · 시설 · 단체의 이용자가 별로 없는 경우

이러한 경우 서비스가 나쁜 것인지, 시설의 위치 선정이 잘못된 것인지, 혹은 서비스를 제공할 필요가 없는 것인지에 따라서 시설 보조금의 축소 및 폐쇄가 결정될 수 있다.

(3) 자원봉사자나 후원자가 별로 없는 복지 기관의 경우

복지 기관 · 시설 · 단체에 자원봉사자나 후원자의 참여가 없다면 과연 그 기관이나 시설이 어떻게 운영되어 나갈 수 있을 것인가를 염려하게 된다. 심지어 일부 기관이나 시설에서는 자원봉사자의 접근을 아예 금지하는 곳도 있다. 이러한 모습은 바람직한 모습은 아니라고 생각된다. 이런 기관이나 시설은 지역사회에서 기관장이나 직원의 신뢰관계, 전문성, 지도력의 측면에서 무언가 결함이 있는 사례로 보일 수 있다.

따라서 복지 기관 · 시설 · 단체의 인력구조는 [그림 1-1]과 같이 나타낼 수 있다.

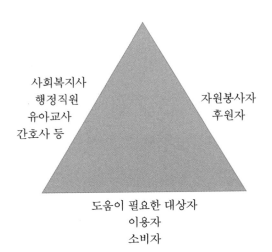

[그림 1-1] 복지기관 시설 단체의 인력구조

4. 자원봉사자의 역할과 자세

1) 자원봉사자의 역할

자원봉사자의 역할은 크게 개인적 역할과 사회적 역할로 나누어 생각해 볼 수 있다.

(1) 개인적 역할

① 사람을 돕는 활동: 먼저 자원봉사자의 대상은 도움이 필요한 사람이라는 점이다. 사회적으로 자립이 어려운 사람들을 대상으로 상담 개별지도와 집단지도를 해 주는 활동을 말한다. 또한 일상생활의 다양한 문제들을 연계해 주거나 편의를 제공하는 일을 제공하기도 한다.

② 업무 및 행사지원 활동: 서류 정리, 전화 응답 및 상담, 우편처리 등의 사무업무를 돕거나 행정적인 업무를 지원하는 일이다. 경우에 따라서는 홍보활동이나 후원금 모집 활동 각종 행사를 지원하는 일을 한다.

③ 정책결정 및 자문역할: 사회적으로 경영이나 행정 경험이 있는 사람들이 정책결정을 위한 위원회, 자문위원회의 구성원으로 참여하여 기관의 존속과 발전에 이바지하는 일을 한다.

(2) 사회적 역할

① 문제 예방 치료자로서의 역할

지역사회나 개인의 다양한 욕구의 발견과 함께 사회문제를 예방, 통제, 치료하는 기관의 방침에 협조하거나 보완적 서비스 활동에 참여하는 역할

② 대변자 매개자로서의 역할

도움을 필요로 하는 개인 집단에게 지역사회의 문제를 알리고 도움을 연계하는 대변자 및 매개자로서의 역할

③ 변화 개혁자로서의 역할

바람직한 사회변화와 적절한 사회적 서비스를 발전시키며 인간존중의 정신을 실현하기 위하여 제도적 구조적 개혁을 주장하고 변화시키는 역할

④ 건설적 비판자로서의 역할

이 사회가 바람직한 방향으로 발전해 나갈 수 있도록 건설적 방향의 모니터링 활동 및 비판자로서의 역할(이성록, 2005)

2) 자원봉사자의 자세

(1) 자원봉사자의 마음가짐

① 인간에 대한 사랑

가식이 없는 마음으로 남녀노소, 빈부귀천을 가리지 않고 좋아할 수 있어야 한다.

② 자신의 편견 인정

나 자신도 편견 있는 사회에서 성장하였고, 편견을 가지고 있다는 것을 인정해야 한다.

③ 힘든 일의 극복

자원봉사의 활동 내용들을 살펴보면 육체노동, 허드렛일 등 일반적으로 하기 어려운 일들을 감당하여야 할 때도 많다. 이러한 일이 주어졌을 때는

자원봉사 담당직원 그리고 주변 선배 자원봉사자와 상의하여 잘 감당해 나
가야 할 것이다.

④ 나눔의 보람
자원봉사활동이란 영어의 'Give and Take'처럼 나의 재능을 타인에게 기
부하고 또한 본인은 보람과 성취감을 얻을 수 있다.

이 밖에도 자원봉사자는 모든 일에 책임감과 성실성, 철저한 약속이행, 책
임과 권한의 한계설정, 비밀준수 등을 잘 지키며 자원봉사활동에 참여해야
한다.

(2) 자원봉사자의 몸가짐
① 기본적인 예의 지키기
자원봉사활동은 인간관계를 통해서 이루어진다. 자원봉사활동을 연계 상
담해 주는 직원과 서비스를 받는 대상자 모두에게 건강하고 청결함 불쾌감
을 주지 않는 말과 태도를 항상 명심해야 한다.

② 차림새
- 봉사활동에 어울리는 것, 밝고 차분한 색, 청결감이 있고 활동하기 쉬운
  복장을 준비한다.
- 신발은 뒤축이 낮은 것. 또는 바닥이 평평하고 소리가 나지 않으며 미
  끄러지지 않는 것을 신는다.
- 개별적으로 향수를 좋아하더라도 냄새에 민감하신 분이 많으므로 삼가
  는 것이 좋다.
- 상대에게 위화감을 줄 수 있는 반지, 시계 등의 장신구도 착용하지 않는
  것이 좋다.

③ 대화법

- 대상자에 따라 적절한 수준의 화법이 필요하다. 공손한 말도 그 정도가 지나치면 겸손한 척 한다는 느낌을 주거나 업신여기는 것으로 받아들일 수가 있다.
- 흔히 사용할 수 있는 말로 '빨리빨리' '또 잊었어요' '같은 말을 몇 번이나 하세요' 등의 표현은 하지 않는 것이 좋다.

(3) 자원봉사 활동 전 고려해야 할 사항

- 어디서(Where) 활동할까?-집과 활동장소까지의 거리
- 누구와(Who) 활동할까?-혼자서 혹은 친구, 직장 동료, 가족 등
- 무엇을(What) 할 수 있을까?-관심 있고 실천 가능한 자원봉사활동 준비하기
- 왜(Why) 그 활동을 하려고 하는가?-동기나 목적에 대해 생각하고 목표를 수립하기
- 언제(When) 활동할까?-활동 가능한 요일이나 시간을 정하고 어느 정도 봉사활동에 참여할 수 있는지 정하기
- 어떻게(How) 그 활동을 해낼까?-활동방법이나 절차를 구체적으로 선택하기

(4) 활동대상별 자세

이 밖에도 자원봉사자의 대상이 누구인지 아동, 어르신, 장애인에 따라 다양한 접근방법이 필요하다. 장애인의 경우 지체장애인, 시작장애인, 청각언어장애인, 발달장애인에 따라서 휠체어 보조방법, 수화 등 장애정도 등급에 따른 준비를 하고 자원봉사활동에 참여해야 한다.

제2장

자원봉사 관련 이론

1. 자원봉사활동의 특성

최근 우리나라에서 발간되는 자원봉사활동에 관한 교재를 보면 자원봉사
활동의 가치 및 특성에 관하여 다양하게 제시하고 있는 것을 볼 수 있다. 우
리나라 자원봉사 문헌에서 인용되고 있는 자원봉사활동의 특성은 1993년
발간된 일본 오사카 볼런티어협회(大阪 Volunteer協會)의 자원봉사 관련 교재
를 인용하면서 시작되었다. 처음에는 자원봉사활동의 특성을 자발성, 복지
성, 무급성, 지속성의 네 가지로 분류 하면서 시작되었다. 그러나 자원봉사
에 관한 교재가 다양하게 집필되면서 연구자에 따라 자원봉사의 특성이 점
차 증가하기 시작하였다. 이 책에서는 처음으로 시작한 4개의 특성에 6개를
추가하여 10개의 특성으로 나누어 분류하여 소개한다.

1) 자발성

자발성(free will)이란, 당사자가 자신의 판단 아래 스스로 보고, 듣고, 생각하여 실천에 옮기는 것을 말한다. 또한 자발성이란 다른 집단, 개인, 조직에 의한 강요를 받지 않고 스스로 선택하여 봉사활동에 참여하는 것을 말한다. 따라서 타인의 명령이나 구속에 의하여 마지못해 행동하는 것이 아니라 자신이 결정하여 자기 의지에 따라 행동하는 것이다.

자원봉사활동의 특성 중 자발성은 가장 중요한 요소 중 하나로 알려져 왔다. 자원봉사활동의 참여율이 높은 선진국들이 그만큼 힘이 있다고 하는 것은 사회문제 해결에 자발적으로 참여하는 사람들의 비율이 높기 때문이다. 자원봉사활동에 참여하는 비율을 증가시키려면 자발적으로 자원봉사활동에 참여할 수 있도록 동기부여를 하여야 한다. 이러한 동기부여는 자원봉사교육과 훈련, 또는 다양한 사회적인 제도를 통해 유인되기도 한다. 예를 들어, 자원봉사활동인증과 중 · 고교와 대학에서 봉사활동 생활기록이나 학점으로 인정을 통하여 자원봉사활동에 참여율을 높이는 방법을 말한다.

2) 공익성

공익성[1]이란 특정한 개인이나 직장 또는 단체의 이익, 종교와 정당의 입장을 초월해서 어려운 이웃과 지역사회 내에 산재해 있는 사회문제를 해결하기 위하여 공익성에 바탕을 두고 활동하는 것을 말한다. 공익성이 결여된 봉사활동은 자원봉사활동이라 하기 어렵다. 따라서 자원봉사자는 개인이나 집단의 이익이 아닌 공익을 제일 목적으로 추구해야 하며, 영리를 목적으로 활동하여서는 안 된다. 또한 자원봉사활동은 정상적인 사회생활에 적응하지

---

1) 학자에 따라서 공익성을 복지성과 같은 의미로 사용하기도 한다.

못하는 사람들을 도와줌으로써 사회문제의 발생을 예방하여 사회적 비용을 줄이는 데 협력하는 활동을 말한다.

3) 무급성

자원봉사활동은 금전적인 보수를 목적으로 하는 활동이 아니다. 무급성 (non-paid)은 무상성 또는 무보수성이라고도 표현될 수 있다. 무급성이란 자원봉사활동을 하면서 일어나는 여러 가지 소요 경비를 자원봉사활동에 참여하는 자원봉사자가 스스로 부담하는 것을 말한다. 그러나 외국에서는 최소한의 활동 경비를 지원받는 실비 자원봉사자(paid volunteer)의 참여도 활발하다. 일본에서는 실비로 활동하는 자원봉사자를 가리켜 아르바이트와 볼런티어를 합한 '아르바이티어(arbeiteer)'라고도 한다.

실비 자원봉사는 급여나 보수에 해당되지 않는 식사비나 교통비와 같은 최소한의 활동비를 지급받기 때문에 자원봉사활동을 더욱 촉진하고 장려하게 된다. 자원봉사활동의 경우 소득과 시간이 많이 있으면서도 참여하지 않는 사람도 있는 반면, 생활이 어렵고 바쁜데도 시간을 쪼개서 참여하는 사람도 있다(김범수, 1992).

자원봉사활동은 무급을 특성으로 하되, 다양한 계층의 사람들이 참여할 수 있도록 다양한 지원 방법이 필요하다. 자원봉사자에게 지불되는 비용은 봉사의 대가로 지불하는 것이 아니라 봉사활동을 수행하는 데 소요된 비용을 기관 측에서 제공한다고 생각하는 것이 좋다. 물론 순수한 자원봉사활동을 강조하는 입장에서는 이를 비판할 수도 있다. 그러나 21세기의 자원봉사활동을 육성해 나가기 위해서는 자원봉사 활용 방법에 대한 생각을 바꾸어야 한다.

4) 지속성

어느 정도의 기간 동안 지속적으로 자원봉사활동을 하여야 그 효율성이 나타날 수 있을까? 자원봉사활동에 한 번 참여하기 시작하면 1주 1회, 1회 3~4시간을 기준으로 6개월간 지속해야 한다고 주장하는 학자도 있다.

자원봉사활동에 한 번 참여한 사람을 6개월 동안만이라도 계속해서 자원봉사활동에 참여시키기 위해서는 고도의 자원봉사 관리기술이 필요하다. 또한 자원봉사활동에 한 번 참여하면 일정 기간 계속하여야 한다는 것을 사람들에게 인식시킬 필요가 있다. 그러나 최근에는 정기적으로 지속적인 자원봉사활동도 중요하지만 월 1회 또는 자신에게 주어진 시간을 집중해서 연간 1~2회 봉사활동을 하는 것도 권유되고 있다.

5) 이타성

인간에게는 누구나 남을 돕고 싶어 하는 정신이 있다. 이를 가리켜 이타성 또는 이타주의(altruism)라고 한다. 어려운 환경에 처한 사람들을 도와야겠다는 생각은 누구나 갖고 있다. 이타성은 자원봉사의 동기ㆍ과정ㆍ결과적인 측면에서 자원봉사자 자신의 이익이나 명예를 먼저 생각하지 않고 도움 대상자를 먼저 생각하는 것을 말한다.

그러나 이를 행동으로 옮기기는 쉽지 않다. 타인의 어려움에 동참하는 사회적 분위기를 조성하고 상부상조하는 정신을 강조하는 자원봉사 문화를 정착시키는 것이야말로 매우 중요한 일이다.

6) 자아실현성

자원봉사활동에 참여하면서 자원봉사자가 얻을 수 있는 가장 큰 보람은 자아실현성(self realization), 자기성취감이라고 할 수 있다. 어려운 이웃을 도우려는 동기에서 자원봉사활동에 참여하면서 그들은 새로운 경험, 성취감, 만족감, 폭넓은 인간관계 등의 심리적 보상을 얻게 된다. 특히 처음 자원봉사활동에 참여할 때 느끼게 되는 막연한 두려움, 초조감, 긴장감 등에서 벗어나 새로운 일을 개척하고 사회의 구성원으로서 인정받을 수 있게 된다.

7) 학습성

자원봉사라는 용어에는 자신이 가진 것을 사회를 위해 기부 또는 제공하는 의미가 많은 것 같다. 그러나 자원봉사활동을 통하여 자신이 갖고 있는 능력을 제공하는 것보다 오히려 많은 것을 배우고 학습할 수 있는 것이 더 많다. 자원봉사활동을 통하여 인간관계의 폭이 넓어지고, 참여하는 프로그램에서 많은 것을 얻을 수 있다. 따라서 젊은 학생일수록 자원봉사활동을 함으로써 학습의 폭이 넓어지면서 만족감은 높아지게 된다. 또한 경험이 많은 사람은 자원봉사활동을 통하여 대인관계가 넓어지고 자신이 가진 지식을 활용할 수 있는 기회를 얻어 더 많은 성취감과 보람을 느낄 수 있다. 이와 같이 새로운 배움과 체험을 얻을 수 있기 때문에 봉사활동을 통한 학습성(service learning)은 매우 중요한 요소이다.

8) 헌신성

자원봉사활동이 어려운 이웃을 돕는 것이라는 이타주의의 특성에 대해서는 현재까지 많은 논란이 있다. 왜냐하면 자원봉사활동을 통해서 오히려 많은 것을 배울 수 있기 때문이다. 그러나 헌신은 자원봉사활동에서 매우 중요한 요소가 된다. 헌신(commitment)이라는 자원봉사의 철학과 신념이 있었기 때문에 많은 자원봉사자가 어려운 환경을 변화시키고 극복할 수 있는 계기가 되었다. 자원봉사활동에 참여하기 위해서는 자신의 시간과 비용 등을 들이는 희생정신도 필요하다.

9) 협동성

자원봉사활동은 혼자서 할 수 있는 개인활동이 아니다. 자원봉사자와 봉사 대상자 그리고 조정자 등 여러 사람이 함께 수행하는 체계적인 활동이다. 물론 혼자서 하는 것도 가능하지만 모임이나 단체 등 다양한 조직에서 함께 프로그램을 계획하고 목적을 설정하여 봉사하는 경우가 더 많다. 이럴 때 봉사자 상호 간에 협동성(cooperation)이 필요하며, 각자 주어진 역할에 충실해야 한다. 따라서 봉사활동은 공동체에 대한 이해, 소속감, 적극적인 사고방식 등 공동체 의식을 함양할 수 있는 기회를 제공한다. 또한 봉사자만의 협동성을 넘어 기관 간의 연계성까지 확대되어야 한다.

10) 전문성

자원봉사활동은 누구나 할 수 있는 것 같지만 대상과 영역에 따라 전문성(professional)이 요구되기도 한다. 전문적인 상담 프로그램에 참여하는 자원봉사자는 보통 3~6개월 정도 교육을 받아야 한다. 대학생이 참여하는 자원봉사활동의 경우에도 자신의 전문성을 활용하여 참여하면 효과가 높아질 수 있다.

그러나 자원봉사활동에서 전문성을 논할 경우 유의해야 할 점은 자신의 전문성이 우수하다 하더라도 일단 자원봉사활동 기관이나 시설에 가면 전문가들을 위해 보완적인 역할에 참여한다는 의식이 필요하다는 것이다. 가끔 자신의 전문성을 너무 내세우다가 갈등의 골이 깊어지는 사례가 종종 있기 때문이다. 그러나 자신의 전공과 개성 및 특성에 알맞은 자원봉사활동에 참여하면 자원봉사활동에 대한 흥미가 더욱 깊어질 것이다.

지금까지 자원봉사활동의 10대 특성을 살펴보았다. 이와 같은 자원봉사의 특성이나 개념들을 살펴볼 때, 자원봉사활동의 4대 특성의 범주는 어떻게 제기할 수 있을 것인가? 자원봉사활동의 4대 특성은 바로 자발성, 공익성, 무급성 그리고 지속성이다. 여기서 지속성은 자원봉사활동이 사회문제 해결에 하나의 협력관계로 제기되면서, 자원봉사활동에 참여한 사람은 적어도 주 1회, 6개월 정도는 계속하였을 때 자원봉사자로서 경력이나 이력을 인정받을 수 있다는 의미에서 제기된 특성이라고 할 수 있다.

많은 교재에서 자원봉사활동의 특성에 대해서 다양하게 제시하고 있는데 그 특성은 유사하면서도 조금씩 차이가 나는 것을 알 수 있다. 그러나 자원봉사활동의 특성이 4대 특성에서 시작되었다는 것을 인식한다면 큰 무리는 없을 것이다.

2. 국제개발협력과 시민참여 자원봉사

이제 우리나라의 자원봉사는 국내의 시민참여 자원봉사 활동에서 국제개발과 시민참여 자원봉사 시대로 확대되어 나가고 있다. 지금 국내의 많은 NGO가 전 세계에서 활동하고 있다. 따라서 이 장에서는 국제개발협력과 관련된 시민참여 자원봉사활동을 중심으로 살펴보고자 한다.

1) 국제개발협력 관련 용어

(1) 국제구호와 공적개발원조

최근 우리는 코로나 19 사태를 겪으면서 세계가 하나로 밀접하게 연관되어 있는 것을 실감하였다. 어떻게 중국에서 시작된 코로나 바이러스가 불과 1개월여 만에 전세계로 확산될 수 있는지 의문이다. 지금까지 보편적으로 사용되어 오던 '원조'나 '국제구호'라는 용어는 최근 국제개발협력이라는 용어로 변경 사용되고 있다. 국제구호(international aid)나 해외원조(overseas aid)라는 단어는 오랫동안 선진국이 가난한 개발도상국을 돕는 활동을 설명하는 단어였다. 이러한 활동들은 선진국민이 낸 세금을 이용해 가난한 국가를 지원하는 공적개발원조 ODA(Official Development Assistance)가 대표적인 원조의 형태였다. 이곳에서 말하는 국제구호란 재난복구를 위한 국제사회의 지원을 의미한다.

(2) 국제개발협력

근래에 들어오면서 '해외원조'나 '국제구호'라는 용어는 국제개발협력(international development cooperation)이라는 용어로 바뀌어 사용되고 있다. 이러한 현상은 원조라는 단어가 갖는 일방적 시혜적 이미지를 탈피하기 위해 제안된 용어였다. 개발도상국의 발전은 선진국에서 유입된 자금과 기술만으로 해결될 수 있는 것이 아니었다. 그러나 그동안 원조라는 용어를 사용하여 선진국이 지원을 통하여 개발도상국의 발전을 가져올 수 있다는 편견을 심어 주기도 했다.

개발도상국이 가지고 있는 고유한 자원 발전을 위한 노력과 혁신은 원조라는 개념에 가려지기 쉽다. 이는 발전 혹은 개발을 의미하는 영어 Development를 통해 보다 쉽게 이해할 수 있다. Development는 어원상 '감추어져 있던 것 혹은 싸여 있던 것이 드러나거나 풀어지다'라는 의미를 갖고 있다. 이와 같은 의미를 생각하며 우리에게는 원조가 아닌 국제개발협력이라는 용어사용이 필요하다.

2) 국제개발협력 이유와 역사

(1) 국제개발협력의 이유

첫째, 인도주의적 동기이다. 사람들은 궁핍한 환경에 놓인 사람들을 보면서 연민을 느끼고, 그들을 도와야 한다는 도덕적 의무감을 갖게 된다. 흔히 식량과 식수 등 인간의 기본적인 삶의 조건을 박탈당한 사람들을 보며 우리가 느끼는 선한 마음을 인정하고 행동하는 것이 바로 인도주의적 동기이다.

둘째, 진보된 이기심이라는 단어로 설명할 수 있다. 이기심이 좋은 의미로 사용될 때 우리 가족, 우리 국가에도 유리한 것으로 사용될 수 있다. 때문에 국제개발협력을 통하여 다른 국가를 돕는 것은 결국 우리 가족과 우리나라의 국가이익을 넓히는 일이 된다. 예를 들면, 개발도상국의 경제가 성장하면 선진국은 자국의 상품을 팔 수 있는 시장을 확대할 수 있기 때문이다.

셋째, 모든 국가 간, 사람 간의 연대가 필요하다. 사회가 발전하고 긴밀히 연결됨에 따라 한 국가의 힘으로 해결할 수 있는 문제는 점점 줄어들고 있다. 2008년, 미국에서 시작된 금융위기는 전 세계 경제에 악영향을 끼쳤다. 2019년 중국에서 발생한 코로나 바이러스, 온실가스로 인한 문제는 이제 몇몇 국가의 노력으로는 막을 수 없게 되었다. 때문에 국제개발협력이 더욱 더 필요한 시대가 되었다.

(2) 국제개발협력의 역사

국제개발협력이 이루어지기까지 세 가지의 역사적 단계가 있었다. 첫째는 1863년에 스위스 사업가 앙리 뒤낭(Joan Henri Dunant)으로부터 설립된 국제적십자위원회이다. 이탈리아에서 전쟁 부상병의 극심한 고통을 목격한 앙리 뒤낭은 부상병 구호를 위한 국제기구 설립을 제안하였고 이는 국제적십자사의 설립으로 이어졌다. 이후 적십자는 전 세계의 분쟁 및 재난 지역에서 사람들을 구호하는데 앞장서 왔다. 그 후에 1919년 영국에 설립된 세이브

더칠드런, 1943년 제2차 세계대전 중에 전쟁 기근구제를 위해 설립된 옥스팜, 한국전쟁 고아를 돕고자 1950년 설립된 월드비전과 같은 대표적인 NGO가 있다.

둘째는 1945년 유럽은 세계대전이 끝나면서 전쟁으로 심각한 타격을 입었다. 이에 미국은 유럽 재건을 위하여 대규모 원조를 결정하고 130억 달러의 거금을 지원하는 마셜플랜(Marshall Plan)을 통하여 유럽이 전쟁의 상처에서 벗어날 수 있도록 지원한다. 마셜플랜의 원활한 추진을 위하여 유럽경제협력기구 OEEC가 설립되었으며, 이 조직은 1961년에 경제협력개발기구 OECD로 새롭게 탄생하게 되었다. 마셜플랜은 미국의 수출시장을 확대시켰고 서구에 대한 미국의 영향력을 증가시켰다.

셋째는 경제성장지원의 확대와 원조피로(aid fatigue)현상의 확대이다. 마셜플랜과 자국의 노력에 의해 유럽국가들은 1950년 이후 급속한 경제성장을 이룬다. 급속한 경제성장을 이룬 북미 유럽국가들은 경제협력개발기구 OECD를 통하여 아프리카지역에 많은 지원을 하게 된다. 그러나 유럽에서 오랫동안 아프리카에 원조를 제공했음에도 불구하고 빈곤상태가 개선되지 않았다. 이런 상황에서 원조를 지속적으로 하는 것이 맞는지 의심하는 여론이 높아지고 있다. 또한 개발도상국도 마찬가지였다. 개발도상국의 부패한 정치지도자들이 원조자금을 착복하는 사례가 증가하면서 아무리 많은 지원금을 쏟아 부어도 빈곤문제를 해결하기 어려웠다. 그로 인해 원조피로 현상은 더욱 심해졌다. 그리고 시민단체가 참여하면서 공정한 무역 구조와 깨끗하고 투명한 통치구조인 '굿 거버넌스(Good Governance)'를 만드는 것이 국제개발협력의 주요 이슈로 제기되기 시작했다.

3) 새천년 개발목표 MDGs와 지속가능개발목표 SDGs

(1) 새천년 개발목표 MDGs

2000년대에 들어 UN은 전 세계가 함께 달성해야 하는 주요 목표로 새천년 개발목표를 제시했다. 2000년에 열린 UN총회에서 전세계 정상이 만장일치로 합의한 새천년 선언을 바탕으로 구성된 MDGs(Milennium Development Goals)는 2015년까지 달성해야 하는 8가지 목표를 제시했다.

8가지 목표는, ① 절대빈곤과 기아 퇴치, ② 보편적 초등교육의 달성, ③ 성평등과 여성 능력의 고양, ④ 유아(영아) 사망률 감소, ⑤ 산모 건강의 증진, ⑥ HIV/AIDS 말라리아 및 기타 질병 퇴치, ⑦ 지속 가능한 환경 보장, ⑧ 개발을 위한 국제 파트너십 구축이다. 이와 같이 MDGs는 15년간 국제기구 등 빈곤퇴치를 위해 노력하는 기관들에게 분명한 목표를 제시하였다는 긍정정인 평가를 받았으나, 빈곤이 발생하는 구조적인 인권 침해, 불평등 등의 문제해결에는 효과를 보지 못했다는 부정정인 평가도 받았다. 이러한 평가를 토대로 국제개발의 새로운 패러다임이 지속가능개발목표 SDGs 이다.

(2) 지속가능개발목표 SDGs

UN에서는 새천년 개발목표 MDGs가 끝나 갈 때 지속가능성의 중요성을 강조하면서 2016년부터 2030년까지 새로운 목표인 지속가능개발목표[2] SDGs(Sustainable Development Goals)를 만들었다. OECD에서는 그렇게 많은 자금을 지원했는데도 불구하고 왜 효과적이지 못했는지에 대해 2003년에는 로마, 2005년에는 파리, 2007년에는 아크라, 2011년에는 부산에서 원조효과성에 관한 고위간부 회의를 개최했다. 이 회의에서는, ① 수원국의 주인의식, ② 수원국의 개발전략과 공여국의 원조일치, ③ 공여국 간 원조조

---

2) 한국에서는 SDGs를 '지속가능개발목표'또는 '지속가능발전목표'로 번역하고 있다.

화, ④ 원조성과 관리, ⑤ 상호적 책임의 다섯 가지 핵심원칙을 발표했다.

　　UN에서 합의된 지속가능개발목표 SDGs 17개를 요약하면 다음과 같다. 빈곤퇴치, 기아종식, 건강과 웰빙, 양질의 교육, 성평등, 물과 위생, 깨끗한 에너지, 양질의 일자리와 경제성장, 산업혁신과 사회기반시설, 불평등 완화, 지속 가능한 도시와 공동체, 책임감 있는 소비와 생산, 기후변화대응, 해양생태계, 육상생태계, 평화정의와 제도, SDGs를 위한 파트너십이다(KOICA ODA교육원 · KCOC, 2016).

4) 한국의 국제개발협력과 자원봉사

　　1991년 4월, 정부출연기관으로 설립된 한국국제협력단은 30여년간 전 세계 곳곳의 개발도상국을 지원하고 있다. 주요사업으로는 학교, 병원, 직업훈련원 등을 지원하는 프로젝트 사업, 개도국 공무원을 한국으로 초청 개발경험을 전수하는 국내 초청 연수사업, 국내 청 · 장년 인력을 개도국에 파견하는 해외 봉사단 파견사업, 해외 긴급재난복구지원, 우리나라 NGO들이 해외사업을 돕는 민관협력사업 등 다양한 개발협력 사업을 추진하고 있다. 월드프렌즈 코이카 봉사단(world friends korea)은 대한민국 정부가 파견하는 해외봉사단으로 30여년의 역사를 가지고 있다. 1990년부터 현재까지 1만 명이 넘는 월드프렌즈 코이카봉사단원이 파견되었으며, 현재 2,000여 명의 단원들이 아시아, 아프리카, 중남미, 동구 · CIS, 중동 지역 등 약 35개국에서 활동하고 있다(http://kov.koica.go.kr). 이와 같이 이제 한국의 자원봉사활동은 국내뿐만 아니라 해외에서의 봉사활동도 매우 활발하게 움직이고 있는 것을 알 수 있다.

3. 동기이론

1) 동기부여의 의미

동기부여(motivation)란 개인이 자신의 욕구를 충족시키기 위해 목표지향적인 행동을 자발적으로 일으키고 방향을 정하며 지속시키는 과정을 의미한다. 'motivation'이라는 단어는 라틴어 'movere'에서 유래한 것으로 욕구를 충족시키려고 움직인다는 의미다. 우리는 다른 사람이 활동하도록 자극할수는 있지만 다른 사람에게 동기부여를 할 수는 없다. 동기부여란 자기 안에서 나오는 것이기 때문이다.

줄탁동기(啐啄同機)라는 사자성어가 있다. 병아리가 알에서 나오기 위해서는 새끼와 어미닭이 안팎에서 서로 쪼아야 한다는 것을 말한다. 자원봉사자에게 동기부여를 한다는 것도 결국은 자원봉사관리자와 자원봉사자가 서로 공동으로 노력할 때 성공할 수 있다. 동기는 개인의 내적 심리상태를 자극하는 요인으로서 개인의 행동결정에 매우 중요한 기능을 한다. 동기는 개인의 욕구에서 발생하고 그 강도는 욕구의 결핍도에 의해 좌우된다. 발생된 동기는 욕구를 충족시키기 위한 목표지향적 행동으로 전환되는데, 이 과정에서 직무구조, 리더십 등의 환경변수가 작용하여 개인의 행동을 자극하게 된다. 동기가 유발되면 설정된 목표를 달성하기 위해 일하는 동시에 각자가 개인적으로나 조직의 일원으로서 그의 욕구를 충족시키고 성장할 수 있는 기회를 부여받는다(볼런티어21, 2004: 145).

2) 동기부여의 기능

자원봉사 프로그램의 성패는 직원은 물론 자원봉사자의 동기부여에 달려 있다. 자원봉사자에게 동기부여란 기관의 정신과 지침 내에서 목표를 성취할 수 있는 일을 하기를 원하는 사람을 말한다. 자원봉사활동에 참여하는 일이 자신의 욕구를 충족시킬 때 자원봉사자는 지속적으로 자원봉사활동에 참여하게 된다. 동기부여가 된 자원봉사자는 자신의 능력을 최대한 발휘할 것이며, 자신의 직무에 만족할 것이다. 이는 또한 프로그램과 조직의 성공에 영향을 미친다.

따라서 동기부여란 자원봉사자를 지속적으로 활동하게 하는 핵심 요소라 할 수 있다. 자원봉사 경험이 자원봉사자의 혼합된 동기 욕구를 확실하게 충족시켜 그들을 기분 좋게 하면 자원봉사자는 계속 봉사활동에 참여하게 될 것이다(볼런티어21, 2004: 146).

3) 동기부여의 유형

자원봉사의 동기부여는 제도적인 동기부여 방법과 자발적인 동기부여 방법으로 나눌 수 있다. 제도적인 동기부여 방법은 사회환경적인 것을 말한다. 즉, 중·고등학생의 자원봉사 의무화, 대학생의 자원봉사, 사회봉사 과목 개설 및 학점 취득의 제공 그리고 기업체의 자원봉사 사회봉사경력 인정을 말한다. 자발적인 동기부여 방법은 대중매체, 종교기관, 교육기관 등에서 국민이 자발적으로 자원봉사활동에 참여할 수 있도록 홍보하여 각종 프로그램을 전개하는 것을 말한다. 다시 말하면, 자원봉사문화를 정착시키는 활동을 말한다.

직원은 일한 만큼 그 대가로 보수를 받는다. 그러나 자원봉사자는 자신의 활동에 따른 보수를 지급받지 않는다. 자원봉사활동의 특성에도 나와 있듯이, 자원봉사활동은 무보수를 원칙으로 한다. 대부분의 자원봉사자들도 보수를 바라고 활동하지는 않는다(김범수, 신원우, 2006).

자원봉사는 얻는 혜택에 비해 상대적으로 참가자의 비용이 많이 투여되는 활동이라고 생각하는 경향이 높다. 그래서 많은 사람이 자원봉사활동을 이타적인 활동이라고 생각하는 경향이 강하다. 그러나 근대적인 면에서 자원봉사의 정의는 더 많은 면을 갖고 있기도 한다.

(1) 자원봉사 동기부여의 유형

자원봉사 동기부여의 유형은 다음과 같이 분류되기도 한다(Handy, 1988; Meijs, 1997; Van Daal, 1990; 볼런티어21 역, 2002 재인용). 첫째, 상호부조(reciprocal support)의 동기부여로 공동의 관심과 이익에 대한 상호 연대에서 생기는 동기를 말한다. 둘째, 서비스 제공(service provision)의 동기부여로 타인에게 자신의 시간을 할애하여 제공하고자 하는 동기를 말한다. 셋째, 사회참여(social involvement)의 동기부여로 적극적으로 시민활동에 참여하면서 사회변화를 시도하는 동기를 말한다.

이와 같이 자원봉사활동에 참여하는 동기부여를 유형별로 분류한다는 것은 힘든 면도 있지만 이러한 내용들은 자원봉사에 대한 통찰을 얻는 데 도움이 될 것이다. 자원봉사자는 보수를 원하지는 않지만 자원봉사활동을 통해 무언가 얻으려고 하는 것이 있다. 자원봉사자를 관리하는 측면에서는 자원봉사자가 얻으려고 하는 것이 무엇인가에 대한 연구가 필요하다. 자원봉사를 통하여 얻으려고 하는 것은 자원봉사자의 참여동기에 따라 다를 수 있다.

(2) 자원봉사자의 동기와 자원봉사관리자가 고려해야 할 사항

첫째, 자원봉사자가 자원봉사활동을 통하여 사회발전에 기여하고 있다는 성취감을 맛볼 수 있도록 해 주어야 한다. 또한 자원봉사자들을 격려해 주고 인정해 주는 데 최선을 다해야 한다. 둘째, 가시적인 인정제도를 제도화하여야 한다. 즉, 다양한 업무평가 좌담회, 토의, 강의 등을 통하여 자원봉사자를 격려하고 시상하는 제도를 개발한다. 셋째, 자원봉사자 조직도 역시 사람이 모인 집단이므로 그 안에서 사랑과 미움, 선의의 경쟁을 통한 다양한 갈등이 일어나게 된다는 점을 인식하고 그 예방을 위해 항상 노력하는 자세를 가져야 한다.

또한 자원봉사에 참여하는 동안에 업무를 부여하고 쉬는 시간에 차를 마시면서도 자원봉사자를 향한 의도적인 동기부여는 이루어져야 한다. 영국 토인비 홀의 사례를 하나 소개하고자 한다. 토인비 홀에는 다양한 프로그램에 참여하는 지역의 여성들이 많았다. 논의의 대상이 된 것은 지역사회의 부유한 여성층이 토인비 홀에서 운영하는 저렴한 프로그램에 참여한 것이었다. 이는 눈에 거슬릴 법도 해서 그다지 여론이 좋지 않았다. 그러나 한 전문가는 그들에게 의도적으로 접근을 시도하여 그들에게 시설견학을 시키고 빈민층 자립 프로그램을 소개하였다. 시간이 지나면서 그들 중에서 자원봉사자와 후원자로 참여하는 수가 늘어나기 시작하였다. 일부에서는 부유층 여성 자원봉사자의 토인비 홀 프로그램 참여를 금지시켜야 한다는 주장도 있었으나 이에 대한 반대 의견도 높았다. 왜냐하면 그들에게 동기만 잘 부여하면 자원봉사자가 될 수 있기 때문이다.

(3) 한국인이 자원봉사에 참여하는 동기 1~10순위 (한국자원봉사문화, 2014)
① 여가시간을 의미 있게 사용하기 위해
② 다양한 경험을 해 보기 위해
③ 시민으로서의 도덕적 의무와 책임
④ 사회문제해결에 도움이 되기 위해
⑤ 스스로 위로받기 위해
⑥ 많이 가진 자가 적게 가진 자 돕기
⑦ 새로운 사람 만나기 위해
⑧ 종교적 신념에 따라서
⑨ 자기 개발(취업, 승진)을 위해
⑩ 고용주나 직장의 장려

〈2018 평창동계올림픽대회 자원봉사 참여동기 1~15순위〉

① 가치 있는 일을 하고 싶어서　　② 일생일대의 기회이기 때문에

③ 올림픽과 함께하고 싶어서　　④ 대한민국과 평창에 기여하고 싶어서

⑤ 올림픽의 성공적인 개최를 돕고 싶어서

⑥ 올림픽에 관심이 있어서　　⑦ 나의 지평을 넓히고 싶어서

⑧ 다른 사람들과 소통하고 싶어서

⑨ 다른 문화와 언어에 대한 지식을 얻고 싶어서

⑩ 올림픽을 향한 열정이 있어서　　⑪ 대한민국과 평창이 자랑스러워서

⑫ 나의 평소활동에 변화를 주고 싶어서

⑬ 새로운 친구를 만들고 싶어서　　⑭ 스포츠에 관심이 있어서

⑮ 지역사회에 기여하고 싶어서

※출처: 박상욱, 이기백(2017)

이와 같이 자원봉사에 참여하는 사람들은 각기 다른 동기, 또는 복합적인 요인을 갖고 있다.

4) 동기부여와 교육

동기부여를 하는 데 있어서 가장 중요한 전환점이 되는 것은 바로 교육을 통한 동기 제공이라고 할 수 있다. 어느 나라나 어느 자원봉사단체에 가든지 자원봉사자를 육성하고 활동하는 데 가장 중점을 두는 부분은 바로 교육이다. 때문에 자원봉사센터나 자원봉사자를 활용하는 기관 단체에서 가장 관심을 갖고 신경을 써야 할 부분이 바로 자원봉사자 교육이다. 자원봉사자 교육은 대체적으로 기초교육, 보수교육 등으로 이루어지고 있다. 기초교육에서 가장 중점을 두어야 할 교육내용은 바로 처음 자원봉사활동에 참여한 사람들에게 왜 자원봉사활동을 하여야 하는지 동기부여와 필요성, 안전 등에 관한 교육이 이루어져야 한다. 또한 어느 정도 자원봉사활동에 참여한 경력

이 있는 사람들에게 6개월이나 1년 단위로 끊임없는 보수교육 교양교육을 실시하는 것이 좋다. 교육을 통해서 그들은 성취감을 느끼고 성취감에 의해 자원봉사활동을 중단하지 않고 지속적인 활동을 이어 간다.

우리나라와 일본의 자원봉사

1. 우리나라의 자원봉사

1) 자원봉사의 역사

(1) 전통적인 봉사활동의 역사

우리나라의 전통적인 봉사활동은 자발적으로 상부상조하는 두레와 농촌에서 노동력을 교환하는 품앗이 활동이 그 시작이라고 할 수 있다. 또한 신라시대부터 성행된 계(契), 지역주민의 덕화(德化)·교화(敎化)를 목적으로 하는 자치적 협동조직인 향약 등도 전통적인 봉사활동이라고 볼 수 있다. 두레는 협동과 오락, 노동력 부조활동을 했으며, 특히 과부나 노약자에게는 무상으로 노동력을 제공하였다.

계는 삼한시대 때부터 공동 작업, 회유, 제례 등에서의 상부상조를 목적으로 하고 있었다. 계에는 혼상(婚喪)에 관계된 혼상계, 학비를 위한 장학금과 관계된 학계, 노인의 경로잔치에 관계된 양로계, 과거시험에 합격한 사람들의 모임인 동방계 등이 있었다. 향도는 마을에 흉사가 있을 때, 부조는 집을 짓거나 농사일을 도울 때, 향약은 지역사회와 주민들의 교화를 목적으로 지방의 향리들이 만든 자발적인 협동조직이다.

또한 빈민구제 사업으로 고구려의 진대법, 고려의 의창·제위보·혜민국제, 조선의 상평창·사창 등 국가 차원에서의 활동도 있었다.

(2) 근대 초창기의 봉사활동

근현대에 들어오면서 우리나라의 봉사활동의 출발은 고아구제사업을 위한 사회사업시설에서 시작된 것을 알 수 있다. 우리나라에 최초로 설립된 사회사업시설은 1885년에 프랑스 신부들에 의해 설립된 천주교 고아원[초대원장 블랑(Blanc)]이라고 전해진다. 당시 천주교 고아원에서는 오갈 데 없는 아동들에게 세례를 주고, 보살핌이 필요한 아동에겐 천주교 신자들의 가정에 맡겨 현대적인 위탁아동보호사업을 전개했다. 그 후에는 1905년 이필화(李苾和)가 개인의 사재(私財)로 설립한 경성고아원, 세번째는 1919년 의사 오긍선에 의해 설립된 경성보육원 사회사업시설이었다. 이와 같이 당시의 사회사업시설에서 봉사자들은 1개 시설당 30여 명에서 많게는 1백여 명이나 되는 원생들의 식사 준비와 배식봉사, 의복 수선과 세탁물 봉사, 전염병 예방을 위한 위생봉사 활동에 참여하였다.

(3) 지역사회를 중심으로 한 봉사활동

우리나라에서 지역사회를 중심으로 한 봉사활동은 1903년 황성기독교청년회[초대회장 헐버트(H. B. Hulbert)]라는 이름으로 YMCA에서 시작되었다. 또한 1919년에는 중국 상해 대한민국임시정부에 의해 '대한적십자회'가 설립되어 항일무력투쟁을 인도적 측면에서 지원하고, 해외의 동포 환자를 도와주는 봉사활동이 전개되었다.

또한 1921년 미국 남감리회에 의해 우리나라 최초의 인보관인 태화사회관[Settlement house, 초대관장 마이어즈(M. D. Myers)]이 설립되었다. 초창기 태화사회관에서는 로젠버거(E. Rosenberger) 전문간호사를 중심으로 태화진찰소와 보건위생사업, 주 2회 목욕날(bathing day)을 만들어 아동목욕사업, 아동에게 분유 급식 사업에 봉사자를 활용하였다. 기록에 의하면 1921년 한국에 파견된 마이어즈 관장은 미국에서 Volunteer 교육을 받고 와서 당시에 Volunteer란 용어를 사용하기 시작했다. 그러나 당시 사용하던 Volunteer란 용어는 1955년 발간된 사회사업개론서나 1970년 초에 발간된 사회복지개론 저서 내용에는 명맥을 이어나가지는 못했다.

지역사회를 중심으로 한 봉사활동은 1950년대 한국전쟁이 끝나면서 외국원조기관에 의해 서서히 전개되기 시작하다가 1964년 캐나다 유니태리언봉사회에서 목포사회복지관을 중심으로 지역사회봉사활동이 정착되기 시작했다.

(4) 현대의 자원봉사활동

1960년대까지만 하여도 우리나라 대부분의 사회사업시설의 운영재원은 외국원조기관에서 지원해 주는 기금으로 운영이 되었다. 그러나 1970년대에 들어오면서 외국원조단체가 철수하기 시작하고, 1973년 제1차 오일쇼크로 인해서 사회사업시설 운영도 많은 어려움에 직면했다. 당시 사회사업시설에 봉사인력을 지원하기 위해 1978년 한국사회복지협의회에서는 9월에 시범사업으로 사회봉사안내소를 부설로 개소했다. 그리고 10월 제1회 자원봉사자 교육을 실시하면서 자원봉사교육은 전국적으로 확대하여 나갔다. 당시 자원봉사강습을 시작하기 전 자문위원회의에서는 당시까지만 해도 영어 표기의 Volunteer를 봉사자, 봉사원, 봉사활동원, 적십자봉사원 등의 용어로 사용하고 있었다. 당시 자문회의에서는 우리말로는 '자원봉사자', 영어 발음을 한글로 표기할 때는 '볼런티어'로 사용하기로 결정하였다. 이처럼 1978년 개설된 사회봉사안내소는 1980년대에 들어오면서 전국 15개의 광역자치단체에 설립되었다. 그리고 자원봉사자를 모집 교육 배치하는 사업이 전개되기 시작하면서 자원봉사센터로서의 모델사업은 계속되었다. 1978년 모델사업으로 시작한 사회봉사안내소는 1996년부터 설립되기 시작한 자원봉사센터의 출발점이 되었다.

2) 자원봉사의 조직과 활동

(1) 보건복지부의 사회복지정보센터(VMS)

VMS사회복지정보관리

한국사회복지협의회에서는 1978년 9월, 자원봉사자를 모집 교육 배치하는 사회봉사안내소를 설치하고 1980년대에는 전국 광역자치단체로 확대하였다. 그리고 16년 후인 1994년11월 '사회봉사안내소'란 명칭을 '지역복지봉사센터'로 변경하면서 부설로 '사회복지자원봉사 정보안내센터'를 동시에 설치 운영하였다. 이때부터 자원봉사관리 업무 전산화를 위한 VT-net 개발, 다양한 사회복지시설 유형간에 정보관리를 표준화하기 위한 VMS(Volunteer Management Service)가 도입되었다. 이로써 사회복지분야에서 활동하고 있는 자원봉사자들은 VMS라고 하는 관리시스템에 활동이 기록되기 시작하였다.

그리고 2001년 8월에는 사회복지봉사활동 인증관리 DB 시스템을 구축 완료하고 전국적으로 인증관리 사업을 시작하였다. 이 시기부터 사회복지 자원봉사 영역에서는 '인증기관' '인증관리요원'이라는 새로운 접근방법을 활용하여 사회복지영역에서의 자원봉사자를 관리하기 시작했다. 2002년부터 발간하고 있는 「VMS 사회복지자원봉사 통계연보」는 「통계법」 제18조에 근거(승인번호 117072호)하여 통계청이 인정하는 자료로 등록되어 있다(www. vms.or.kr).

전국적으로 광역시 · 도 단위에서 17개소가 설치 · 운영되고 있다. 2018년 12월까지 사회복지자원봉사 관리센터 14,051개소, 사회복지자원봉사 인증

관리요원 23,535명, 사회복지 등록 자원봉사자 8,168,638명이 활동하고 있다(복지넷, 2019).

　자원봉사자 개인별 자원봉사활동 실적을 인증관리(VMS)하고, 누적된 실적에 대한 인센티브를 제공하여 지속적인 자원봉사활동 참여를 유도함으로써 자원봉사활동의 활성화를 도모하려는 취지에서 시작된 정부의 정책 사업이다.

(2) 행정안전부 자원봉사센터(1365 자원봉사포털)

　우리나라의 자원봉사센터는 1997년 행정안전부(구 내무부)의 「자원봉사센터 설치 운영지침」에 의거하여 점차적으로 전국 시·군·구 단위에 자원봉사센터를 설치하기 시작했다. 「자원봉사활동 기본법」이 2005년 제정되면서 자원봉사센터가 법률적인 설치 근거를 마련하였으며, 2020년 현재 전국적으로 광역자치단체 자원봉사센터와 기초자치단체 자원봉사센터가 245개소가 설치 운영되고 있다.

　자원봉사센터에서는 자원봉사를 하고 싶어하는 사람들이 어떻게 참여해야 하는지 자원봉사자 도움의 손길을 필요로 하는 수요처 즉, 시설 및 기관 그리고 지역사회를 연결 관리하는 역할에서부터 시작되었다. 자원봉사센터에서는 자원봉사자 모집 교육 자원봉사활동을 위한 조직화와 단체들과 연계·조정을 하고, 자원봉사와 관련된 연구 및 조사 등의 역할을 하고 있다. 2020년 현재 전국적으로 등록된 자원봉사자 14,255,130명의 맞춤형 자원봉사활동 관리시스템인 1365[1]자원봉사포털(www.1365.go.kr)을 운영하고 있다. 그동안 개별적으로 이루어지던 전국의 자원봉사 정보를 한곳에 모아 다양한 자원봉사 정보 검색은 물론 신청부터 실적 확인까지 원스톱으로 제공하고 있다. 현재 우리나라 자원봉사센터[2]의 운영형태는 지방자치단체에서

1365자원봉사포털

---

1) 1365는 '1년 365일 자원봉사하기 좋은 날'을 의미함.
2) 자원봉사센터에 관한 자세한 내용은 제12장에서 설명함.

직접 운영, 또는 법인을 설립하여 운영하거나, 사회복지법인이나 비영리법
인에게 위탁하여 운영하고 있다(www.1365.go.kr).

(3) 여성가족부 청소년자원봉사활동진흥센터(DOVOL)

DOVOL

우리나라 청소년자원봉사는 1998년 설립된 한국청소년활동진흥원(2010년
한국청소년수련원과 한국청소년진흥센터 통합)에서 관리하고 있다. 한국청소년
활동진흥원에서는 청소년자원봉사를 효율적으로 관리하기 위하여 2005년
도에 「청소년활동진흥법」 제65조에 근거하여 청소년자원봉사센터를 설치하
였고, 2007년부터 '청소년활동진흥센터'로 명칭 및 기능이 개편되어 운영되
고 있다. 청소년활동진흥센터는 전국 시·도별 청소년자원봉사 활동을 운
영·관리하는 기관으로 터전인증 및 동아리 승인, 교육, 심사, 시상 등을 담
당하며, 청소년 자원봉사시스템으로 '두볼(Dovol)'이라는 상징 로고를 만들
어 청소년 자원봉사의 참여를 독려하고 관리하고 있다. 청소년자원봉사 두
볼(Dovol)은 'Do Volunteer'(자원봉사활동에 참여하다)의 약자이며, 원하는 봉
사활동 검색부터 실시간 신청, NEIS(나이스, 학생생활기록부)로 봉사 실적 전
송, 참여한 봉사활동에 대한 기록 관리, 봉사활동확인서 출력을 1365자원봉
사포털과 연계하여 자원봉사실적을 연계 활용하고 있다.

청소년자원봉사 두볼은 원하는 봉사활동 검색부터 실시간 신청, NEIS로
봉사 실적 전송, 참여한 봉사활동에 대한 기록 관리, 목표한 봉사 시간에 달
성하면 축하장을 발급하는 등 재미는 물론 성취감도 제공하고 있다.

우리나라의 청소년 자원봉사의무화의 시작은 1994년 중앙일보에서 자원
봉사 캠페인을 시작하면서 싹트기 시작했다. 당시 중앙일보 캠페인을 통하
여 1995년에 교육부에서 실시한 5·31 교육개혁 조치와 함께 중·고등학생
이 자원봉사활동에 의무적으로 참여하게 되면서 자원봉사라는 씨앗을 심는
계기가 되었다.

1996년부터 시작된 중학생 연간 20시간 자원봉사의무제도는 현재 광역자

치단체 교육감(중·고등학교 교장의 재량)의 승인하에 자율적인 제도로 개정 운영되고 있다.

(4) 자원봉사계의 중간지원조직

우리나라 자원봉사계의 중간지원조직을 설립된 순서로 정리해 보면 다음과 같다.

① 한국자원봉사협의회

한국자원봉사협의회(Volunteering Korea, 전 한국자원봉사단체협의회)는 1994년 창립하였다. 1995년 사단법인 설립허가를 받으면서 명칭을 한국자원봉사협의회(초대회장 강영훈, 이하 한봉협)로 변경하였다.

한국자원봉사협의회는 자원봉사활동을 하는 단체들의 의견을 수렴하고 협의조정을 통하여 정책에 반영하고 자원봉사관련 단체에게 자원봉사정신의 정착과 성숙한 자원봉사문화를 확산시키기 위한 목적으로 설립되었다.

회원단체의 구성을 살펴보면 시민사회단체, 재계, 사회복지계, 교육계, 종교계, 의료계와 다양한 협력 단체로 구성되어 있다. 한봉협은 2005년 「자원봉사활동기본법」이 제정되면서 제17조에 의거 법정단체가 되어 활동하고 있다.

② 한국자원봉사포럼

1995년, 중앙일보는 신문사로서는 최초로 자원봉사캠페인을 펼쳤다. 이 운동을 좀 더 전문적으로 하기 위해 1995년 4월에, 14명의 전문가를 선발하여 12일간 미국의 워싱턴 D.C의 촛불재단, 뉴욕시립자원봉사센터, 캠퍼스 컴펙트 등의 연수를 다녀왔다. 약 2주간의 연수를 마치고 귀국한 연수단은 귀국보고회와 함께 우리나라에도 자원봉사 전문가들이 모여 자원봉사계가 당면하고 있는 문제를 해결하기 위한 정책 수립과 자원봉사 이슈를 발굴하

고 논의를 하고 대안을 제시하는 단체가 필요하다는 의견을 내어 '한국자원
봉사포럼(초대 회장 최일섭, www.kvf.or.kr)'을 1995년 창립하게 되었다.

지난 25년간 자원봉사포럼은 총 180여 회, 연간 7.2회의 포럼 세미나 국
제심포지움을 개최해 왔다. 이 밖에도 자원봉사포럼에서는 2005년 「자원봉
사활동지원법」이 제정되기까지 기여하였고, 1999년 11월 세종문화회관 자
원봉사대회식에서 공포된 자원봉사헌장을 선포 제정하는 데 기여하였으며,
2004년 한국자원봉사학회 창립에 기여했다.

③ 한국자원봉사센터협회

한국자원봉사센터협회(www.kfvc.or.kr)는 전국 246개 자원봉사센터를 대
변하는 대한민국 최대의 자원봉사 네트워크로서 자원봉사센터의 제도개선,
권익보호, 역량강화, 인재양성, 자원연계를 위해 2000년 12월에 창립되었
다. 한국자원봉사센터협회에서는 교육훈련사업, 조사연구사업, 조직화사업,
홍보사업, 교류협력 및 연대사업, 회원센터 지원사업, 수익사업 등을 운영하
고 있다.

3) 자원봉사활동 기본법

2005년 제정된 「자원봉사활동 기본법」은 총 20개 조로 구성되어 있다. 이
밖에도 자원봉사활동과 관련되어 있는 법규인 「사회복지사업법」 「대한적십
자사조직법」 「청소년 기본법」 등에서 자원봉사활동을 간접적으로 권유하고
있다.

(1) 국가와 지방자치단체의 자원봉사활동 권장 · 지원의 규정

미국의 자원봉사활동이 증가하게 된 가장 큰 이유는 국가 및 지방자치단
체에서 국민에게 자원봉사활동을 적극적으로 권유하고 지원하고 있다는 것

이다. 앞으로 우리나라에서도 자원봉사활동이 적극적으로 전개되기 위해서는 국가 및 지방자치단체, 학교, 대중매체, 종교기관 등에서 자원봉사활동의 필요성을 적극적으로 홍보하고 권장해 나가야 한다. 이러한 의미에서 제4조와 제9조에서 자원봉사활동을 권장하며, 국가기본계획을 수립하는 내용을 담은 것은 매우 의미가 크다고 할 수 있다.

이 밖에도 「사회복지사업법」 제9조에서도 사회복지 자원봉사활동의 지원·육성을 규정하고 있다.

(2) 자원봉사활동의 범위

「자원봉사활동 기본법」 제7조에서는 자원봉사활동의 범위를 규정하고 있다. 이 법에서 자원봉사활동의 범위를 규정함으로써 어떠한 내용이 자원봉사활동인가를 명확하게 규정하여 놓았다. 자원봉사의 출발은 사회복지 분야라고 할 수 있다. 그러나 자원봉사활동은 이제 사회복지 분야뿐만 아니라 범국민운동으로 다양한 영역까지 그 필요성이 인정되고 있음을 알 수 있다.

(3) 자원봉사진흥위원회의 설치

「자원봉사활동 기본법」 제8조에는 자원봉사활동에 관한 주요 정책을 심의하기 위하여 국무총리 소속하에 관계부처 및 민간 전문가로 구성된 자원봉사진흥위원회를 두도록 규정하고 있다. 자원봉사진흥위원회에서는 자원봉사활동의 진흥을 위한 정책방향의 설정 및 협력·조정, 자원봉사활동의 기본계획과 연도별 시행계획, 자원봉사활동의 진흥을 위한 제도 개선, 그 밖의 자원봉사활동의 진흥에 관한 사항 등을 심의하고 있는데, 주로 자원봉사 관련 기관·단체의 대표로 구성되어 있다. 그러나 실무위원회는 자원봉사 관련 기관·단체의 실무자 및 전문가들로 구성되어 있다.

자원봉사진흥위원회와 실무위원회에서는 자원봉사 정책과 제도 개선을 위하여 다양한 일을 추진하면서 매우 중요한 일들을 수행하게 된다.

(4) 자원봉사자의 날 및 자원봉사주간의 제정

「자원봉사활동법」 제13조(자원봉사자의 날 및 자원봉사주간)에서는 "국가는 국민의 자원봉사활동에 대한 참여를 촉진하고 자원봉사자의 사기를 높이기 위하여 매년 12월 5일을 자원봉사자의 날로 하고 자원봉사자의 날부터 일주일간을 자원봉사주간으로 설정한다."고 명시하고 있다.

자원봉사자의 날을 1년의 마지막을 장식하는 12월로 결정한 이유는 무엇인가? 우리나라는 12월이 되면 구세군의 종소리와 함께 많은 국민이 기부운동에 참여하고 있다. 자원봉사활동도 이와 비슷할 것이다. 한 해를 뒤돌아보며 어려운 사람을 위해 다시 한 번 자원봉사활동을 할 수 있는 기회를 제공하고, 지난 1년간 자원봉사활동에 열심히 참여한 사람들을 격려 · 표창해 주는 의미가 있을 것이다.

(5) 안전한 환경 속에서 자원봉사활동을 할 수 있는 보험제도의 규정

「자원봉사활동 기본법」 제정의 가장 큰 의미는 자원봉사자들이 안전한 환경 속에서 자원봉사활동을 할 수 있는 보험제도를 마련하였다는 점이다. 「자원봉사활동법」 제14조(자원봉사자의 보호)에서 자원봉사자에 대한 보험의 가입 등을 규정하고 있다.

(6) 한국자원봉사협의회 설치

「자원봉사활동 기본법」 제17조에서 전국단위의 자원봉사활동을 진흥 · 촉진하기 위하여 한국자원봉사협의회를 설립 · 운영하게 한 점도 매우 의미가 크다고 할 수 있다. 한국자원봉사협의회가 자원봉사에 관한 많은 사업을 추진해 나가려면 많은 예산의 지원이 필요하다. 그러나 한 가지 우려되는 점은 자원봉사진흥위원회와 실무위원회에서 많은 정책적 논의가 이루어질 것이기 때문에 한국자원봉사협의회의 연구사업과 전문적인 직원의 보강 없이는 정책적인 면에서는 위축되는 면도 있을 것이다.

2. 일본의 자원봉사

1) 자원봉사의 역사

(1) 방면위원 민생위원의 봉사활동

일본의 자원봉사활동은 1918년 오사카부(大阪府)에서 발족한 방면위원(方面委員) 제도를 자원봉사의 출발점으로 보는 견해가 많다. 이곳에서 견해라고 표현한 것은 방면위원(후에 민생위원으로 명칭변경)에게는 이들이 지역에서 활동하는 최소 한도의 실비가 제공되었기 때문에 순수 자원봉사자로 보기 어렵다는 의견도 있기 때문이다.

이러한 방면위원제도는 1948년 「민생위원법」이 제정되면서 명칭이 방면위원에서 민생위원(民生委員)으로 변경되었다. 민생위원은 지역실정을 잘 알고 사회복지사업에 열의가 있고 헌신적인 사람을 발굴 지역단체장이 추천해서 후생노동부장관 임명장을 받고 활동한다. 민생위원은 집 앞에 '민생위원의 집'이라는 명패도 붙여 놓는다. 그래서 혹시 위기에 처한 사람들이 이들 가정을 방문하여 어려움을 상담할 수 있다.

민생위원은 행정기관과 사회복지시설의 중간에서 조정자 역할을 수행하는 주민 조직의 지도자 역할을 수행하고 있다. 그러나 일본 민생위원의 역할이 나름대로 긍정적인 측면도 있었지만, 정부가 그들의 기능을 활용하여 사회통제의 수단으로 활용한다고 비판하는 학자도 있다. 아무튼 일본의 방면위원, 민생위원은 초창기 지역사회에서 어려움을 겪고 있는 빈민층을 발굴하고 이들을 돕는 일에 많은 기여를 하여 왔다. 단 자원봉사이론에 의하면 순수한 자원봉사활동으로 보기는 어려우며 실비 자원봉사자라고 할 수 있다.

(2) 주민자치회 봉사활동

또한 학자에 따라서는 1930년대와 1940년대에 시작된 작은 마을 단위 주민모임[조나이카이(町内會 또는 자치회)]이 자원봉사의 시작으로 보기도 한다. 주민자치회란 우리나라의 반상회와 비슷한 주민 조직이다. 이러한 주민자치회 조직을 통하여 '다양한 자원봉사활동'이 마을단위로 전개되어 왔다. 이러한 주민자치회 모임에서는 1930년대와 1940년대에 다양한 지역 봉사활동을 무보수로 전개해 왔다. 그러나 주민자치회의 약점은 지방자치단체에서는 이들 조직을 통하여 정부정책에 반대하는 반체제 인사를 찾아내는 데 활용해 왔다는 점이다. 이러한 사실 때문에 일부 자원봉사를 연구하는 학자들 사이에서는 주민자치회 봉사활동도 순수 자원봉사활동으로 인정할 수 없다는 의견과 당시의 시대상황상 자원봉사활동으로 볼 수 있다고 하는 논의가 계속해서 일어나고 있다.

(3) 1995년 고베 대지진과 자원봉사

우리나라에는 고베 대지진(일본에서는 한신·아와지 대지진으로 표기, 1995년)으로 알려지고 있는 대지진이 발생하면서 일본 사회에 수많은 자원봉사 운동이 전개되었다. 이 대지진 이후 수많은 일본의 대학생 기업 및 일반인이 자원봉사활동에 참여하면서 일본에서는 자원봉사활동의 기원에 대한 논의가 다시 시작되었다. 고베 대지진 이후 많은 논문과 문헌에서 일본 자원봉사의 원년이 바로 1995년 고베 대지진이 일어난 이후라고 주장하였다. 이러한 논의에 대해서 반론을 펼치는 학자는 최근까지 거의 없다. 일본은 왜 고베 대지진 이후를 자원봉사의 원년이라고 주장하는 것인가. 그것은 바로 고베 대지진 이후 많은 사람이 자발적으로 봉사활동에 참여했기 때문이다.

(4) 1998년 「특정비영리활동촉진법」 제정과 자원봉사

1998년 3월 일본에는 「특정비영리활동촉진법(NPO법)」이 제정되었다. 이

법에서는 자원봉사활동을 시작하는 시민이 사회공헌 활동으로서 법인격을 취득하여 자원봉사활동을 전개하도록 규정하고 있다. 「NPO법」을 제정하게 된 사회적 배경은 1995년 고베 대지진이 일어난 이후 관련법의 개정이 정치적인 과제로 등장하게 된 것이다. 「NPO법」이 제정되기 이전에는 대부분의 임의단체(NPO)들이 단체 이름으로 은행에 예금을 하여도 법인격이 없어 어려움을 겪는 경우가 많았다.

그럼에도 불구하고 대지진이 일어났을 때 비영리단체들이 활동한 내용에 대해서는 사회적 평가가 매우 높은 편이다. 「NPO법」은 당시 여당(자민당, 사회당, 사키가게당)을 비롯한 각 당들의 의원입법으로 제안되었다. 또한 「NPO법」은 제정되는 과정에서 시민단체의 의견을 충분히 받아들여 시민입법으로 간주되기도 한다.

「NPO법」이 제정되기 전에 설립된 볼런티어센터는 「NPO법」의 제정 이후 'NPO 볼런티어센터'로 명칭을 변경하여 사용되는 경우도 있다. 따라서 사업 내용도 자원봉사활동뿐만 아니라 시민단체로서의 활동까지 수행하는 단체로 탈바꿈하게 되었다(川口淸史 外, 2005).

2) 자원봉사의 조직과 활동

(1) 선의은행
일본은 1945년부터 1970년대 초기까지 민생위원제도와 공동모금을 정책적으로 추진해 왔다. 민간 부문에서는 1962년에 도쿠시마 현 사회복지협의회가 금품과 서비스 제공을 위해 설치했던 '선의은행'이 도도부현 및 시구정촌 사회복지협의회로 확대되면서 자원봉사 개발과 수급조정 기능을 담당하는 역할을 하였다. 이와는 별도로 동경도에서는 지방자치단체가 독자적인 정책에 의해 공설민영(公設民營) 방식으로 '볼런티어 코너'를 운영하기도 하였다.

1970년대 후반부터 1980년대 전반에 걸쳐서는 중앙정부와 지방정부의 보조에 의해 사회복지협의회를 중심으로 자원봉사활동 체계가 조직되었다. 1962년 설립된 선의은행은 1975년 이후 사회복지협의회 조직 내의 '볼런티어센터'로 개칭되었으며, 볼런티어 코너 역시 1981년에 동경도 사회복지협의회로 이관되어 그 하위 조직으로 재편되었다.

한편, 석유파동을 계기로 재정위기에 빠진 일본 정부는 '작은 정부'를 표방하면서 복지정책을 개혁하여 민·관의 역할분담을 도모하였다. 따라서 민간자원인 자원봉사자의 활용방안을 적극 모색하게 되었고, 이 시기에 재가복지를 중심으로 하는 정책이 추진되기 시작하였다. 1977년에는 후생성과 전국사회복지협의회가 국고 보조사업으로 자원봉사활동 협력교육 사업을 시작함으로써 학교에서의 복지교육을 통한 자원봉사활동이 전개되기 시작하였다.

(2) 전국사회복지협의회 전국볼런티어·시민활동진흥센터

일본에서는 우리나라의 중앙자원봉사센터에 해당하는 전국볼런티어·시민활동진흥센터를 전국사회복지협의회에서 위탁 관리하고 있다. 전국사회복지협의회 산하 일본 볼런티어·시민활동진흥센터에서는 일본의 자원봉사와 시민활동을 폭넓게 추진하기 위한 다양한 관여와 조사연구를 하고 있다. 주요 업무는 다음과 같다(일본전국사회복지협의회 홈페이지, 2020).

- 도·도·부·현·지정도시, 시·구·정·촌 볼런티어·시민활동센터 지원
- 볼런티어 코디네이터, 어드바이저 등의 연수 및 보급
- 복지교육 추진을 위한 조사연구·연수
- 볼런티어·시민활동 추진에 관한 조사연구
- 월간지 『볼런티어정보』 발행

- 후원정보의 제공 · 추천 등
- '전국볼런티어 페스티벌' 개최 협력
- 관계부처 · 관계기관과의 연대에 의한 다양한 사업

(3) 볼런티어센터

1962년 설립된 선의은행은 1973년 볼런티어센터[3]로 명칭을 변경하였다. 일본의 각 지역과 지방에는 볼런티어센터 네트워크가 구축되어 있는데, 이는 정부위탁기관으로 설립된 사회복지협의회가 그 운영을 담당하고 있다. 볼런티어센터에서는 많은 부분이 정부와 관련되어 있는 서비스 제공 프로그램을 실시하고 있다.

볼런티어센터에서는 '친구되기 활동(befriending activities)'과 복지서비스를 받을 수 없는 자를 위한 차량서비스 등을 전개하고 있다. 그들은 볼런티어들을 모집하고 배치하여 볼런티어가 관심을 둔 사람이나 단체들에 연결시켜 주며 자원봉사활동에 관한 교육을 추진하고 있다. 또한 자원봉사 관리에 관한 자문을 해 주는 지원센터의 기능을 하는 것은 물론, 볼런티어에 관한 모든 문제를 해결할 수 있는 두뇌집단의 역할도 한다.

정부는 사회복지협의회를 통해 볼런티어센터에 예산을 지원하고 있다. 보건복지 부문 NPO들을 위한 정부의 지원은 오래된 전통을 갖고 있고, 이 분야의 기관들은 거의 모든 재정을 정부에서 지원받고 있다.

(4) 볼런토피아 사업

1980년대 후반 이후 사회문제와 사회적 필요가 다양화됨에 따라 민간활동이 복지영역 외에 자연보호, 시가지 보호, 도시계획, 국제협력 등으로 넓

---

3) 일본에서는 Volunteer를 영어발음 그대로 볼런티어로 표기하고 있다. 따라서 본문에서도 볼런티어센터, 볼런티어로 표기했다.

혀져 갔고, 이에 따라 자원봉사정책도 다양한 영역으로 확대되었다. 1986년부터 후생성에 의한 '볼런토피아(Voluntopia)' 사업은 볼런티어센터와 지방자치단체 그리고 지역의 대학이나 시민단체가 중심이 된 복지마을 만들기 사업을 말한다. 이와 같이 1980년대는 자원봉사의 활동영역이 다양화되고 확대되는 시기가 되었다.

(5) 학생 자원봉사활동

1995년 고베 대지진 이후 도쿄 시내의 대학교와 고등학교 내에 자원봉사활동을 장려하고 지원하는 자원봉사센터가 증가하기 시작하였다. 자원봉사센터를 학교에 설치하게 된 계기는 1995년에 발생한 고베 대지진과 일본 바다의 기름 유출사건이 있은 이후에 많은 학생이 자원봉사활동에 참여한 것이 계기가 되었다. 예를 들어, 고베 대지진 후에 문을 연 와세다대학교 자원봉사센터에는 15명의 직원과 많은 회원이 등록되어 있다. 모든 활동은 '학생중심의 발상(student-oriented concept)'을 통해 학생들에 의해서 조직·운영되고 있다. 이 센터는 정보를 제공하고 겨울철에는 '눈 치우기 여행'에 참여하기도 한다. 이 프로그램의 의의는 지역 주민에게 봉사하면서 그들과 우정을 나누고, 풀뿌리단체 차원에서 한 번도 눈을 본 적이 없는 열대지방의 외국 학생을 초청하여 국제교류의 기회를 갖기도 한다.

(6) 자원봉사 유급휴가

오사카 볼런티어협회에서는 기업의 시민의식 향상을 위한 기능을 수행하면서 기업이 비영리 부문과 쉽게 접촉할 수 있도록 돕는 활동을 전개하고 있다. 이 센터에서는 자원봉사를 하고자 하는 직원들이 소모임에 가입하여 활동할 수 있도록 도와주고 있다. 센터에서는 격월제로 '자선활동 연결포럼(philanthropy linkup forums)'을 개최하여 지역사회의 주요 기업이 자원봉사활동에 적극 참여하도록 협력 지원하고 있다.

후지 제록스사는 1990년대 초에 자원봉사 유급휴가를 제공하였다. 이 회사는 회사에서 제공하는 자원봉사 프로그램에 참여하는 직원들에게 2년 동안의 유급휴가를 허용하고 있다. 이 프로그램은 시민에게 많은 호응을 얻었으며, 이에 따라 많은 회사가 후지 제록스사의 프로그램을 벤치마킹하고 있다. 기업의 자원봉사활동 참여가 늘어나면서 지방의 공공기관에서도 소속 공무원에게 자원봉사활동에 참여하는 것을 휴가로 인정해 주는 제도를 도입하는 곳이 점차 증가하기 시작하였다.

(7) 기업의 사회공헌 활동

1990년대에 들어오면서 일본에서는 복지관계 8법이 대폭적으로 개정되어 시정촌을 중심으로 종합적인 사회복지 추진체계로 전환하게 된다. 이에 따라 시정촌 사회복지협의회의 기능도 강화되었다. 한편, 1990년대부터 기업의 사회공헌 활동이 활발해져 대기업을 중심으로 기부활동과 사원의 자원봉사활동에 대한 제도적인 지원활동이 추진되기 시작하였다.

앞서 언급하였듯이, 1995년 고베 대지진은 기업의 사회공헌을 확산시키는 전환점이 되었다. 국가의 재해와 재난 시에 일반 시민과 소방기관의 협력을 구축하는 것이 각 지방에서 제도화되었으며, 자원봉사 교육과 코디네이터 양성, 자원봉사 단체 간의 네트워크 추진, 자원봉사 정보 시스템 구축 등이 이 시기에 이루어졌다. 또한 재해가 발생하면 공무원 자원봉사 휴가제도가 도입될 수 있도록 하였다. 나아가 기업의 사회공헌 활동 역시 이를 계기로 더욱 활발하게 전개되었다(한국사회복지협의회, 1997; Govaart et al., 2002).

기업의 사회공헌 활동은 대기업을 중심으로 활발하게 진행되고 있다. 많은 기업이 자원봉사활동에 참여하고 있으나, 중소기업의 참여율은 활발하지 못한 편이다. 일본에서 기업에 의한 사회공헌 활동의 방법은 기부금 지원, 종업원의 자원봉사활동 지원, 그리고 프로그램 참여라는 세 가지 형태로 진행되고 있다. 또한 기업은 사회공헌 활동을 위해 민간단체에서 서비스와 기술을 제공받고 민간단체는 기업에서 자금과 인재 등을 지원받을 수 있으므로, 이들 간의 협력관계에 대한 중요성이 재인식되고 있다. 바람직한 협력을 위해서는 기업과 자원봉사단체 간의 네트워크 설치 및 기업과 자원봉사단체 간의 공동 이벤트 개최가 필요하다고 보고 있다.

(8) 일본에서 NPO와 NGO의 사용 구분

일본에서는 국내에서 활동하는 비영리단체는 NPO로 표기하고 있는데, 외국에서 일본의 정부나 민간의 자원으로 운영되고 있는 비영리단체는 NGO로 구분해서 부르고 있다. 1990년대까지만 해도 일본에서는 NPO나 NGO를 다소 혼용하여 사용한 경우도 있었다. 그러나 1998년 「특정비영리활동촉진법(NPO법)」이 제정된 이후 그동안 혼용해서 사용해 오던 용어를 정리했다.

3. 우리나라와 일본 자원봉사의 시사점

한국과 일본은 문화적 배경에서 비슷한 면모를 지니고 있다. 1990년대 후반에 발간된 일본의 자원봉사 관련 논문들을 읽으면서 신선한 충격을 준 한 문장을 발견하였다. 그것은 일본의 자원봉사 원년(元年), 즉 자원봉사가 시작된 해를 1995년으로 정했다는 점이다. 그러나 지금까지, 학자에 따라 다르기는 하나 일본의 근대 자원봉사의 역사는 1920년대 시작된 아동위원 민생위원제도가 그 시작이라고 제언하는 글이 있었다.

또한 1970년대에 들어오면서 각 지역마다 4,000여의 시구정촌(우리나라의 시·군·구)에 자원봉사센터를 설립·운영하기 시작했는데, 이때를 일본의 자원봉사활동이 활발하게 전개된 시기로 보는 학자도 있었다. 그렇다면 1995년 고베 대지진이 일어난 해를 자원봉사의 원년으로 주장한 이유는 무엇일까? 바로 그 이유의 중요한 근거는 민생위원제도나 자원봉사센터의 자원봉사활동이 자원봉사의 핵심적인 가치인 자발적인 참여가 아니라는 이유가 제기되고 있기 때문이다. 이와 같이 일본은 국민들이 자발적으로 자원봉사활동에 참여하게 된 1995년 고베 대지진이 일어난 해를 자원봉사의 원년으로 보고 있다.

그러나 아직 우리나라에서는 자원봉사의 원년을 찾아보려는 움직임은 논의되지 않고 있다. 대략 1980년대까지는 사회복지자원봉사 분야가 자원봉사의 중심이 됐었다. 그러나 1988년 올림픽대회가 서울에서 개최되면서 전국민운동으로 자원봉사운동이 확산되기 시작했다. 그리고 1995년에 민간자원봉사 NGO의 설치, 1996년에 자원봉사센터가 설치되기 시작하면서 자원봉사운동이 제도적으로 확산되기 시작했다.

제4장

영국과 미국의 자원봉사

자원봉사의 이론을 연구할 때에 선진국에서는 어떻게 자원봉사활동을 제도화하고 발전시켜 왔는지 연구하는 것은 매우 중요하다. 이 장에서는 영국과 미국의 자원봉사제도가 발전되어 온 과정과 주요 자원봉사 단체의 활동 내용을 중심으로 살펴보았다.

1. 영국의 자원봉사

1) 영국 자원봉사의 발전과정

(1) 구빈법시대의 자경단 봉사활동

복지국가의 모델이 되고 있는 영국은 민간의 상호부조와 자조정신의 전통이 강한 나라로 알려져 있다. 영국은 자원봉사활동 면에서 비교적 빠른 시기에 자원봉사활동을 전개하였다. 이러한 근거로 1601년 엘리자베스 구빈법과 함께 동시에 「자선신탁법(Statute of Charitable)」을 제정하여 자선활동을 할 수 있는 사회적분위기를 만들었다는 것이 우리에게 시사하는 바가 매우 컸다.

그리고 영국에서 봉사활동이라는 용어가 문헌에 처음 등장한 것은 1647년 스튜어트 왕조 시기로 알려지고 있다. 당시 영국은 명예혁명 등으로 전국이 혼란과 불안으로 가득 차 있던 때였다. 그러한 상황 속에서 '스스로 혼란과 불안을 극복해 보자.'라며 마을을 지키고자 일어선 사람들이 있었는데 이들을 자경단(自警團, civil militia)으로 불렀다. 따라서 처음 봉사의 의미는 스스로 마을을 지키는 시민들로 조직된 자경단 봉사활동에서 출발했다.

18세기에 들어오면서 영국은 전 세계에 광범위한 식민지를 가진 근대국가로 발전하면서 아메리카, 아프리카, 인도에서 자국의 권익을 보호하기 위해 군대를 필요로 하였다. 이때 나라를 지키려는 순수한 마음에서 자원하여 입대한 사람들이 생겼는데 이 지원병들도 봉사단이라고 불렀다. 이처럼 자발적으로 자기가 살고 있는 마을과 나라를 지키려고 하는 자경단의 활동이 영국 자원봉사의 출발점이 되었다.

(2) 자선조직협회와 우애방문원 봉사활동

1601년 빈곤과 실업문제를 해결하고자 사회통제에 더 비중을 둔 구빈법이 제정됐다. 그러나 260여년간 다양한 사회문제해결을 위해 노력해 보았지만 큰 효과를 보지 못했으며 오히려 부작용이 더 많이 발생했다.

이렇게 국가의 노력에도 불구하고 개인들의 빈곤에 관한 문제가 해결되지 않자 기독교 정신을 바탕으로 민간중심의 사회봉사단체를 설립하는 조직적인 운동이 나타났다. 그 대표적인 단체가 바로 1869년 조직된 자선조직협회(Chrity Organization Society: COS)이다. 당시 영국의 자선조직화 운동에 주요 역할을 담당하였던 조직이 바로 우애방문원(Friendly visitors)이었다. 우리말로는 우애방문원 또는 우애방문단이라고도 번역 사용되고 있는 Friendly visitors는 현대적인 의미로 재가 자원봉사자의 활동을 펼친것이다.

2003년, 영국을 방문했을때 당시 토인비 홀 관장은 "우애방문원의 대부분은 부유층 여성들이었다. 그러나 그들의 활동이 계속되면서 빈곤가정을 위한 봉사활동보다는 오히려 친목활동에 더 치중했다. 그리고 중류층 이상의 여성만이 참여하는 활동이라면서 보이지 않는 특권의식과 권위의식이 생겨 사회적인 비판이 일어난 적이 있었다.[1]"고 했다. 이러한 비판이 있었음에도 불구하고 당시 중류층 이상의 많은 여성이 시간을 내서 봉사활동에 참여했다고 하는 긍정적인 측면도 있었다.

(3) 세계 최초의 인보관 토인비 홀과 대학생 자원봉사

19세기 이전까지 일반 시민들이 참여하는 자원봉사라는 용어는 일반화되지 못하였다. 구체적으로 자원봉사활동이 지역사회 내에 서서히 뿌리를 내리기 시작한 것은 1884년 영국 런던에 세계 최초의 인보관(Settlement House)인 토인비 홀이 건립된 이후라고 할 수 있다. 인보관운동의 창시자인 사무엘 바네트(Samuel Barnett)는 당시 세계 최대의 도시였던 런던에 부자와 빈민 사이가 단절되어 각기 다른 가치관과 불신감이 팽배해 있음을 파악했다. 그리고 이를 해결하기 위해 빈민지역에 직접 거주하다 보니 많은 봉사인력이 필요했다. 그리하여 대학을 순회하면서 대학생들에게 봉사활동에 참여할 것을 호소했고, 많은 대학생이 봉사활동에 참여하기 시작했다. 그중 대학생시절부터 봉사활동에 참여하던 토인비(Toynbee)라는 학생이 봉사활동을 몇 년간 계속하면서 대학 조교수로 근무하던 중 30세경에 폐병으로 사망하게 된다. 1884년, 인보관이 거의 완성되어 가던 시기에 토인비가 사망하면서 인보관 명칭을 토인비 홀 이라고 하였다.

---

1) 필자는 1987년 8월, 2013년 7월 두 번에 걸쳐 토인비 홀을 견학한 바 있다.

토인비 홀이 건립되어 있는 지역은 이스트 런던 지역으로 많은 노예가 강제로 이주하여 살고 있었다. 영어로 인보관을 Settlement라고 하는 이유는 빈민들과 함께 거주하면서 그들의 생활을 개선한다는 의미에서 붙여진 이름이다. 최근에 들어오면서 인보관이라는 용어는 우리나라에서 사회관, 사회복지관, 종합사회복지관 등으로 변화되면서 사용되고 있다.

그리고 토인비 홀에서 전개하고 있는 프로그램에 왜 부유층 여성(lady bountiful)이 참여하는지 문제를 제기하는 학자도 있었다. 그렇다면 토인비 홀에는 저소득 빈곤층 사람만 참여해야 하는가? 이 논쟁은 인보관 사회관에서는 지금도 제기되고 있는 논의 주제[2]이다.

(4) 베버리지 보고서 이후 자원봉사제도

1948년에는 베버리지의 제3보고서라 할 수 있는 '자원봉사활동(Voluntary Action)', 1960년 제정된 「자선법(Charity Act)」, 1972년 제정된 「지방정부사회복지서비스법(Local Authority Social Service Act)」에 의해 자원봉사활동이 지역사회에서 더욱 활성화되었다.

영국 전문가들에 의하면 영국 자원봉사활동의 발전에 하나의 전환점을 제공한 것은 1968년 아베스(Aves) 보고서의 발표라고 제기하고 있다. 아베스 보고서에서는 전문 직원의 서비스를 보완하고 사회서비스의 제공을 통합하기 위해 자원봉사자의 참여가 절대적으로 필요하며, 이를 위해 자원봉사자의 증원, 훈련, 원조에 관한 실천적 전문가의 표준이 필요하다고 강조하였다(류기형, 2002: 57; Hedley & Smith, 1992).

이와 같이 1601년, 「엘리자베스 구빈법」과 함께 동시에 제정된 「자선신탁

---

2) 인보관 사회관 프로그램에 참여하던 중산층 이상의 사람들이 오히려 시간이 지나면서 많은 사람이 인보관 사회관의 후원자가 되는 경우도 많았다. 그러나 중산층 사람들이 토인비 홀의 교육에 참여하면서 빈곤층 사람들이 참여하기가 어려워지고 있는 상황에서 제기된 문제로 우리나라 사회복지관 발전에도 시사하는 바가 크다.

법」등 영국은 제도적인 법뿐만이 아니라 민간의 참여를 지원하는 자선 봉사 활동을 규정하는 제도를 만들어 균형을 맞추어 정책을 실현해 온 것을 알 수 있다. 영국의 자원봉사 역사를 기록하면서 역시 영국은 자원봉사 측면에서도 연구의 대상이 되는 국가라는 것을 다시 한번 인식하게 된다.

2) 자원봉사활동의 주요 조직과 활동

(1) 자원봉사에 대한 지원정책

영국의 경우도 보수당과 노동당 그리고 경제가 발전하는지 또는 저조한지에 따라 자원봉사 정책도 변화되어 왔다. 1770년 전후 자원봉사활동에 대하여 부정적이었던 노동당의 자원봉사에 관한 정책도 1980년대가 되면서 변화하기 시작했다. 이러한 정책의 변화는 사회복지 부문에 관한 정부의 역할을 감소시키려는 보수 행정부의 의도와 함께, 많은 법적인 서비스가 자원봉사 부문의 역할로 바뀌기 시작하였다. 자원봉사자는 다시금 국가의 주요 자원으로 주목받기 시작하였다. 이러한 자원봉사활동의 역할에 대한 재평가는 보수당만의 독점적인 해결책은 아니었다. 노동당 또한 입장을 바꾸어 자원봉사자가 사회에서 중요한 역할을 수행해야 한다는 견해를 지지하기 시작하였다.

1977년에 선출된 신노동당 정부는 자원봉사활동을 활성화하기 위한 일련의 주요 정책을 시행하기 시작하였고, 이를 위해 청년 자원봉사활동을 장려하고자 노인과 흑인 및 소수민족에게 초점을 맞춘 정책 등을 전개하였다.

1977년 실시된 전국조사에 따르면, 영국 전체 인구의 48%가 한 해 동안 공식적인 자원봉사활동에 참여했으며, 남녀 모두 동등한 참여율을 보였다. 그 인구는 약 2,200만 명으로 비공식적인 자원봉사활동까지 포함한 자원봉사 참여율은 74%에 이른다.

전국조사에 의해 밝혀진 가장 보편적인 참여 분야는 스포츠 분야로 전체 자원봉사자들 중 26%가 참여하였다. 자원봉사자의 23%는 아동교육과 학교에서 활동하고 있었고, 같은 비율의 자원봉사자들은 종교 분야에서 활동하고 있는 것으로 나타났다. 반면에 정치와 환경 분야는 각각 4%와 5%로 낮은 참여율을 보였다(Govaart et al., 2002: 163-165).

(2) 새천년 자원봉사단

새천년 자원봉사단(Millenium Volunteers)은 영국에서 전국적인 규모로 시행된 가장 큰 청년 자원봉사 프로그램 중 하나다. 이 프로그램은 지역사회에 도움이 되는 자원봉사활동에 16~24세의 청년이 참여하도록 영국 정부가 장려하고 자원봉사활동을 경력으로 인정하기 위해 시작한 프로그램이었다. 목적은 청년 자원봉사자 수와 자원봉사활동 기회를 늘리면서 활동 분야를 넓히고자 함이었다.

1998년 6월, 9개 시범사업이 영국에서 시작되었으며, 다른 사업들도 현재 이 프로그램과 연결되어 진행되고 있다. 시범사업의 평가와 피드백을 통해 이 사업이 청년에게 각자의 관심에 따라 자원봉사할 수 있는 기회를 제공했음을 확인할 수 있었다. 참여사업의 범위는 유동적이어서 개인에게 적합한 것부터 집단 자원봉사를 위한 보다 큰 사업까지 다양하다. 청년 스스로 봉사활동 계획을 세우거나 지역단체에서 제공하는 활동업무를 택하기도 한다. 이 프로그램은 두 단계의 평가를 통해 참여자들을 격려하는데, 자원봉사를 100시간 이상 하면 인증서를 수여하고 200시간 이상 하면 우수상을 수여한다.

(3) 다양한 명칭의 자원봉사센터

영국은 네 개로 나누어진 연방국가이다. 때문에 각 연방 국가마다 자원봉사와 관련된 명칭이 다르다. 자원봉사활동이 활성화되기 위해서는 전국 차원의 효율적인 인프라가 필요하다. 그리고 이를 통해서 자원을 동원하고 자원봉사자를 적절한 기관 및 임무에 배치하는 것을 지원해야 한다.

전국 차원의 자원봉사활동 지원은 네 개의 영연방 국가마다 각기 다른 기구에서 제공되고 있다. 잉글랜드는 전국자원봉사센터(National Center for Volunteering), 스코틀랜드는 자원봉사개발원(Volunteer Development), 북아일랜드는 국립개발원(National Development Agency), 웨일스는 자원봉사활동협회(Wales Council for Volunteer Action)가 각 국의 전국 자원봉사센터 역할과 기능을 담당하며, 자원봉사 진흥과 모델사업 개발, 여러 부문의 연계를 위해 노력하고 있다.

지역단위로는 자원봉사센터(Volunteer Bureaux)와 같은 지역자원봉사 개발기관의 네트워크가 조직되어 있다. 이는 지역자원봉사센터 자원봉사자의 봉사활동 영역을 조정하며, 지역의 자원봉사 관련 단체에 지원·상담·훈련을 제공하고 있다. 많은 자원봉사센터가 '전국자원봉사센터연합(National Association of Volunteer Bureaux: NAVB)'의 회원이기도 하다. 특히 협회 차원에서 자원봉사활동을 지원하는 다양한 전국 단체들도 있다. 여기에는 자원예술 네트워크(Voluntary Arts Network), 전국자원봉사관리자협회(보건 분야, National Association of Voluntary Service Managers), 영국박물관친구협회(British Association of Friends of Museum), 전국청소년자원봉사협회(National Council for Voluntary Youth Service) 등으로 나누어 활동하고 있다(Govaart et al., 2002: 166-167).

(4) 자원봉사 관련 중간조직

영국에서는 자원봉사활동의 촉진과 자원봉사 조직의 능력 강화와 운영 지원, 재원 확보 등의 기능을 하는 많은 중간조직이 있다. 이들 조직은 새로운 사회 욕구에 대응하는 활동을 개발하고 자원봉사활동단체 간의 연락과 조정 의견을 조율하는 역할을 하고 있다. 자원봉사협회나 광역자치단체 자원봉사센터와 같은 중간조직의 중요성은 1968년에 공표된 아베스(G. M. Aves)

의 보고서에서 '자원봉사의 활동인원의 보완, 훈련 등의 기능을 가지는 자원
봉사센터(Volunteer Bureau)[3]의 설치가 전국적으로 확대될 필요성'을 제가한
것에서 시작된다. 1990년대에는 버밍엄 대학교의 디킨 교수가 중심이 되어
작성한 「미래의 자원봉사 섹터」라는 리포트가 나왔는데, 중간조직은 정책담
당자에게 단체의 의견을 전하고, 자원봉사단체 상호와 다른 섹터와의 연락,
자원봉사활동단체의 이미지 향상, 신설단체와 자금부족단체의 지원, 새로운
수요와 적절한 자원의 전망, 기준을 설정하기 위한 모델과 같은 기능이 중요
하다고 정리하고 있다.

영국의 자원봉사관련 대표적인 중간조직은 다음과 같다.

- 전국자원봉사단체협의회(National Council for Voluntary Organization:
  NCVO): 전국자원봉사단체협의회는 1919년에 '전국사회서비스위원회
  (National Council of Social Services)'라는 명칭으로 시작되었다. 이 단체는
  볼런터리 · 커뮤니티섹터를 지원하고, 해당 섹터를 대표하는 소리가 되
  는 것을 미션으로 삼고 있다. 구체적으로는 로비스트 활동, 캠페인 실시,
  볼런터리 조직 지원과 어드바이스 등을 제공하고 있다. 2007년 3월에 회
  원 수는 5,000단체에 달했다.

- 채리티에이드재단(Charities Aid Foundation: CAF): 1924년 창립된 채리티
  에이드재단(전국사회서비스위원회로 명칭 변경)은 모금활동과 자원봉사
  활동에 있어서 영국의 대표적인 자선단체라고 할 수 있다. 채리티에이
  드재단은 1941년 베버리지 보고서가 발표되기 이전은 물론 영국에 복
  지국가의 틀이 형성된 이후에도 정부의 재정이 미치지 못하는 부문까
  지 빈민을 구제하는 사회안전망의 역할을 하였다. 채리티에이드재단에
  서는 1986년에는 'CafCash', 1994년에는 'Charity Card'라는 자선카드를

---

3) 영국에서는 자원봉사센터에 해당하는 용어를 지역에 따라 Volunteer Bureau로 사용하기도 한다.

만들어, 카드회원은 누구나 손쉽게 기부를 할 수 있는 운동을 펼치며 민간단체에서 많은 모금을 하여 빈민들을 위한 후원활동을 전개했다(일본 문부과학성, 2007).

2. 미국의 자원봉사

1) 미국 자원봉사의 발전과정

(1) 남북전쟁과 전쟁지원 봉사활동

미국의 자원봉사활동은 초기 이민자들이 청교도정신(puritanism)에 의해서 살아있을 때, 선행을 잘하는 것이 죽음 이후에 구원받을 수 있다는 데서 시작되었다. 이와 같은 청교도정신은 현대에 들어오면서 자원봉사정신(volunteerism)으로 계승발전하며 영국에 이어 자원봉사참여율이 가장 높은 나라로 알려지고 있다. 그러나 청교도정신주의자들은 '개인의 빈곤 원인은 개인의 게으른 태도에서 오는 것'이라고 빈곤계층을 비판했다. 때문에 빈곤의 책임을 개인에게 돌리며 공동체 생활을 하는 사람을 중심으로 혜택을 제공하였다.

미국의 자원봉사역사를 연구하다 보면 1861~1865년에 남북지역 사이에 노예제도의 존폐를 둘러싸고 벌어진 남북전쟁에 참여한 지원병을 자원봉사 역사에 소개하고 있다. 미국 독립운동의 제2혁명이라고도 할 수 있는 남북전쟁 시기에 남성은 지원병으로, 여성은 물자 보급 및 수집·격려활동 등의 봉사활동으로 참여하였다. 미국의 남북전쟁에 지원병으로 참여한 봉사자들은 전통적으로 어려운 사람을 돕는 자원봉사의 성격과는 다르게 순수 자원봉사활동이라고 말하기 어려운 면도 있다. 그러나 미국의 자원봉사역사를 연구할 때 남북전쟁에 자발적으로 참여한 지원병들은 미국 내의 자원봉사역사연구에서 많이 연구 · 인용되고 있다.

(2) 헐 하우스와 자원봉사

사회복지학 개론서에서 가장 많이 인용되고 있는 영국의 토인비 홀 인보관 그 다음으로 소개가 많이 되고 있는 시설이 바로 미국 일리노이주 시카고 인근에 설립된 헐 하우스(Hull House) 인보관이다. 헐 하우스는 1889년 제인 아담스(Jane Addams, 1860~1935)[4] 여사에 의해 설립되었다. 사회운동가, 개혁가, 사회사업가로 소개되는 제인 아담스는 임종 4년 전인 1931년 71세때 노벨평화상을 받았다. 제인 아담스는 유럽여행 중 영국의 토인비 홀이 지역의 빈곤층 그리고 외국인 이주민들을 위해 바람직한 사업을 전개한다고 하는 소문을 듣고 토인비 홀을 방문한다. 그리고 몇 개월간 다양한 프로그램을 체험하고 귀국 후 1989년에 헐 하우스를 설립한다.

헐 하우스가 설립된 이후 많은 사업을 전개하기 위해서는 많은 자원봉사자가 필요했다. 제인 아담스는 지역 주민들을 만날 때마다 자원봉사활동에 참여를 요청했다. 그의 요청을 받은 많은 지역주민 대학생이 자원봉사활동에 참여하기 시작했다. 미국도 헐 하우스 인보관이 설립된 이후부터 빈곤의 책임은 개인에게 있는 것이 아니라 사회의 구조적인 모순에서 발생한다고 하는 주장이 점차 확대되기 시작했다. 그리고 1910년에는 미국 전 지역으로 4백여 개의 인보관이 설치 · 확대되어 나가기 시작했다.

---

4) 미국의 초창기 사회사업역사를 연구한 일본 도시샤 대학교의 기하라 가츠노부(木原活信)교수로부터 들은 일화. "제인 아담스가 일본과 한국을 방문한 경험을 자서전에 기록한 글을 읽은 적이 있었다고 했다. 그러나 당시 읽었던 참고문헌을 기록해 놓지 못한 아쉬움이 있다."고 전해 주었다. 필자는 2014년 8월 헐 하우스를 견학하였다.

(3) 미니애폴리스 자원봉사센터 설립 이후 경제 대공황 극복

미국의 자원봉사활동이 제도화되기 시작한 것은 1920년 미니애폴리스에 자원봉사자의 모집·훈련·배치를 전담하는 자원봉사센터(Bureau of Volunteer Service)가 설립되었다. 이후 1926년 보스턴에 적십자사의 지원으로 자원봉사센터가 설립되었고, 세인트루이스와 필라델피아에도 자원봉사센터가 설립되었다. 그리고 점차적으로 자원봉사센터 설립이 확대되어 나갔다.

한창 경제적으로 발전을 거듭해 나가던 미국은 1929년 주식 시장 폭락과 더불어 경제 대공황기에 들어간다. 경제 대공황으로 물가는 폭등하였고, 실업률도 증가하였으며, 또한 빈부의 차는 더욱 극심해져 갔다. 대공황 발생 후 3년 동안 대량 실업이 발생하면서 매주 10여 만 명의 노동자들이 직장을 잃었다. 사람들은 아무런 위생 안전 대책 없이 음식 찌꺼기를 찾아 쓰레기통을 뒤지거나 수프를 먹기 위해 몇 블록이나 늘어선 줄에 서서 기다리는 현상이 일어났다. 1930년대 중반에 이르러 대공황은 미국인들에게 큰 상처를 남겼다. 루즈벨트 행정부는 1935년 「사회보장법(Social Security Act)」을 제정하고 뉴딜(New Deal) 정책을 펼치면서 경제 대공황을 극복해 나간다.

이러한 경제 위기에 앞에서 제기한 인보관(사회관)과 자원봉사센터를 중심으로 많은 주민이 자원봉사활동에 참여하면서 빈곤문제 해결에 참여하였다.

(4) 평화봉사단과 VISTA 봉사단
① 평화봉사단을 활용한 해외봉사활동

1961년 3월, 케네디 대통령은 국제평화에 이바지하고 개발도상국의 교육, 기술개발, 의료 등 각 분야에서 활동할 수 있는 기회를 미국 청년에게 제공하고자 평화봉사단(The Peace Corps)을 창설하였다.

평화봉사단의 활동지역은 주로 해외이며, 평화봉사활동에 참여하는 지원자는 저개발 국가에 나가 최소 1년 거주하면서 그곳 사람들과 접촉하면서 서비스를 지원하였다. 평화봉사단원은 저개발 국가의 문맹퇴치운동, 빈곤추

방, 청소년활동 등의 사업을 수행하면서 민간 차원에서 외교 활동의 일익을
담당하였다. 이들은 현지에서 경험한 바를 매월 1회 보고서를 작성하여 미
국무성에 보내는데 미국에서는 이를 종합하여 세계의 문화나 지역정보를 평
화봉사단원을 통해 정보를 수집하고 있다.

평화봉사단에서 활동하는 대부분의 자원봉사자는 전임제로 활동하였으
며, 이들에 대한 모든 훈련은 보통 자원봉사자가 활동할 나라인 해외에서 이
루어졌다. 훈련 프로그램에는 고된 업무 처리, 언어, 문화적 배경에 대한 것
들이 포함되었다.

1969년에는 60개국에서 1만 명의 자원봉사자들이, 1975년 중반까지는
69개국에서 56,000명의 자원봉사자들이 활동하였다. 평화봉사단들은 최
소한도의 경비를 지원받으며 생활하였다.

② VISTA를 활용한 국내봉사활동

1963년 케네디(J. F. Kennedy) 대통령이 암살된 이후 존슨(L. B. Johnson)
대통령은 국내 빈곤문제 해결을 위해 1964년 VISTA(Volunteer in Service
to America)를 창설하였다. 이어 1964년에는 '빈곤에 대한 전쟁(The war on
poverty)'을 선언하고 '위대한 사회 프로그램(Great Society Program)'정책을 전
개하며, 많은 복지서비스 프로그램을 실천하였다. 이러한 정책으로 연방정
부의 지출이 많이 늘어났으며 덕분에 많은 복지대상자가 혜택을 보게 되었
다(김범수, 2000).

VISTA에서는 다양한 봉사단체를 조직하여 빈부 격차를 줄이는 봉사활동
을 전개하였다. VISTA는 1950년대 고도 경제성장의 부산물로서 나타난 빈
부 격차문제를 해결하기 위해, 이에 관심이 있는 자원봉사자를 발굴 교육하
여 미국 내 빈민을 돕는 사업을 전개하였다. VISTA는 순수 무보수의 단기근
무 자원봉사단(part time volunteer)활동과 1년간 최소한의 생활비를 지급받으
면서 해당지역에 거주하면서 봉사활동을 전개하는 정규자원봉사단(full time

volunteer)활동을 병행해서 활동하였다.

2) 자원봉사활동의 주요 조직과 활동

미국의 자원봉사 정책은 1960년대와 1970년대 초까지 중요한 변화를 겪으면서 지역사회를 중심으로 새로운 서비스를 제공하게 되었다. 그 후에도 미국의 자원봉사제도는 대통령이 바뀔 때마다 자원봉사 관련 지원과 정책이 변화되었다. 또한 미국의 자원봉사활동은 흔히 민간 자원봉사 조직에서 창의적으로 이루어지는 것으로 여겨지고 있다. 그러나 미국 자원봉사 프로그램 중 상당 부분은 공공기관의 의도적인 개입과 정책에 의해 발전되어 온 것임을 알 수 있다. 미국에서 조직적으로 행해지는 자원봉사 프로그램 중 약 20~30% 정도는 공공 영역들과 관계를 가지고 있는 것을 보아도 그 사실을 알 수 있다. 1985년 당시 자원봉사자 약 5명 중 1명이 정부기관에서 활동하고 있으며, 미국 인구의 13.2%(약 2,300만 명)가 지방·주·연방 정부의 공공기관에서 자원봉사활동을 하고 있었다. 다음에는 미국의 변화된 정책과 제도들에 대해서 살펴보고자 한다.

(1) 미국봉사단

1990년 전국 및 「지역사회봉사법(The National and Community Service Trust Act)」이 제정된 이후 클린턴 대통령과 의회는 백악관의 National Service와 ACTION을 기반으로 1993년 미국봉사단(Corporation for National and Community Service: CNCS)을 결성했다. '국내 평화봉사단'인 미국봉사단은 도시·농촌 지역사회 등 곳곳에서 활동하기 위해 모든 연령층과 배경의 미국 사람이 참여하는 새로운 전국적인 서비스 운동이다.

그 관리와 운영은 ACTION(1960년 창립한 평화봉사단과 1961년 창립된 VISTA를 통합한 조직)과 부시 대통령 당시의 위원회를 통합하여 창단된 Corporation for National Service라는 연방기구가 관장하였다.

미국봉사단은 350개 이상의 민간조직과 AmeriCorps, VISTA, 그리고 AmeriCorps NCCC라는 전국적인 프로그램을 포함하여, 모든 주에서 활동 중인 프로그램 연결망으로 작게는 지역사회에 조직되어 있는 민간조직과 크게는 전국적인 민간조직 및 연방기관과 관계를 맺고 있다. 미국봉사단의 활동 프로그램은 다음과 같다.

① AmeriCorps
- VISTA(Volunteers in Service to America): 18세 이상의 젊은층이 빈곤지역과 저소득층을 위한 활동을 하고 있는 NPO 등에 풀타임 멤버로서 파견되어 자원봉사활동을 하는 프로그램
- AmeriCorps NCCC(National Civilian Community Corps): 18~24세의 젊은이가 팀을 만들어 환경, 생활, 교육, 재해구조 등의 활동을 한다.
- AmeriCorps State and National Programs: 18세 이상의 젊은층이 아동의 학습지원, 멘토, 범죄피해자 지원, 주택 건설 등의 지역사회의 과제에 직접 대응하는 프로그램에 참가한다.

② National Senior Service Corps
- RSVP(Retired Senior Volunteer Program): 55세 이상의 퇴직자가 지식과 경험을 활용해 자원봉사활동을 한다.
- Foster Grandparent Program: 60세 이상의 저소득층의 고령자가 학대와 방치 등에 직면하고 있는 아동을 돌보거나 문맹률이 높은 아동의 학습지원, 문제를 안고 있는 10대와 젊은 모친에 대한 조언과 지도, 장애와 난치병에 시달리는 아동을 돌보는 활동을 한다.
- Senior Companion Program: 60세 이상의 저소득 고령자가 개호가 필요한 고령자와 장애인의 신변을 돌본다.

③ Learn and Serve America
- Learn and Serve America Grants Program: 서비스러닝의 프로그램을 기획하고 실시하려고 하는 초·중학교, 고등교육기관, NPO 등 지역의 단체를 대상으로 도움을 준다.
- Training and Technical Assistance: 연수와 기술적인 지원
- Recognition Programs: 연간 100시간 이상, 200시간 이상 등 일정한 시간을 자원봉사활동에 참여한 14~50세까지의 사람을 대통령이 표창한다(일본 문부과학성, 2007).

(2) 시민자원보존단

시민자원보존단(Civilization Conservation Corps: CCC)은 1933년 3월 뉴딜 정책의 일환으로 제정된 최초의 사회입법에 따라 루스벨트 대통령에 의해 창설되었다. 18~25세의 미국 청년들을 동원하여 캠프에 수용하면서 나무 심기, 삼림 개발, 도로 보수, 하천 공사 등의 일을 시키고 급료를 지급하는 국가 재건 프로그램이다.

(3) ACTION

연방정부는 국내와 해외 자원봉사자 프로그램을 관리하기 위한 독립적인 주요 자원봉사기관으로 1971년 7월 ACTION을 조직하였다. ACTION을 설립한 닉슨 대통령은 ACTION 조직에 많은 지원을 하였다. ACTION은 1960년대에 활발한 활동을 했던 평화봉사단과 1964년 창립된 VISTA를 통합한 조직이다. 이 조직은 모금, 회비, 기타 프로그램 참여비용으로 기금을 조성하였으며, 이사회가 활동을 중단한 1974년까지 정부에서 기본적인 활동비를 지원받았고 그 후에는 특별한 프로젝트에 대해서만 정부기금을 받았다.

ACTION은 50개 주정부에 각각의 지부를 두고 프로그램별로 나누어 각 부처에서 관리해 오던 자원봉사자들을 모집·훈련·배치하는 운영관리 사

업을 통합화하였다. 각 주의 ACTION 지부는 자원봉사자들과 1~2년씩 계약을 맺고 지정된 장소에서 자원봉사활동을 하게 하였다.

ACTION의 활동 내용을 살펴보면 5,000명 이상의 자원봉사 프로그램을 위한 전국 지원센터를 운영하였고, 시사문제 목록과 도서문헌 목록을 작성했다. 또한 지방 지역사회 조직이 발전할 수 있도록 지원하면서 그들에게 문제에 대한 상담을 했으며,『Voluntary Action Leadership』을 발간하였다.

ACTION은 1993년, Commission on National and Community Service와 통합되어, 국내의 모든 커뮤니티서비스와 자원봉사활동의 진흥을 담당하는 기관인 CNCS로 명칭을 변경하였다.

(4) 학생 자원봉사 프로그램

학생 자원봉사 프로그램(National Student Volunteer Program: NSVP)은 활동 규모는 작지만 정부 예산지원을 받는 프로그램이다. NSVP는 전국 대학생과 고등학생이 주축이 되어 노인·청소년 문제, 소비자운동, 주택개선 등의 활동에 참여하고 있다. 또한 지역사회 소외지역에서 봉사하는 지방대학·고등학교 자원봉사자 프로그램의 질을 향상시키고 성장을 촉진하기 위해 기술적인 지원을 하며 출판 등의 활동을 하고 있다. 1976년에 이 프로그램에 약 50만 명의 대학생과 6만여 명의 고등학생들이 참여하였다.

(5) 대학생 자원봉사단

대학생 자원봉사단(University Year for Action)은 학생들이 빈곤문제의 해결과 관련된 활동으로 1년간 지역사회 서비스에 참여하고 학점을 취득하는 자원봉사 프로그램이다.

ACTION은 대학생 자원봉사단의 운영을 위해 교육기관에 지원금을 제공하였다. 교육기관은 학생들이 지역사회와 동일시하는 것을 돕고, 지역사회의 문제를 해결하고자 시도하였으며, 지방 지원조직과 협동하여 자원봉사자

학생을 선발, 훈련, 지도 감독을 하였다. 이곳에서 활동한 학생들은 대학의
수업료 일부와 자원봉사활동에 필요한 경비를 지원받았다.

(6) 촛불재단

「전국 및 지역사회봉사법」이 제정된 이후 1990년 5월 부시 대통령의 선거
공약으로 촛불재단(Points of Light Foundation: POLF)이 창립되었다. 촛불재
단은 당시 자원봉사전국협의회인 VOLUNTEER와 통합하여 자원봉사활동의
중요성을 전파하고 자원봉사자를 확산시키는 업무를 담당하였다.

촛불재단의 조직에는 정책과 전략을 수립하는 이사회가 있다. 이사회는 청
소년 대표, 정부기관, 기업, 교육계, 종교계, 민간단체 등 각계 대표들 26명으
로 구성되어 있고, 그 밑에 대통령이 직접 임명하는 회장(당연직 이사), 5명의
부회장(각 부서 담당), 관리자, 조정자 등 60여 명의 직원으로 이루어져 있다.
촛불재단의 구체적인 사업은 다음과 같다.

- 지역 자원봉사센터의 신규 설립을 지원한다.
- 기존 센터를 육성시킨다.
- 자원봉사활동의 활성화를 위한 프로그램을 개발하고 상담 교육과 훈련
  을 실시한다.
- 매년 6월에 전국자원봉사대회(National and Community Service
  Conference)를 주최한다.
- 매년 4월에 전국 자원봉사 주간(National Volunteer Week)을 주최하여 자
  원봉사자들에게 포상 등을 실시한다.
- 해외 자원봉사 지원사업(International Outreach Program)의 일환으로 모
  스크바에 최초의 자원봉사기관을 설립하고 이를 지원한다.
- 기타 국제자원봉사운동협회(International Association Volunteer Effort:
  IAVE)와 공동으로 전 세계 자원봉사센터에 대한 실태조사를 실시한다.

3. 영국과 미국 자원봉사의 시사점

이상으로 영국과 미국의 자원봉사의 발전과정 그리고 현재 활동하고 있는 자원봉사관련단체의 활동을 살펴보았다. 영국과 미국의 자원봉사활동의 시사점은 다음과 같다.

첫째, 영국에서 1601년 엘리자베스 구빈법과 동시에 「자선신탁법(Statute of Charitable)」도 함께 제정하여 자선활동을 할 수 있는 사회적분위기를 만들었다는 것이 우리에게 시사하는 바가 크다. 계속해서 영국은 자경단, 우애방문원, 인보관을 중심으로 한 대학생 자원봉사, 베버리지 보고서의 '자원봉사활동(Voluntary Action)'규정, 1960년 제정된 「자선법(Charity Act)」, 1968년 아베스(Aves) 보고서를 통해 사회서비스의 완성을 위해서는 자원봉사자의 참여가 절대적으로 필요하다는 것을 강조해 왔다. 복지국가의 모델이라고 하는 영국도 1601년부터 복지정책을 수립할 때 민간의 참여를 제도적으로 뒷받침해 온 것을 알 수 있다.

단, 영국의 자원봉사를 연구할 때 아직까지도 자선(Charity) 이라는 용어를 법규나 민간단체의 이름에도 사용하고 있다. 영국에서 사용하고 있는 자선(Charity)에 대한 의미는 우리나라에서 학문적으로 사용하고 있는 자선의 의미는 매우 다르게 사용되고 있다는 것을 알고 있어야 한다.

둘째, 미국의 자원봉사는 1861~1865년 남북지역 사이에 노예제도의 존폐를 둘러싸고 벌어진 남북전쟁에 참여한 지원병을 자원봉사 역사의 출발점으로 보는 견해가 많다. 그 다음은 1889년 제인 아담스 의해 설립된 헐 하우스 인보관을 통해 지역사회빈곤문제 해결을 위해 대학생과 일반인들의 자원봉사활동이 전개되기 시작한 것을 알 수 있다. 그리고 1920년 미니애폴리스에 자원봉사자를 모집, 훈련, 배치하는 자원봉사센터가 설립되면서 자원봉사센터가 전국적으로 확대되어 나가기 시작했다.

그러나 현대에 들어오면서 미국 자원봉사의 하이라이트는 1961년 3월 케네디 대통령이 해외빈곤자를 위한 평화봉사단(The Peace Corps)과 1964년 국내빈곤자를 위한 VISTA를 창설하고 '빈곤에 대한 전쟁(The war on poverty)'을 선포한 것이 미국 자원봉사의 획을 긋는 사건이었다.

　셋째, 그동안 영국과 미국은 전 국민의 40%대의 사람들이 자원봉사활동에 참여한다는 기록을 보았다. 필자는 영국과 미국을 몇 차례 방문하면서, 왜 영국과 미국에서는 많은 국민이 자원봉사활동에 참여하고 있는가에 대한 문제를 제기하고 그 답을 얻기 위해 노력하였다. 그동안 문제제기와 함께 얻은 결론은 다음과 같다.

　영국이나 미국의 자원봉사활동이 증가하게 된 이유는 바로 자원봉사활동이 사회적으로나 환경적으로 국민에게 적극적으로 권유(ask)하고 있었기 때문이라는 것이다. 자원봉사활동의 특성 중 가장 중요한 항목은 자발성이다. 그러나 영국이나 미국의 경우 자원봉사활동의 참여율이 국민의 자발적 참여로 높아진 것은 아니다. 영국과 미국에서 자원봉사활동에 참여하는 비율이 높게 나타나는 이유는 선진국이 되어 가는 과정에서 정부기관이나 민간단체에서 지역사회 문제해결에 자원봉사활동에 참여를 적극적으로 권유하고 있었기 때문이다. 또한 영국과 미국에서는 다양한 방법으로 자원봉사의 참여를 권유하고 제도적으로도 인정해 주는 환경을 조성하고 있었다는 점이다.

제2부

자원봉사 관리과정

효율적인 자원봉사관리

1. 자원봉사관리의 의미

자원봉사관리란 자원봉사자가 보람과 긍지, 성취감을 가지며 지속적인 활동을 통하여 성장할 수 있도록 하고, 자원봉사 프로그램을 성공적으로 이끄는 것을 말한다.

자원봉사관리의 필요성은 2000년도에 들어서 제기되기 시작했다. 자원봉사는 타인을 이롭게 하는 유익한 활동이지만 선한 의지만 있으면 된다는 인식과 일방적인 시혜중심의 자원봉사는 도움대상자나 유급 직원들에게 당혹감, 불편, 불신, 심지어 적대감 및 마음의 상처까지도 낳게 할 수도 있다. 또한 활동기관에서 봉사활동을 계획할 경우에도 이러한 결과가 나올 수 있다는 점을 고려해 두어야 한다.

여전히 자원봉사에 대한 낮은 참여율과 중도 탈락률이 높아지는 것을 보면 자원봉사자를 효율적으로 관리하는 일은 쉽지 않은 일이다. 때문에 자원봉사의 전문성이 부족한 직원이 자원봉사업무를 담당하면서 자원봉사 활성화에 오히려 장애요인이 되고 있다. 따라서 효율적으로 자원봉사자를 관리하는 것은 매우 중요하다.

자원봉사영역도 시대적 변화에 따라 그 활동영역이 다양해지고, 자원봉사센터나 사회복지기관, 시민단체의 수가 증가함에 따라 좀더 과학적이고 전문적인 관리기술과 체계적인 관리가 요구되고 있다.

1) 자원봉사관리의 정의

자원봉사 관리라는 용어는 management, coordinate, administration 등의 전문용어가 있는데 management(관리), coordinate(조정)라는 용어가 일반적으로 가장 많이 사용되고 있다. 자원봉사관리에 대해서 정선희(2003)는 '자원봉사활동에 참여하는 사람과 자원봉사활동의 서비스를 받는 측의 욕구를 연결시켜 효과적인 자원봉사활동이 될 수 있도록 하나의 절차와 방법을 모색하는 것'으로 정의하고 있다.

조휘일(1995)은 자원봉사운영에 있어 프로그램 성패의 가장 중요한 요소는 관리(management)라고 하였다. 이는 결과에 대한 책임감을 가지고 어떤 행동을 계획, 조직, 조정, 지지, 통제 그리고 지도감독하는 것이라고 하였다. 이러한 자원봉사활동의 전제조건으로, 첫째, 자원봉사자의 특성, 희망하는 활동일감과 기대욕구, 둘째, 서비스 이용자(돌봄대상자), 셋째, 활동기관의 욕구 등이 맞아야 한다.

자원봉사관리는 이 세 가지 조건들이 갖고 있는 속성을 파악하여 찾아내고 연결시키고 조정해 주는 하나의 모든 과정이라고 할 수 있다. 이를 위해서 지역사회 이슈와 문제해결 중심의 자원봉사활동 계획, 기관과 자원봉사자의 역할이 명료하고 양자의 욕구를 담은 자원봉사 업무설계, 적합한 사람들이 연결되고 참여하는 자원봉사자 모집, 홍보, 교육 및 훈련된 자원봉사자를 적재적소에 선발 배치하고, 동기부여를 통한 인정보상, 그리고 이러한 과정을 통하여 제공된 자원봉사활동의 평가 등의 모든 과정에 전문적인 관리기술이 요구되는 것이다.

　자원봉사관리는 좁은 의미로는 자원봉사활동을 하는 주체인 자원봉사자에 대한 관리와 자원봉사 프로그램 관리로 볼 수 있다. 또한 보다 넓은 의미로는 자원봉사의 가치를 실현하고 지역공동체를 만들어 가는 자원봉사의 가치, 목적에 대한 관리, 자원봉사정책과 지침에 대한 관리, 자원봉사 정보, 자원봉사 위험 등에 대한 관리까지 포함한다. 자원봉사관리란 개인과 가족, 집단, 지역사회에 이르기까지 다양한 대상을 중심으로 그들이 가진 욕구와 문제에 따라 다양하게 개발될 수 있다. 자원봉사관리란 자원봉사를 하나의 행위에 그치는 것이 아니라 바람직한 사회변화를 일으키게 하는 것이다. 따라서 자원봉사관리가 효과적으로 이루어진다면 자원봉사자는 보람을 갖고 일할 수 있으며 자원봉사대상자에게 더욱 질 좋은 서비스를 제공할 수 있다.

　아래 [그림 5-1]에서 보는 바와 같이 자원봉사자의 욕구 A, 서비스 이용자의 욕구 B, 서비스 제공기관의 욕구 C의 공통지점인 D부분을 찾아내서 D부분을 점차적으로 크게 만들어 나가는 것이 자원봉사활동 관리이다(이병순 외, 2010).

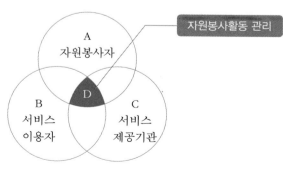

[그림 5-1] 자원봉사활동 관리

출처: 볼런티어21(2005). 재구성.

2) 자원봉사 관리의 의미 변화

(1) 자원봉사자 관리에서 참여로

자원봉사관리의 목적은 자원봉사자의 지속적인 활동을 통하여 그들의 성장을 도우며, 그렇게 함으로써 지역사회의 욕구 충족과 발전에 기여하려는 기관의 목적을 효과적으로 달성하는 데 있다. 즉 자원봉사관리는 기술적인 영역만이 아니라 자원봉사활동이 자원봉사자가 지닌 본래의 가치를 발휘할 수 있도록 하는 일이다(이병순 외, 2010).

자원봉사활동이 시대적인 흐름과 동떨어진 것이 아니고, 자원봉사관리의 내용 역시 사회적 환경의 변화에 맞게 변화되는 것이 요구되고 있다. 최근 자원봉사 관리의 패러다임을 관리(management)에서 참여(engagement)로 새로운 패러다임으로 변화해야 한다는 주장이 제기되고 있다.

자원봉사관리란 자원봉사활동의 전 과정에 참여하는 자원봉사자를 일방적으로 행정 중심으로 관리한다는 생각에서 벗어나야 한다. 자원봉사자가 적극적으로 봉사활동에 참여하면서 자기역량을 강화하는 방향으로 나아가야 한다. 자원봉사자도 자신의 봉사동기, 욕구, 능력, 기대에 맞는 자원봉사활동을 원하며, 활동 이후에도 적절한 인정과 보상 등에 관한 관심이 증가하고 있다. 이를 위해 자원봉사관리자는 자원봉사자를 관리한다는 생각에서 벗어나 적극적으로 자원봉사자들이 참여할 수 있는 방향으로 자원봉사자를 격려하고 지지해야 한다.

천희(2015)는 자원봉사 관리는 기존의 패러다임을 넘어 다음과 같은 관점과 방향으로 나아가야 한다고 제언하고 있다.

자원봉사자 관리(Management)	자원봉사자 참여(Engagement)
• 기관/실무자 주도형 사업기획	• 참여자 주도형, 상호적 사업기획
• 단순 홍보를 통한 모집	• 양성과 네트워킹 통해 조직화, 개발
• 일방적 업무 부여와 배치	• 협의와 조정을 통한 업무 권유
• 지도와 통제	• 협력, 지원과 자치
• 주입식 교육	• 주도적 학습
• 직원 업무 보조	• 봉사자의 비전 실현
• 실적관리	• 봉사자의 기여에 대한 감사와 인정
• 인센티브를 통한 유지	• 자생적 지속가능성 증진
• 봉사자 참여 성과 중심	• 실천의 사회적 영향력 제고

[그림 5-2] 자원봉사자 관리와 참여의 비교

출처: 천희(2015). 참조.

2. 자원봉사관리 과정

자원봉사관리도 활동영역이 다양해지고 수요처가 증대함에 따라 기존의
자원봉사 활동이 개인적 참여동기에서 점차 제도적인 관리 중심으로 변화하
고 있다. 또한 자원봉사자도 자신의 욕구, 봉사동기, 능력, 기대에 맞는 자원
봉사활동을 원하고 있으며, 활동 이후에도 적절한 인정과 보상 등에 관한 관
심이 높아지고 있다(윤은섭, 2008).

자원봉사관리는 '지역사회 욕구분석 및 문제확인 등 준비단계부터 프로그
램을 계획하고 실행하며 평가하는 전 과정을 의미하는 것'이다. 구체적인 활
동으로 그 활동을 실행하는 데 필요한 프로그램 계획서 작성에서부터 자원
봉사자 모집과 교육, 지도, 평가 등을 포함한 일련의 과정을 포함하고 있다.

자원봉사관리과정은 학자들마다 조금씩 다른 방향을 제시하고 있다. 스
완슨(Swanson, 1970)은 자원봉사의 조직, 모집과 홍보, 면접과 배치, 자원봉
사자에 대한 오리엔테이션, 자원봉사자의 유지 및 보존, 업무기록, 예산 조

정 및 후원, 자원봉사 프로그램의 평가의 8가지 항목으로 구분하였다.『미국
사회사업백과사전』에서 던(Dunn, 1995)은 프로그램 기획과 사전 평가, 업무
설계와 자원봉사 모집, 자원봉사자의 선택과 배치, 자원봉사자 유지 등으로
구분하고 있다.

  류기형 외(류기형 외, 2003; 배기효 외, 2007)는 문제 확인 및 욕구분석, 프로
그램 계획, 교육·훈련, 자원봉사활동 실행, 평가의 5단계로 구분하였다. 서
울시 자원봉사 관리지침(2004)에서는 자원봉사 관리과정을 계획수립, 업무
설계, 자원봉사자 모집, 자원봉사자 면접, 자원봉사자 배치, 자원봉사자 교
육, 프로그램 개발, 프로그램 평가의 8단계로 구분하고 있다. 자원봉사관리
는 순차적으로 발생하는 일련의 과정이며, 그 결과는 피드백되어 각 관리영
역의 업무는 또다시 순환과정을 거치게 된다. 그러나 일련의 단계별 업무들
이 동시다발적으로 진행되기도 한다.

  자원봉사활동은 단순한 일이거나 무보수 노동이 아닌 도움이 필요한 대상

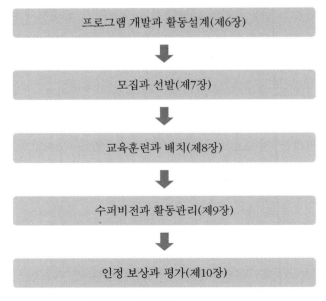

[그림 5-3] 자원봉사관리 과정

자들에게 관계를 기본으로 서비스를 제공하며, 지역사회의 문제해결을 위한 활동에 참여하는 것으로 체계적이고 전문적인 관리과정을 통해 이루어진다.

　여기까지 제시한 것을 종합하여 자원봉사관리 과정을 [그림 5-3]과 같이 자원봉사 프로그램 개발과 활동설계(제6장), 모집과 선발(제7장), 교육훈련과 배치(제8장), 수퍼비전과 활동관리(제9장), 인정 보상과 평가(제10장) 등으로 나누어 살펴보고자 한다.

　자원봉사관리자는 자원봉사활동의 계획, 실행, 평가 모든 과정에 자원봉사자를 참여시켜 자원봉사자들에게 기관의 사명감을 함께 공부하고 활동의 시작 단계에서 마무리까지 함께하도록 지원해야 한다. 그리고 다음 활동의 기획, 프로그램 계획에 이르는 전 과정에 자원봉사자가 자발적으로 참여할 수 있는 방향으로 생각의 변화를 가져와야 한다.

3. 자원봉사관리자의 역할과 윤리

　자원봉사관리란 지금까지 자원봉사자는 언제든지 부르면 오는 의무적이고 충성된 참여를 더 이상 기대할 수 없다는 사실을 인정하는 데서부터 출발한다. 따라서 사회적 흐름에 발맞추어 자원봉사자의 욕구와 만족감, 보람을 높일 수 있는 적합한 맞춤형 프로그램의 개발이 더욱 중요해지고 있다. 그만큼 자원봉사관리자의 자발적인 참여가 요구되고 있다.

1) 자원봉사관리자의 정의

　자원봉사관리자(volunteer manager)란 자원봉사자와 자원봉사활동을 조정, 감독, 지지, 인도함으로써 자원봉사활동의 본래의 목적을 실현해 가는 전문적인 활동이고, 이 같은 활동을 수행하는 전문가를 말한다(문영희,

2017). 즉, 자원봉사관리자는 자원봉사자의 욕구와 수요기관을 연계하고, 효과적으로 이루어지도록 양자를 조정하는 역할을 담당하는 사람이라 할 수 있다.

미국 자원봉사관리협회(Association for Volunteer Administration: AVA)[1]는 "자원봉사관리란 자원봉사자들이 조직에 효과적으로 활동하여 결과가 나오도록 통합시키는 실천과 연구에 관한 전문직업"(볼런티어21, 2001: 43)이라고 정의한다.

자원봉사관리자는 다양한 활동에 따라 자원봉사활동 조정자(coordinator)일 수도 있고, 자원봉사활동을 기획하고, 지도 · 감독하는 지도 감독자(director)일 수도 있고, 자원봉사자의 활동을 교육적으로 지원하고, 초기 자원봉사관리자들의 관리활동을 지원 지도하는 수퍼바이저(supervisor)가 될 수도 있다.

현재 우리나라에서는 각 기관에 따라 자원봉사관리를 담당하는 사람에 대해 다양한 명칭을 사용하고 있다. 자원봉사관리자에는 자원봉사센터 및 각 대학의 사회봉사센터 관리자도 있고, 사회복지시설이나 기관, NGO 등 활동처의 자원봉사담당자와 기업의 임직원 자원봉사를 담당하는 관리자도 포함되며, 자원봉사리더라는 호칭 등 매우 폭넓게 사용되고 있다.

자원봉사관리자는 전문성의 정도에 따라 전문가, 준전문가, 리더로 세분화하기도 한다(남미애, 1997 ; 류기형 외, 2003 ; 배기효 외, 2007).

---

1) 미국 자원봉사관리협회(AVA): AVA는 미국에 있는 국제적 기관이며 자원봉사에 있어 지도력의 강화와 전문적인 자원봉사 관리 기술의 향상을 그 사명으로 하고 있다. 회원은 광범위하고 다양한 영역의 자원봉사 프로그램 관리자를 포함해서 누구든지 자원봉사자의 효과적 활용을 위해 참가하는 사람들이다. 회원으로는 학생, 자문역, 연구가, 교육자, 각종 협회 임원 그리고 기관의 실무책임자들이다. 개인회원은 모든 형태의 공공단체 그리고 비영리단체의 유급 직원이나 무급자에게 개방되어 있다.

- 전문가: 자원봉사활동 전반에 대한 전문적인 교육과 훈련을 받고 기관
  이나 시설에서 자원봉사자 관리 및 조정에 대한 일을 주된 업무로 하는
  유급 직원으로 선진국의 경우 자원봉사 수퍼바이저, 자원봉사 조정자,
  자원봉사 감독자 등으로 구분하고 있다. 자원봉사 수퍼바이저는 자원
  봉사 교육이나 사례관리에 초점을 두고 자원봉사자를 관리하는 사람을
  말한다.
  자원봉사 조정자는 기관이나 지역사회 사이에 위치하여 자원봉사자 등
  지역사회 자원을 효과적으로 동원하여 기관이 목적으로 하는 사업을
  효과적으로 수행하도록 지원하는 활동을 한다. 또한 자원봉사센터, 시
  설, 기업 등의 조직이나 기관에 직원의 입장에서 자원봉사활동을 지원
  하는 전문가이다. 그리고 자원봉사 감독자는 기관의 행정가와 같은 직
  책에서 자원봉사자를 관리하는 사람을 말한다.
- 준전문가: 자원봉사 관리를 부가적인 업무로 행하는 사람들로서 사회복
  지사, 종교지도자 및 교사 등이 여기에 해당한다. 준전문가는 자원봉사
  자 관리가 1차적 목표가 아니며 자원봉사 전문가에 비하여 전문성이 낮
  을 뿐 아니라 자신들의 고유의 업무를 담당하면서 자원봉사자 관리를
  부가적으로 하고 있다.
- 자원봉사 리더: 자원봉사 참가자 중에서 자원봉사자에 의해 선출되어 소
  규모의 자원봉사그룹을 이끌어가는 사람을 말한다. 이러한 리더들은
  자원봉사 경험을 통하여 초기 자원봉사활동에 참여하는 사람들에 대해
  상담, 조언을 하는 역할을 한다.

결론적으로, 자원봉사관리자는 자원봉사자, 활동처, 지역사회 세 영역이
갖고 있는 여러 가지 자원봉사의 공통요소를 잘 종합해서 지역사회 문제를
해결하고 긍정적인 성과를 만들어 낼 수 있도록 지원하는 자원봉사 전문가
이다.

2) 자원봉사관리자의 기능과 역할

자원봉사관리자는 자원봉사활동 전반에 대한 전문적인 교육과 훈련을 받고 기관이나 시설에서 자원봉사자 관리 및 조정에 대한 일을 주된 업무로 하는 유급 직원이다. 이들의 역할은 기관이나 시설에 따라 조금씩 다르다. 때문에 그들은 이미 시설에서 주어진 업무와 자원봉사업무를 중복해서 진행하는 경우가 많다.

자원봉사활동을 원활하고도 효과적으로 진행하기 위해 자원봉사관리자의 기능을 다음과 같이 구분하기도 한다(김영호 외, 2006).

- 조정자의 기능: 자원봉사자의 욕구와 봉사활동을 필요로 하는 서비스를 조정
- 훈련자의 기능: 훈련을 담당하는 기능과 자원봉사 과정의 수행을 지도 평가하고 조언하며 지도감독(supervision)
- 연계자의 기능: 자원봉사관리자는 공공기관 및 지역사회와 자원봉사업무를 연계해 주고 공공기관과 민간기관의 재원과 정보를 수집해 이를 바탕으로 자원봉사활동 업무를 계획하고 지역사회의 자원을 최대한 활용
- 대변자의 기능: 자원봉사관리자는 지역사회 내에서 존재하거나 발생하고 있는 욕구에 대한 대변자, 지지옹호자로서 지역사회 및 사회전체에 대해 특정 프로그램이 필요한 사실을 알리는 역할을 한다. 또한 자원봉사자의 역할과 기능을 사회에 부각시켜 아동 · 청소년 · 요보호여성 · 노인 · 자원봉사자의 욕구를 대변하고 지지

또한 일슬리와 니엠미(Ilsley. P. J. & Niemi, J. A., 1981)가 제시한 자원봉사관리자의 역할은 〈표 5-1〉과 같다.

표 5-1 **자원봉사관리자의 역할**

구분	관리자 역할	세부 내용
기관 단체 관계형성	협조분위기 조성	기관과 단체들이 자원봉사활동에 대한 관심을 유발시키고 봉사자들을 친절하게 받아들일 수 있도록 협조분위기를 조성함
업무과정 관리	접수담당자	자원봉사활동 신청자를 위한 접수담당자로서의 역할
	연결·조정자	자원봉사자와 클라이언트와의 연결·조정의 역할
	기회 제공자	자원봉사자의 변화욕구와 각 개인의 특성을 파악하고 그들의 능력을 발휘할 수 있도록 기회를 제공
	상담자	자원봉사자와 전문적 신뢰관계를 바탕으로 자신의 문제 상담과 해결을 위한 상담지도
	조직자	자원봉사센터에 소그룹과 지역사회의 여러 집단을 필요에 따라 조직화하고, 그 집단이 활성화할 수 있도록 지도·지원
	교육훈련가	자원봉사자 또는 소그룹리더를 위한 교육 훈련
	격려·평가자	자원봉사자가 활동의 가치 공감, 기쁨과 보람을 갖고 계속 유지·발전, 소그룹모임의 사례발표, 토의방법, 평가 등을 지도·지원
자원봉사 운영 관리	촉진·교섭자	지역사회 내의 여러 그룹과의 공동과제를 설정하고 필요 시 협의체를 구성하여 목표를 달성할 수 있도록 지원
	매개자	소그룹 모임 또는 협의체와 지역사회 내외의 타자원체계와의 연결·협동
	연구 및 평가지도자	자원봉사활동 프로그램의 연구 및 평가 지도
	자문가	기관 및 단체의 사업방향을 계획·자문

출처: Ilsley. P. J. & Niemi, J. A. (1981); 한국자원봉사협의회(2003). 재구성.

이와 같이 그동안 자원봉사영역에서 몇 시간을 자원봉사에 참여했는지에 가치를 두기보다 자원봉사자가 어떠한 사업에서 무슨 성과와 경험을 얻었는지를 찾아내는 것이 중요하다. 또한 관리자는 봉사활동 참여자와 함께 자원봉사활동을 전개하면서 어떠한 경험을 했는지 의견교환을 나누어야 한다. 경험이란 자원봉사자가 갖고 있는 관심과 참여동기 활동을 통한 변화와 성취감이 지속적인 참여로 연결된다. 자원봉사관리는 매우 다양하고 복잡한 과정이며 자원봉사관리자는 인간에 대한 이해와 철학을 바탕으로 전문적인 지식과 기술을 활용한 여러 가지 역할이 필요하다(이병순 외, 2010).

자원봉사관리자의 자질과 능력에 따라 자원봉사활동의 성패가 달려 있다고 할 수 있다. 그러나 아직까지 자원봉사 관리 수준과 체계가 기관마다 다르고 표준화된 자원봉사관리자에 대한 자격기준이 마련되어 있지 않고 있다. 또한 자원봉사 실천현장에서는 자원봉사관리 인력이 매우 부족한 실정이다. 따라서 효과적인 자원봉사관리를 위해서는 전문적인 역량을 지닌 자원봉사관리자의 양성이 필요하다.

3) 자원봉사관리자의 전문성과 윤리

자원봉사관리자 윤리강

자원봉사관리자가 전문적인 역할과 기능을 담당하고 있음에도 불구하고 우리나라에서 아직까지 전문직업인으로서 자리잡고 있지 못하고 있다. 자원봉사관리 업무의 전문화를 위해서는 실무지향적이고 체계적인 자원봉사관리자 교육을 통해 전문성 있는 자원봉사관리자를 양성하여 업무의 효과와 효율성을 높일 뿐만 아니라, 전문가로서 윤리를 제대로 세우고 이 업무의 직업전문화를 위한 사회적 이미지를 제공할 필요가 있다(이병순 외, 2010).

(1) 자원봉사관리자의 전문성
① 전문인력 및 기관의 전문성 부족
자원봉사에 관한 전문지식과 경험을 가지고 있는 역량 있는 관리자 수가 매우 부족한 형편에 있다. 전문인력 부족은 자원봉사자에 대한 체계적인 교육 및 관리와 지역사회의 욕구를 반영하는 자원봉사 프로그램의 개발, 합리적인 평가기준의 확립을 어렵게 한다. 이로 인해 자원봉사관리를 형식적으로 하거나(최덕경 외, 2007) 내실 있는 질적관리는 아예 고려하지 못하는 상황이 발생한다.

행정안전부(2019)에 따르면, 현재 시도별 평균 근무인력 현황은 5.8명이며, 자원봉사센터별 최소 2.4명에서 최대 9.4명이 근무하고 있다. 〈표 5-2〉와 같이 상근인원 최저기준에 의거하면, 서울의 경우에는 대도시형 최저기준이 9명 이상이나 평균 총 직원 수가 7.2명(공무원 2.8명, 민간인 직원 2.4명, 코디네이터 2명)[2]으로 나타났으며, 64.0%의 센터가 기준에 못미치는 실정이다. 이러한 불안정한 구조는 지속적인 운영을 담당해야 할 직원이 1~2년의 경험을 쌓고 다른 곳으로 이동하는 악순환이 계속되어 전문인력으로서 역량과 경험이 축적되기는 어려운 구조이다. 평균경력도 3.3년이며 3년 이내의 실무경력이 64.3%이다. 이는 지역사회 내에서 사업의 지속성을 갖고 수행하기 어려운 조직운영 체계임을 보여 주고 있다.

표 5-2 시·군·구 자원봉사센터의 상근인원 최저기준

구분	인구규모	상근인원 최저기준			
소도시형	5만 미만	4명 이상			
	5만 이상 10만 미만	5명 이상			
중도시형	10만 이상 20만 미만	8명 이상			
대도시형	20만 이상 35만 미만	특별시광역시 자치구	9명 이상	도 지역 일반시	10명 이상
	35만 이상 50만 미만		10명 이상		11명 이상
	50만 이상	12명 이상			

출처: 행정안전부(2020).

2) 코디네이터 2명은 전산직과 교육직으로 행전안전부가 2년 계약직으로 전국 센터에 지원하는 인력을 말한다.

관리자의 전문성 향상을 위해 신입관리자 과정과 지속적인 보수교육이 필요하며, 자원봉사 분야별 전문교육 과정이 개발되어야 한다. 관리자들은 기관의 인력부족으로 과중한 업무에 시달리다 보니 교육을 찾아서 참여하기에는 시간이 부족한 실정이다.

② 자원봉사관리자 양성기관 확대 및 자원봉사관리사 자격제도 신설 필요

자원봉사자들의 지속적이고 적극적인 활동이 될 수 있도록 관리해 주고, 자원봉사 수요처에 적절히 배치해 줄 수 있는 전문인, 즉 자원봉사관리자를 양성할 수 있는 전문교육기관, 교육시설, 전문강사, 교육 프로그램 등이 절실히 필요한 실정에 있다. 복지기관·시설 등은 사회복지사가 자원봉사관리 업무를 맡고 있어 종목별 협회와 자원봉사인증기관 중심으로 전문교육을 진행하고 있으나, 시민단체 및 지역단체의 경우 관리자 양성이 미흡한 형편이다.

또한, 자원봉사자의 자질향상, 잠재능력 계발, 현장활동 과정에서 생겨나는 문제점 및 봉사방법을 꾸준히 개발하고 대처하기 위한 재교육의 기회제공과 같은 기능을 제대로 수행하지 못하고 있다. 현재 자원봉사관리자의 전문교육은 광역단위의 시도 자원봉사센터에서 실시하고 있으나 그 규모가 적고, 한국자원봉사협의회에서도 30명 내외의 규모로 연 2회 수준으로 실시하고 있어 교육기회가 매우 부족한 실정이다. 자원봉사관리자 양성과정은 신입관리자 과정, 근무연한에 따른 직무교육, 중간관리자 리더십 과정, 기관장 과정 등의 수준별·단계별·직급별 맞춤형 교육이 필요하다.

점차로 다양한 사회변화에 따른 대처기능으로 자원봉사관리자의 전문성이 요구되고 있어 공인된 국가자격증으로의 자원봉사관리사(自願奉仕管理士)의 자격인정에 관한 사회적 합의를 만들어야 한다고 자원봉사계의 목소리가 높아져 가고 있다. 자원봉사관리자가 국가가 인정하는 일정 수준의 자격을 갖춘다면 자원봉사현장의 자원봉사관리 수준이 그만큼 높아지고 이는 곧 지역사회 사회자본의 형성에도 긍정적인 영향을 미칠 것이다.

③ 센터관리자에 대한 처우 및 지위개선 등에 관한 규정 필요

사회복지 및 평생교육의 준거틀을 통해 「자원봉사활동 기본법」과 법 내용을 시대에 맞게 개정할 필요가 있다. 사회복지(보건복지부) 및 평생교육(교육부)의 경우 전문성이 필요하듯 자원봉사의 경우에도 상당한 전문성이 요구된다. 이에 전문성 담보 방안으로 처우 및 지위 개선 관련 법들도 추가적으로 제정하여 능력있는 종사자가 진입할 기회를 제공하는 동시에 기존 종사자에 대한 자긍심을 제고하여 효능감을 높여 나갈 필요가 있다.

(2) 자원봉사관리자의 윤리

공익적인 업무를 추진해야 한다는 입장에서 자원봉사관리자가 지켜야 할 윤리적인 책임은 다음과 같다(조휘일 외, 2009).

- 자원봉사관리자는 공동체를 위하고 보다 나은 삶을 이루어 가는 민주주의 시민으로서 참여하는 자원봉사자와 그 대상자 모두 자원봉사에 대한 일관된 철학을 가질 수 있도록 해야 한다.
- 자원봉사관리자는 관계된 모든 사람의 인간존엄성을 증진시키는 자원봉사 프로그램 개발에 대하여 윤리적인 책임을 진다.
- 자원봉사관리자는 어떤 자원봉사활동이나 관련된 모든 사람의 고유한 상호이익에 대한 이해와 그 실현을 증진시키는 윤리적 책임을 진다.
- 자원봉사관리자는 의사결정과정에서 자원봉사자 또는 봉사대상자의 참여를 독려하여 이들의 자주성을 증진시키는 윤리적 책임을 진다.
- 자원봉사관리자는 관련된 모든 직업 전문가들과 기타 유급 직원들의 업무관계 및 인간관계를 강화시키는 윤리적 책임을 진다.
- 자원봉사관리자는 인간의 욕구가 충족되고 인간의 가치가 증진되는 사

회분위기 창출에 대한 윤리적 책임을 진다.

• 자원봉사관리자는 자원봉사자들에게 직업전문가로서의 신용을 얻는 데 윤리적 책임을 진다.

• 자원봉사관리자는 개인의 사적 비밀이나 사생활에 대하여 받은 정보를 존중하고 지켜 줄 윤리적 책임이 있다.

윤리강령은 외부로부터 전문가 집단으로 신뢰받고 인정받는 기반이 됨과 동시에 자원봉사관리자 스스로의 직업적 정체성과 소명감을 다지는 지표가 된다. 또한 전문성을 가진 활동가로서 직업적 정체감을 가지려면, 업무능력과 자질을 향상하고 직업적 가치관을 명확히 하며 사회변화를 향한 사명의식을 가져야 할 것이다. 즉, 이러한 실천자료가 자원봉사관리자의 직업윤리로 알려지고 지켜져야 되지만 우리나라에는 아직 합의된 자원봉사관리자 윤리강령이 없다.

앞서 말한 것과 같이 자원봉사관리자의 역할과 관련하여 전문가 행동수칙으로 자원봉사 대표기구인 한국자원봉사협의회를 비롯한 13개 자원봉사관련 단체협의회가 연대하여 2015년도에 자원봉사관리자 윤리강령이 제정되었고, 2018년 12월 5일에 개정되었다.

＜자원봉사관리자 윤리강령＞

　자원봉사는 시민의 권리와 책임에 기반한 활동으로, '건강한 시민'들이 '좋은 사회'를 만들어 가는 동력이다. 자원봉사관리는 자원봉사가 일상의 문화로 자리잡아 긍정적인 사회변화에 기여할 수 있도록 지원하고 촉진하는 과정이다.

　이에 자원봉사관리자는 자원봉사의 가치를 수호하고, 자원봉사자와 함께 일하며, 개인 · 가족 · 집단 · 지역사회 등 공동체의 공존과 변화를 촉진하는 역할을 수행함에 있어, 다음과 같은 윤리적 가치를 되새겨 우리 양식(良識)의 원천으로 삼는다.

시민성

자원봉사관리자는 더 많은 시민들이 자원봉사 활동의 기회를 충분히 누리도록 안내함으로써, 스스로 사회적 문제와 욕구 해결에 기여하는 시민임을 인식한다.

성장과 변화

자원봉사관리자는 지식과 기술을 갖춘 전문가로서 모든 이해관계자와 함께 상호 성장하고, 변화함으로써 시민사회 발전에 이바지한다.

자율과 공평

자원봉사관리자는 자원봉사의 정책과 실천 현장에서 자율성을 최우선 가치로 두며, 자원봉사가 지닌 공공성에 걸맞는 책임성을 가질 수 있도록 공평한 자원봉사 환경을 제공한다.

개방과 연대

자원봉사관리자는 다양한 주체 및 영역과 연결될 수 있는 열린 자세를 가지고, 정부 · 기업 · 시민사회의 다양한 주체와 영역 간의 적극적인 협력을 이끌어낸다.

2015년 11월 5일 제정

2018년 12월 5일 개정

한국자원봉사협의회 한국자원봉사센터협회 한국중앙자원봉사센터
경기교육자원봉사단체협의회 자원봉사애원 자원봉사이음 종교계자원봉사협의회
중앙일보시민사회환경연구소 코피온 한국사회복지협의회 한국자원봉사문화
한국자원봉사포럼 한국청소년활동진흥원

자원봉사 프로그램 개발과 활동설계

1. 자원봉사 프로그램의 목적과 목표

자원봉사 활성화를 위한 가장 기본적인 과제는 시민들이 자신의 동기나 욕구에 맞는 봉사활동에 참여할 수 있도록 프로그램을 개발하고 다양한 활동처를 발굴하여 참여기회를 제공하는 것이라 할 수 있다.

1) 프로그램의 목적

프로그램이란 어떤 목적을 이루기 위한 행동을 종합하여 목적을 달성하기 위한 상호 연대적인 활동을 전개하는 것을 말한다(Reginald O. York, 1982; 이성록, 2005). 즉, 자원봉사 프로그램은 의도된 계획에 따라 구체적인 목표를 달성함으로써, 사람과 지역사회를 변화시키고자 하는 것이다. 프로그램은 자원봉사단체 이해관계자의 협력적 과정을 통해 만들어진다. 따라서 어떤

목적하에 언제, 어디서, 어떠한 방법으로, 어떻게 문제를 해결해 나가야 하
는지에 대한 구체적 활동이 수립된다. 이를 바탕으로 프로그램은 목적지향
성, 목적과 수단의 연계성, 문제해결의 의미를 갖고 있다고 할 수 있다(이란
희, 2015).

프로그램 목적(program goal)은 기관의 미션 달성을 위한 실천적 과정을
포함하고 있어야 한다. 프로그램의 목적은 직접적으로 측정할 수 있는 것은
아니며, 단지 기관의 미션 가치를 기초로 하여 프로그램이 따라야 할 실천적
인 방향제시의 역할을 한다. 프로그램의 목적은 다음과 같은 네 가지 특성이
포함되어야 한다(이금룡 외, 2009).

> (1) 프로그램과 관련된 사회문제를 분석하고 밝혀야 한다.
> (2) 사회문제와 관련된 대상 집단이 있어야 한다.
> (3) 프로그램 실행으로 인해 기대되는 대상 집단의 바람직한 상태가 설명되어야 한다.
> (4) 바람직한 상태를 어떻게 달성할 것인지에 대한 방법이 설명되어야 한다.

2) 프로그램의 목표

프로그램의 목표는 프로그램 서비스가 제공된 이후에 프로그램 대상자에
게 나타나는 기대된 변화 또는 의도된 결과로 정의되며, 이는 프로그램 목
적의 측정 가능한 지표(indicator)이기도 하다. 일반적으로 프로그램의 목표
(program objectives)는 지식(knowledge), 감성(affect), 그리고 행동(behavior)
등 세 가지 영역에서 다루어지고 있다(이금룡 외, 2009).

(1) 지식 중점 목표
일반적으로 교육 프로그램에서 많이 활용되는데, 특정한 영역에 대한 대

상자의 지식을 증가시키는 데 그 목적이 있다. 예를 들면, 자원봉사 경험이 없는 지역사회 주민이나 노인, 청소년들을 대상으로 자원봉사활동에 대한 교육을 통해 이해와 지식을 향상시키는 것을 목표로 하는 교육 프로그램이 이러한 경우라고 할 수 있다.

(2) 감성 중점 목표

감성중점의 프로그램 목표는 주로 고객들의 감정이나 도움대상자에 대한 인식 또는 태도의 변화에 중점을 두고 있다. 예를 들면, 경력단절 여성이나 노년기에 접어들면서 역할상실을 경험한 노인들을 대상으로 자원봉사 프로그램을 통해서 자아존중감을 향상시키거나, 청소년과 노인이 함께하는 자원봉사활동을 통해 세대 간의 폭넓은 이해와 상호 긍정적인 태도를 갖고자 하는 경우다.

(3) 행동 중심적 목표

많은 프로그램이 개인이나 집단의 행동을 변화시키기 위해 실행되고 있다. 예를 들면, 노년기 치매예방을 위한 프로그램의 경우, 치매 관련 대상(예: 노인 및 주부)을 중심으로 영양관리와 운동요법, 가족구성원 간의 소통 등 행동적인 변화를 통해서 치매예방을 도모하는 경우다.

3) 프로그램 접근의 필요성 및 다양성

자원봉사활동을 프로그램으로 접근해야 하는 이유는 무엇인가? 자원봉사는 사람과 자연의 의미있는 관계를 갖는 변화의 노력이므로 자원봉사 프로그램과 이를 이끌어 갈 리더와 활동이 필요하다. 다시 말해서 자원봉사자가 아무리 증가하고 이들을 필요로 하는 수요처가 있다 해도 무슨 일을 어떻게 배치하고 진행할지에 대한 구체적이고 적절한 업무내용, 즉 자원봉사 프로그램 없이는 효율적이고 효과적으로 자원봉사활동을 할 수 없기 때문이다 (김동배, 2006; 이란희, 2015). 자원봉사에 관한 성패는 참여자들에게 적절한 프로그램을 개발하고 연계하는 것이 가장 중요하다. 또한 소규모 프로그램 이든 사회제도적 차원의 프로그램이든 그 수준이나 범주, 그리고 어떤 요소 들이 프로그램에 구성되느냐에 따라 달라진다.

2. 자원봉사 프로그램 개발

자원봉사 프로그램이란 자원봉사자들의 참여를 통해 지역사회의 문제와 욕구를 해결하기 위한 하나의 과정으로 욕구조사, 기획에서부터 자원봉사자 모집, 교육, 지도, 평가 등의 과정을 포함한다. 그 과정에서 자원봉사자를 보 다 효과적으로 참여시키고 효율적으로 관리하여 참가한 자원봉사자가 변화 될 수 있는 활동이 되도록 하는 것이다. 지역사회와 사람의 변화를 위해 목 표를 수립하고, 이를 달성하기 위한 프로그램을 기획, 실행하고 평가한다(행 정안전부, 2008).

김동배(2006)에 의하면, 자원봉사 프로그램 개발이란 '변화의 활동'인 자 원봉사를 시작하기 위한 사전단계로서 자원봉사자 활용을 희망하는 곳에서 자원봉사자를 받아들일 준비를 하는 과정이라고 말한다. 다시 말하면, 자원 봉사자의 관심영역과 그 분야의 현황을 파악함으로써 변화시켜야 할 문제 점을 발견하고 정의하는 데서부터 시작한다. 그리고 프로그램의 목적과 목 표 달성을 통해 문제 해결방법을 찾고, 이를 성취하기 위한 구체적인 실천 계획을 수립하고 평가하는 전 과정을 말한다. 이때, 프로그램 개발을 추진 하는데 운영기관, 자원봉사자, 클라이언트(도움대상자)라는 '삼각 틀(triangle framework)'에서 사실·가치 판단이 일어난다. ① 운영 기관의 경우 조직의 이념과 목적에 어느 정도 부합하는지, ② 자원봉사자의 경우 개인의 목표와 능력에 어울리는지, ③ 클라이언트의 입장에서 가장 우선적으로 해소해야 하는 문제는 무엇인지 등을 고려하여 프로그램을 개발하여야 한다. 프로그램을 개발하는 데 그 중심을 운영기관 또는 실무자 관점에 비중을 두기보다는 클라이언트 입장에서 충족되지 않은 욕구가 있는지를 우선적으로 검토할 필요가 있다(이란희, 2015).

프로그램 개발에 영향을 주는 요인은 크게 기관, 지역사회, 자원봉사자 그리고 실무담당자 등으로 구분할 수 있다. 기관 내부 요인으로는 기관의 비전(기관 정책, 기관장의 의지 등), 예산 그리고 담당자의 업무량 등이 있다. 지역사회 요인으로는 지역사회 자원들과의 연계, 지역사회 문제의 인식 그리고 지역사회 잠재적 자원봉사자들에 대한 정보 등이 있다. 프로그램 개발을 위해서는 자원봉사자의 욕구(needs)를 파악할 필요가 있다. 마지막으로는 실무담당자의 개인적 역량과 사업에 대한 태도가 프로그램 개발에 있어서 중요한 요소로 작용한다.

자원봉사 프로그램 개발이라고 하는 것은 자원봉사활동을 위한 구체적인 활동계획을 말한다. 지역사회의 다양한 사업을 추진해 나갈 때, 자원봉사자의 역할이 필요하다고 하는 것이 증명될 수 있도록 자원봉사 프로그램이 개발되어야 한다.

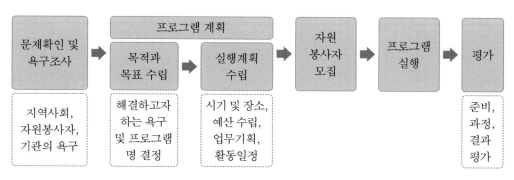

[그림 6-1] 자원봉사 프로그램 개발 과정

출처: 행정안전부(2008). 일부 수정함.

1) 문제 확인 및 욕구조사

자원봉사 프로그램은 문제를 인식하고 변화시킬 계획을 수립하고 그 계획을 실천함으로써 바람직한 방향을 준비하는 것이다. 따라서 자원봉사 프로그램에 있어서 가장 선행되어야 하는 것은 문제 발견, 원인 규명, 문제 진단이다(최덕경 외, 2007).

자원봉사 프로그램의 근본 목적은 사람과 사회를 변화시키는 궁극적인 문제해결에 있다. 우선적으로 지역사회 조사를 통해 발견된 문제의 심각성, 그 안에 있는 사람과 조직, 문제의 진행과정을 파악해야 한다. 파악된 내용은 구체적인 통계 및 자료들을 통해 객관적으로 제시할 수 있어야 한다. 해결해야 할 욕구와 문제가 많을 경우 가장 우선으로 해소되어야 할 업무부터 선정하되 조직의 자원봉사 능력이나 수준을 고려하여 결정한다. 또한 자원봉사자가 할 수 있는 일인지, 어떤 집단이 참여 가능할지 등을 파악하는 것이 필요하다(승금희, 2005).

자원봉사 프로그램은 자원봉사자가 어떻게 참여하는가에 대한 실제적인 활동의 계획이기도 하다(고재욱 외, 2013). 그러므로 첫 단계에서 해야할 일은 지역사회나 도움대상자가 당면하고 있는 문제확인 및 욕구분석으로 자원봉사자가 참여를 희망하는 내용인지, 이 프로그램에 왜 자원봉사자가 활용되어야 하는가에 대한 충분한 조사가 필요하다.

○ 도움이 가장 필요한 대상은? (예: 아동, 장애인……)
○ 어떤 도움을 필요로 하는가? (예: 빈곤, 학대……)
○ 동원할 수 있는 자원은? (예: 시간, 비용, 기술……)

2) 프로그램의 계획

(1) 목적과 목표의 설정

목적, 목표, 하위목표가 문제와 연관되도록 하기 위해서 목적은 문제의 정의, 목표는 문제의 원인, 하위목표는 세분화된 원인과 연결되어야 한다. 목적과 목표를 수립하는 것은 프로그램이 달성하고자 하는 것을 기록하여 프로그램의 기본방향을 수립하는 것이다. 따라서 자원봉사 프로그램도 지역사회에서 확인된 문제를 해결하기 위한 목적을 설정하고 그 목적을 달성하는 데 필요한 구체적인 실행목표를 설정한다. 실행목표는 간단 명료하고 실행가능하며, 그 결과는 현실적으로 측정가능해야 한다(승금희, 2005). 자원봉사 관련 사업의 목적과 목표를 설정하는 데는 기관의 운영방침에 포함되어야 하고, 인적·물적 지원이 필요하다. 봉사대상자의 욕구 조사 결과에 따른 장·단기 목표를 설정하고 정해진 목표와 프로그램의 효과에 대해 평가 가능한 기준을 마련하여야 한다.

(2) 실행계획 수립: 자원봉사활동 프로그램 설계

프로그램 설계(program design)란 계획을 세운다는 의미에서 새로운 프로그램을 기획하는 데 있어 매우 구체적인 형태로 그 과정을 기술하는 것이다. 여기에서 프로그램 기획은 문제의 정확한 진단에서 출발하여야 한다. 첫째, 지역사회가 안고 있는 문제는 무엇이며, 둘째, 지역주민들은 어떻게 그 문제에 대해 느끼고 있는지, 셋째, 그 문제를 어느 수준까지 어떻게 해결할 것인가와 관련된 내용, 즉 목적과 목표의 설정범위가 기획내용에 포함되어야 한다.

자원봉사활동 프로그램을 설계하면서 다음과 같은 준비사항이 필요하다.

첫째, 구체적인 활동프로그램을 설계하고자 할 때 고려해야 할 세 가지 요소가 있다. 즉, 기관의 사명·목표의 적합성, 자원봉사자의 욕구가 무엇인지, 클라이언트의 욕구가 무엇인지를 알아야 한다. 자원봉사자와 기관 및 도움을 필요로 하는 클라이언트 세 구성원이 원하는 공통점을 찾아서 업무를 기획한다면 그것은 가장 훌륭한 프로그램이 될 것이다. 둘째, 자원봉사 프로그램 담당자와 자원봉사자 및 협력기관이 있을 경우 그 기관 담당자와 수요처 담당직원이 함께 참여해 아이디어를 찾는 것이 필요하다. 셋째, 자원봉사자의 업무내용을 구체적으로 서술한 업무설명서를 작성하고 프로그램의 구체적 실행에 필요한 준비사항이나 용품들도 미리 파악해 둔다.

> ○ 목표 설정(예: 학대아동 5가정, 주 1회 방문······)
>
> ○ 활동방법 결정(예: 가사지원, 학습지도······)
>
> ○ 업무분담(예: 파트너 결정, 역할 분담)

(3) 자원봉사 프로그램개발 과정의 여섯 단계

자원봉사 프로그램개발 과정 단계는 다음 여섯 단계로 구분할 수 있다(행정안전부, 2008).

- 프로그램명 정하기: 재미있고 어떤 내용인지 쉽게 알 수 있는 제목을 정하고, 많은 시간을 소요하지 않도록 한다.
- 목적과 목표의 수립: 목적은 짧고 간결하게 표현하며, 프로그램의 추상적인 가치를 포함한다. 목표는 목적달성을 위한 구체적이고 실행가능해야 하며, 프로그램의 성과를 평가하기 위해 측정 가능한 목표를 수립해야 한다.
  예: 자원봉사자 300명 이상 참여하는 대규모 이벤트를 분기 1회 실시한다.
- 실행계획 수립: ㉮ 사업개요(일시, 장소, 대상, 구체적인 활동 내용), ㉯ 추진일정 계획(봉사자 모집 시기, 교육 일정, 활동 일정 등), ㉰ 자원봉사자 업무

기획(업무 설명서 작성 등), ㉣ 소요예산, ㉤ 협력기관, 필요한 자원 계획, ㉥ 기대효과, 평가 방법 등 필요에 따라 변경 및 생략 가능, ㉦ 프로그램 실행에 필요한 모든 준비물과 용품을 파악 등

- 자원봉사자 모집: 실제적인 홍보를 통해 자원봉사자를 모집하며, 중간점 검을 통해 프로그램 개발·계획에 수정이 가능하다.
- 프로그램 실행: 모집된 자원봉사자를 교육시키고 자원봉사 프로그램과 관련하여 오리엔테이션 실시 후 배치한다. 실제 활동을 원활하게 할 수 있도록 준비하고 자원봉사 활동 중에 발생하는 문제와 욕구에 적절히 대처하며 지도감독하고 조언을 주는 다양한 역할을 수행해야 한다.
- 평가: ㉮ 준비평가(준비과정에 대한 평가), ㉯ 과정평가(프로그램 진행 과정 중에 발생한 사항에 대한 검토), ㉰ 결과평가(프로그램 활동 후 결과에 대한 평가, 예: 참여한 봉사자 만족도, 수요처 만족도 등 조사), ㉱ 동료 또는 다른 관리자들과 회의를 통한 평가 등으로 구분할 수 있다.

3) 프로그램 개발의 유형

자원봉사 프로그램 개발 유형을 기관의 입장과 자원봉사영역으로 구분하여 인식할 필요가 있다. 즉, 프로그램을 통해 이에 참여하는 자원봉사자의 다양한 동기와 욕구를 충족시키고 지역사회 문제를 해결함으로써 기관의 비전을 달성할 수 있는 win-win의 전략이 목적이 되어야 한다. 개별기관에서 실행하고 있는 프로그램의 대상자는 그 지역사회의 주민들이기 때문에 그 기관에서 처음으로 도입한다면, 그 기관이 있는 지역사회 주민들에게는 새로운 프로그램으로 인식될 것이다.

자원봉사영역에서도 새로운 프로그램의 개발을 요구하고 있는 시점에서 기관의 입장과 자원봉사영역을 모두 포함시키는 매트릭스(matrix) 모형이 프로그램 개발 유형을 분류하는데 유용하게 활용될 것이다(이금룡 외, 2009).[1]

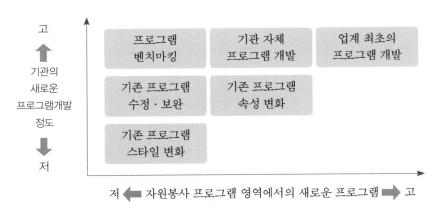

[그림 6-2] 기관/자원봉사 영역 매트릭스에 의한 프로그램 개발 유형 모형

(1) 기존 프로그램의 스타일 변화

기관 내에서 기존에 실행되고 있는 프로그램의 사업명이나 봉사자들의 유니폼 등을 바꾸는 등 미미한 변화를 시도함으로써 프로그램의 스타일을 변화시키는 것이다.

(2) 기존 프로그램의 수정·보완

기관 내 기존 프로그램의 내용은 변화시키지 않은 상태에서 운영 및 실행방법에 변화를 주는 것이다. 예를 들어, 봉사시간을 연장하거나 봉사대상을 확대하거나 교육시기를 조정하는 등 기존 프로그램의 기본적인 내용을 변화시키지 않고 시도하는 것을 말한다.

(3) 프로그램 벤치마킹

타 기관이나 타 연령층에서 실행되고 있는 봉사 프로그램을 벤치마킹하여

---

1) [그림 6-2]의 매트릭스 모형은 서비스 마케팅에서 활용되고 있는 기업/시장 서비스 모형을 재구성한 것이다(이금룡 외, 2009).

기관에서 수용하는 것이다. 즉, 자원봉사영역에서는 새로운 프로그램이 아니지만 기관에서는 새롭게 여겨지는 프로그램을 시도하는 것이다.

(4) 기존 프로그램의 속성변화

기관에서 수행하고 있는 기존 프로그램의 내용을 변화시키는 것이다. 기관의 여건이나 참여하고 있는 봉사자들의 욕구와 특성에 따라서 혹은 봉사대상자나 지역사회의 상황에 따라 기존 프로그램의 기본적인 틀을 유지하면서 새로운 내용을 추가하거나 연계함으로써 프로그램을 개발하는 것이다.

(5) 기관 자체의 프로그램 개발

기관 자체적으로 프로그램을 개발하는 것으로 기관 및 지역사회의 특성을 고려하고 참여하는 봉사자들의 욕구와 노하우를 반영하였지만 타 기관에서 실시하고 있는 프로그램과 크게 차별화되지 못한 경우를 말한다. 이 경우는 프로그램 벤치마킹과는 차이가 있다.

(6) 업계 최초의 프로그램 개발

기관 자체에서 개발한 프로그램으로 새로운 유형의 봉사활동 프로그램이며, 프로그램의 수행방법에 있어서도 기존의 것과 확실히 차별화가 되는 것이 이른바 업계 최초로 개발된 프로그램이다.

이상 여섯 개의 프로그램 개발 유형을 소개하였다. 현실적으로 이 유형들이 명확히 구분되지 않는 경우도 있겠지만, 프로그램 개발에 대한 인식이나 개발전략에 있어서는 유용하게 활용할 수 있다.

3. 자원봉사 활동설계

1) 활동내용 개발[2]

자원봉사 활동내용 개발이란 자원봉사 조직의 관련 구성원인 사회복지사 또는 자원봉사관리자, 자원봉사자, 도움대상자 등의 욕구를 충족시켜 주는 적절한 활동 배정을 통해 개개인이 만족하도록 제공하는 과정을 의미한다. 즉, 자원봉사자를 위해 다양한 활동을 설계하고 이와 관련된 활동 프로그램을 개발하는 것이다. 이는 자원봉사 프로그램에 대한 전체적인 기획을 기초로 해야 한다. 이때 기관에서는 자원봉사자의 업무를 기관 업무의 일부분으로 생각하고 시간을 배정해야 한다. 자원봉사자의 입장에서는 자원봉사활동을 통하여 개인적인 욕구를 충족할 수 있는 기회가 되도록 노력하여야 한다. 또한 자원봉사자들은 자원봉사활동 대상자에 대한 이해를 바탕으로 어떻게 하면 질 높은 서비스를 제공할 것인지 노력해야 한다. 이러한 사항들은 자원봉사 프로그램과 자원봉사자를 효과적으로 관리하는 데 매우 중요한 요소이다.

2) 활동내용 설계

효과적인 자원봉사 프로그램을 관리하는 데 가장 중요한 요소 중에 하나는 자원봉사자의 활동내용을 설계하는 과정이다. 이는 프로그램에 대한 전

---

2) 외국에서는 자원봉사의 활동내용 개발을 'job development'로 사용하였다. 그동안 우리나라 자원봉사교재에서는 자원봉사자의 직무개발로 사용하여 왔다. 그러나 자원봉사자의 활동내용을 '직무'라고 번역하는 것은 매우 무거운 느낌이다. 따라서 이 책에서는 '활동내용'으로 표기하였다.

체적인 기획을 기초로 해서 자원봉사자의 구체적인 활동내용을 설계한다.

자원봉사 활동내용 설계의 필요성은 다음과 같이 요약할 수 있다(김범수, 신원우, 2006).

- 자원봉사자의 의무에 대한 설명을 통해 직원과 자원봉사자의 역할을 명확히 하여 서로 간의 역할 이해를 돕는다.
- 업무가 어떤 자격과 기술, 책임, 활동 시간을 필요로 하며, 그 활동내용에 배치된 사람이 어떤 자격요건을 갖추어야 하는지를 알려 준다.
- 업무의 명확한 제시로 자원봉사자가 맡게 될 업무가 자신의 동기에 적합한 일인가를 판단할 수 있게 한다.
- 누가, 무엇을, 누구에게, 언제까지, 얼마 동안 해야 하는지를 명확하게 함으로써 자원봉사자 지도감독 활동의 기초가 된다.

자원봉사 활동내용을 설계할 때에는 우선 대상자에 대한 종합적인 이해를 한 다음, 다음과 같은 사항을 만족시켜야 한다(유성호, 1997).

- 서비스를 제공받을 인구의 특성, 인원수와 그들의 욕구는 무엇인가?
- 프로그램을 통해 효과적으로 봉사하기 위하여 자원봉사자가 갖추어야 할 조건은 무엇인가?
- 서비스를 제공받을 대상자는 유급 직원과 자원봉사자 중 누구에게서 서비스가 제공되기를 바라고 있는가?
- 자원봉사자의 활동내용은 기관의 전체적인 사명과 어떻게 관련되어 있는가?

셰이어(Scheier, 1980)는 자원봉사자 활동내용 설계 시 유급 직원, 자원봉사자, 대상자 등 3인의 동시 참여를 주장한다. 유급 직원에게 그들이 하고 싫지 않은 업무와 하고 싶지만 수행할 수 없는 업무들을 작성하도록 권장한다. 그런 다음, 자원봉사관리자와 적어도 한 명 이상의 자원봉사자 그리고 유급 직원 대표가 모여서 자원봉사자가 수행할 업무와 활동을 파악하는 데 공동으로 노력한다. 또한 셰이어는 활동내용 설계 과정에서 자원봉사자가 수행할 업무가 매우 매력적이어야 한다고 주장한다. 자원봉사 활동내용이 조직의 사명과 관련 있고 의미 있고 호감 가는 활동을 많이 포함할 때 자원봉사자가 그 업무에 대해 매력을 느끼게 된다는 것이다. 따라서 자원봉사자가 수행하는 개별 활동내용은 나름대로의 의미가 있어서 즐거운 경험을 제공할 수 있어야 한다. 이러한 것들이 자원봉사 활동내용 설계에 포함되는 것이 바람직하다.

3) 활동계획서

자원봉사자의 활동계획서[3]는 자원봉사자 활동내용으로 표현되기도 한다. 활동계획서에는 자원봉사자가 수행할 업무의 책임, 활동을 수행할 자원봉사자의 자격조건, 감독과 책임 그리고 활동내용을 평가하는 방법에 대하여 기술한다. 또한 활동계획서에는 직위와 자원봉사활동 시간과 기간에 대한 설명이 포함되는 것이 좋다. 더불어 자원봉사활동으로 얻을 수 있는 유익한 점에 대한 설명도 중요하다.

자원봉사관리자는 자원봉사자가 담당하는 활동계획서를 준비하기 위하여 현재 일하고 있는 자원봉사자에게서 활동내용의 책임과 자원봉사 활동에서 얻는 혜택이 무엇인지를 알아볼 수 있다.

린치(Lynch, 1983)는 자원봉사자 활동계획서의 효과적인 설계를 위한 네 가지 기본 요소를 다음과 같이 제기하고 있다.

---

3) 다른 교재에서의 직무명세서(jop description)란 용어를 이 책에서는 활동계획서로 사용하였다.

첫째, 자원봉사자에게 '잔디를 심고 있다.'는 감정을 계속해서 심어 주는 일이다. 린치는 한 가지 활동을 반복적으로 하는(예: 편지봉투에 편지지만을 넣는 작업) 자원봉사자는 다른 몇 개의 활동을 다양하게 수행하는(예: 편지지를 정리하고, 철하고, 접고, 편지봉투에 넣고, 우표 붙이고, 분류하는 일) 자원봉사자보다 업무에 대한 만족도가 낮다는 것을 발견하였다.

둘째, 자원봉사자는 활동내용에 대한 생각뿐만 아니라 그 활동내용을 수행하는 데에서 기회와 권한을 가지고 있다는 사실을 확인시키는 일이다. 여기서 말하는 생각이란 계획, 조직, 결정 및 평가를 말한다. 전형적인 관리업무에서 일반적으로 감독자는 계획, 조직과 결정에 대한 책임을 지고 부하직원은 그 계획에 따라 실천만 한다. 이러한 방식의 관리업무는 일부 유급 직원에게만 적합할 수 있고 신임 자원봉사자에게만 필요하다고 볼 수 있다. 그러나 자원봉사활동 경험이 풍부한 자원봉사자는 계획과정에 직접 참여하여 계획을 수립하는 데 기여하기를 바랄 수도 있다.

셋째, 활동계획서에 기록된 활동 내용을 단순히 실행하는 것이 아니라 기관의 사명과 목표달성 결과에 대한 직접적인 책임이 있음을 확인시켜 주는 일이다. 여기서 결과에 대한 책임이란 자원봉사활동 자체보다는 자원봉사활동 결과에 주목하여 자원봉사자로 하여금 목적을 달성하도록 고무시키는 일이다.

넷째, 자원봉사자의 업적과 활동결과에 대한 측정을 말한다. 자원봉사자의 참여와 노력의 성과를 어떻게 측정하는가를 분명히 밝힘으로써 자원봉사자 자신이 기여한 가치를 평가할 수 있도록 해야 한다. 참고로, 자원봉사관리자는 자원봉사자의 업적 향상을 위한 상담을 할 때 사용할 수 있는 측정도구를 가지고 있어야 한다.

자원봉사자는 간혹 활동계획서에 있는 활동의 책임을 수행할 수 없음을 발견하게 된다. 이러한 경우 자원봉사관리자와의 개인적 접촉을 통해 활동계획서를 재검토하여야 한다. 셰이어(1980)는 융통성이 없는 자원봉사자 활

표 6-1 자원봉사 활동내용 계획 시 점검사항

체크 부분	자원봉사 활동내용 계획 시 점검사항
☐	지역사회 및 봉사대상의 욕구나 문제가 파악되었는가?
☐	기관의 미션과 비전이 반영되고 자원봉사의 가치에 부합되는가?
☐	활동내용이 자원봉사자와 함께할 때 더욱 효과적일 수 있는가?
☐	자원봉사자들이 하고 싶어하는 내용이며, 그들의 특성이 반영되었는가?
☐	같은 지역사회 내에 유사한 활동내용을 실행하고 있는 기관은 없는가?
☐	지역사회 내 다른 기관 및 단체들과 상호 협력할 수 있는가?
☐	연계될 수 있는 인적 · 물적 자원들에 대해 충분한 조사가 이루어졌는가?
☐	활동내용이 지역사회와 봉사대상자의 변화를 가져올 수 있는가?
☐	기관(활동처)에서 이 활동내용을 실행할 준비가 되었는가?

동계획서는 귀중한 자원봉사자의 참여를 방해할 수 있다고 경고한다. 즉, 활동계획서의 내용은 자원봉사관리자가 자원봉사자의 흥미, 선호도 및 능력에 따라 그것을 변경할 수 있도록 충분한 융통성을 가지고 있어야 한다. 이러한 활동계획서의 내용 변경은 일상적이거나 임시적인 일, 사람과 직접적인 관계가 있는 일이거나 없는 일, 직접적인 서비스 제공이나 자문 또는 공식적 · 비공식적 관계에서 자원봉사자 개인이나 집단에 의한 업무의 수행을 포함한다.

4) 활동계획서 구성요소

자원봉사자의 참여동기를 높일 수 있게 고려한 활동설계는 활동계획서를 통해서 구체화된다. 이러한 활동계획서는 자원봉사자를 모집하기 전에 마련되어야 하며 필요에 따라 수정되어야 한다(유성호, 1997). 이는 자원봉사자와 조직의 욕구를 충족시켜 주기 위함이다. 자원봉사관리자가 업무와 자원봉사자를 연결할 때, 자원봉사자는 일을 시작한 후 더 나은 업무수행을 위해 활

동계획서의 수정을 원할 수도 있다. 자원봉사관리자는 자원봉사자가 원하는 대로 업무를 조정할 필요가 있으며, 또 그들이 원하는 활동내용을 설계할 필요가 있다.

활동계획서는 활동내용 명칭, 목적과 목표, 책임, 자격, 활동 시간 및 장소, 지도감독자, 혜택, 훈련과 감독, 평가, 준수 사항, 해고 조건, 확인서명란 등의 요소로 이루어져 있다.

- 활동내용 명칭: 자원봉사자의 활동내용을 나타내는 이름으로 보통 사업명과 일치하는 경향이 있다. 짧고 기억하기 쉬우며 말하기 쉬운 이름으로 짓는다.
- 직책: 활동내용을 주도적으로 직접 수행하는 봉사자나 봉사단체에서의 직책을 말한다. 자원봉사자의 지위를 표현하는 것으로 단순히 '○○자원봉사자'라고 하기보다는 가급적 재미있는 표현을 사용하는 것이 좋다. 자원봉사 경험을 자신의 경력에 포함시키기를 원하는 이들을 위해서는 정중한 용어를 사용하는 것이 보통이다.
- 기관명: 자원봉사 활동내용을 기획하고 활용하는 곳을 말하며, 수요처와 일치하는 경우가 많다.
- 목적: 활동내용을 수행함으로써 성취하고자 하는 궁극적인 결과에 대한 것을 명시한다. 활동내용이 기관과 대상자에게 왜 중요하고 필요한가를 인식시킬 수 있어야 하며, 활동을 통해 지역사회를 어떻게 변화시킬 수 있는지를 강조하는 것이 좋다. 자원봉사자들의 참여를 동기부여 할 수 있는 부분이 된다.
- 목표: 목적을 달성하기 위해 설정하는 구체적인 개념으로서 실현 가능하며 측정 가능하여야 한다. 즉, 활동내용 수행을 통한 성취결과가 반드시 현실적으로 측정할 수 있는 성취 측정의 척도로 표현되어야 하며, 이해하기 쉽고 간결한 표현으로 기술되어야 한다.

- 책임(봉사자 역할): 목적을 달성하기 위해 자원봉사자가 수행해야 할 과업을 구체적으로 서술하며, 누구와 함께하게 되는가를 명확히 설명한다.
- 자격요건: 자원봉사 신청자가 그 직무를 성공적으로 수행하는 데 필요한 지식, 기술, 태도, 성별이나 연령 등을 기술한다.
- 활동기간: 일회성 직무나 단기간에 종결되는 직무에는 필요한 전체 기간을 명확히 표시하고, 장기간 지속되는 직무에는 자원봉사자가 최소한 얼마 동안 활동해 주기를 원하는지를 명시한다. 또한 일정 기간 후에 직무를 바꾸거나 활동을 종료할 수 있음을 명시하여 자원봉사관리자가 무리 없이 조정할 수 있는 장치를 마련해 두는 것이 좋다.
- 활동시간: 그 직무를 수행하는 데 필요한 시간(주 몇 회, 1회당 몇 시간)을 구체적으로 밝힌다. 가급적 활동기간 중 활동시간의 조정 가능 여부도 밝혀 둔다.
- 활동장소: 자원봉사 활동이 이루어지는 장소를 말한다. 필요 시 약도와 연락처, 교통수단을 명시한다.
- 지도감독자: 직무를 수행하면서 긴급한 일이 발생하였을 경우 누구에게 알려야 하는지, 어떻게 해야 할 것인가에 대한 사항을 의논할 수 있는 책임자를 말한다. 단체에 소속되어 활동하는 경우 1차적인 지도감독자는 조장이나 단체의 장이 된다.
- 혜택: 자원봉사자가 활동을 통해 무엇을 얻게 되는가를 나타내는 것이다. 혜택은 새로운 누군가를 만나는 것일 수도 있고, 새로운 정보나 기술을 제공받게 되는 것일 수도 있다. 또한 자원봉사 활동이 원활히 이루어지도록 기관이 무엇을 제공하는가를 나타내는 것이다.
- 훈련과 감독: 자원봉사자가 그 직무를 감당하는 데 필요한 준비를 갖추도록 오리엔테이션이나 기초교육, 보수교육의 형태로 제공된다. 직무교육이 없을 때에는 필요에 따라 정기적인 모임이나 개인면담을 요청할 수도 있다.

- 평가: 자원봉사활동에 대한 중간 점검, 동료 및 대상자에 대한 만족감 정도 점검, 또는 직무수행에 따른 결과를 측정할 수 있는 기준이 있다면 서술한다.

- 준수 사항: 기타 자원봉사자가 지켜야 할 자세 또는 숙지해야 할 내용을 기록한다.

- 해고 조건: 자원봉사자가 반드시 지켜야 할 기관의 정책이나 규정을 명시하여 자원봉사자가 맡는 직무의 중요성을 분명히 인식시킨다. 또한 이와 다른 행동으로 기관과 동료봉사자에서 피해를 입히거나, 활동내용이 원활히 수행되지 못하는 장애요인이 된다고 판단될 경우에는 활동을 중단시킬 수 있다.

- 담당자: 자원봉사관리자의 직급과 이름을 기록한다. 부재중일 때를 대비하여 부담당자를 미리 정해 놓는다.

- 연락처: 자원봉사관리자의 사무실 주소 및 전화번호, 핸드폰, 전자우편 주소 등을 기록한다.

- 확인 서명란: 자원봉사관리자는 활동계획서의 세부 내용을 충분히 설명하고, 자원봉사자가 숙지하였는지 확인하고 서명을 받는다.

제**7**장

자원봉사자 모집과 선발

1. 자원봉사자 모집 홍보

홍보(Public Relation: PR)란 다양한 홍보 매체를 활용하여 전달하고자 하는 메시지를 대중(대상)에게 효과적으로 전달함으로써 목적으로 설정한 반응을 얻어 내는 것이다. 즉, 자원봉사자 모집을 위한 홍보는 지역사회에 자원봉사 참여 메시지를 제공하고 소통하는 것이다. 이를 위해 자원봉사관리자는 시행하고자 하는 자원봉사 프로그램과 세부업무에 가장 적합한 자원봉사자를 모집하기 위해 최적의 홍보 시기와 홍보수단을 선택해야 한다. 또한 능동적 참여를 유도하기 위하여 모집의 목적, 필요성, 지역현황, 기대하는 변화 등이 담긴 메시지를 준비하며, 가장 쉬운 방법으로 참여할 수 있는 신청방법을 마련하고 안내해야 한다(볼런티어21, 2004: 87).

자원봉사자 모집 홍보는 자원봉사자를 찾아내는 방법과 기술만을 말하는 것이 아니라 경영적 마인드를 가지고 대상자를 관찰해 나가야 한다. 또한 대상자로 하여금 자원봉사자 모집 홍보에서부터 자원봉사 프로그램을 선택할 수 있도록 하기 위해 자원봉사 마케팅 전략을 가지고 접근해야 한다.

1) 1단계: 모집 대상 결정

• 표적집단: 자원봉사 프로그램을 효과적으로 수행하기 위해 어떤 기술과 어떤 사람이 필요한지 분석하고, 홍보가 그 대상에게 전달되도록 한다. 대상이 설정되면 언제, 어디서, 어떻게 홍보할지를 정할 수 있다.
• 모집인원: 모집단계에서는 약간 여유 있게 모집하는 것이 좋다. 모집하는 인원에 따라 홍보수단이 결정될 수 있다.
• 모집기간(시기): 설정된 대상이 홍보를 접할 수 있는 충분한 기간은 얼마인지, 현재 모집하는 시기가 적절한지 분석한다.
• 모집장소: 모집 대상, 즉 잠재 자원봉사자가 모집 메시지를 가장 손쉽게 접할 수 있는 장소를 분석한다.

2) 2단계: 홍보수단 결정

가장 알맞은 홍보 방법을 선택하기 위해서는 각 홍보매체의 특성을 잘 파악하는 것도 중요하다.

• 대중매체: 신문(일간지), 잡지, TV, 버스 · 지하철, 게시판 및 포스터, 텔레마케팅, 우편, 인터넷 등
• 모집 캠페인: 브로셔, 전단, 포스터, 간지 등
• 교육 · 캠프: 교육의 성과나 분위기에 따라 자원봉사자 모집의 결과가 영향을 받을 수 있으며, 지속적인 교육이 필요하다. 반면, 자원봉사 프로그램이 필요로 하는 능력을 가진 자원봉사자나 그 업무에 대한 욕구를

가진 자원봉사자들이 스스로 찾아오도록 만드는 효과가 있다(예: 박물관이나 미술관의 자원봉사자).

- 일대일 모집: 자원봉사자 모집 홍보에서 가장 효과적인 방법이 될 수 있다. 또한 효과성이 매우 높지만, 시간과 인력의 소모가 많고 사전에 자원집단에 따라 분류가 잘된 리스트가 준비되어 있어야 한다.
- 지역사회 리더와의 접촉: 지역사회의 리더는 모집운동에 귀중한 자산으로서 잠재적 자원봉사자와 만날 수 있는 가교 역할을 한다.

3) 3단계: 홍보 메시지 결정

무엇을 홍보할 것인가, 즉 무엇을 알릴 것인가에 해당한다. 모집 캠페인의 슬로건이 될 수도 있고, 홍보문의 헤드라인이 될 수도 있다. 홍보물이 전달하는 메시지는 모집 대상에 대한 분석을 바탕으로 업무계획서에 나와 있는 내용을 가지고 만들 수 있다. 메시지는 글이 될 수도 있고 사진이 될 수도 있다. 더불어 자원봉사자 모집 기관·단체나 자원봉사 프로그램의 브랜드, 슬로건, 홍보대사 위촉, 엠블럼, 마스코트 등도 자원봉사자를 모집하는 데 영향을 주게 된다.

4) 4단계: 모집활동 수행

누구를 어떻게 얼마나 모집할 것인가에 대한 계획이 세워지면 그 계획의 수행 시 비용의 효과성을 고려해 보아야 한다. 실제 효과성과 비교·검토하여 자원봉사자를 모집하기 위한 비용이 적합한지를 고려해야 한다. 홍보에 대한 예산 수립은 홍보수단을 설정하는 단계부터 함께 세워야 한다. 모든 것이 완료되면 계획상의 모집기간 동안 자원봉사자를 모집하게 된다. 이때 누가 무슨 역할을 담당할 것인지, 언제 어떻게 몇 번의 홍보활동을 할 것인지

정확하게 파악하여야 한다. 한 가지 홍보수단으로 1회만 홍보하는 것이 아니라 연속적으로 여러 번 홍보하는 것이 효과적이다. 그리고 홍보하고자 하는 기관의 이미지나 자원봉사 프로그램이 가지고 있는 가치에 대해 전 직원이 공감하고 있어야 하며, 적절한 업무분담이 필요하다.

5) 5단계: 평가

모집 홍보의 결과를 측정하고 평가하는 것은 결코 쉽지 않다. 자원봉사관리자들의 노력에도 불구하고, 실제 모집된 자원봉사자의 수가 목표한 수에 비해 터무니없이 모자라는 경우도 생긴다. 하지만 모집과 홍보의 중요성에 대한 기관 차원의 동의와 실무자의 노력이 뒷받침된다면 적어도 자원봉사에 처음 참여하는 자원봉사자들의 수는 점차 늘어나게 될 것이다. 먼저 1차적으로 지난 3개월간의 자원봉사 모집 홍보활동에 대해 모집 대상은 적합했는지, 모집장소가 적합했는지, 자원봉사자에게 동기부여와 인정의 분위기를 만들어 주었는지 등의 전반적인 평가를 정기적으로 하는 것이 필요하다(볼런티어21, 2004: 89-93).

2. 자원봉사자 모집의 유형과 방법

자원봉사자 모집(recruitment)은 자원봉사 프로그램이나 기관(도움 수요자)이 필요로 하는 자원봉사자를 찾아내어 자원봉사에 참여하도록 하는 것이다. 이는 자원봉사활동에 참여하고자 하는 자원봉사자의 욕구를 찾아내는 일이기도 하다. 따라서 단순한 인력의 모집이 아니라 자원봉사 프로그램이나 업무에 가장 적합한 인적 자원의 발굴을 의미한다(볼런티어21, 2004: 87).

1) 자원봉사자 모집 유형

자원봉사자 모집은 지역사회 문제를 효과적으로 해결하기 위해 잠재된 인적자원을 찾고 연계하여 실제로 자원봉사자로 참여하도록 유도하는 중요한 과정으로 프로그램 및 서비스 대상에 따라 모집유형이 구분될 수 있다.

자원봉사자와 자원봉사활동처 간의 만족스럽고 효과적인 모집방법으로 맥컬리와 린치(McCurley & Lynch)는 다수 모집, 표적 모집, 동심원 모집, 연계성 모집 등의 네 가지 유형으로 제시한다(신승연, 2004; 김범수, 2006; 배기효 외, 2007).

(1) 다수 모집

다수 모집(warm body recruitment)은 특별한 기술이 필요하지 않거나 제한된 시간 내에 많은 자원봉사자를 확보하기 위해서 자원봉사자의 자격조건을 제한하지 않고 누구나 참여하게 할 때 효과적인 모집방법이다. 특히 이 방법은 다수가 모이는 대규모 행사의 안내봉사나 캠페인 참여 등과 같은 단기간의 단순한 일에 많은 자원봉사자를 찾고자 할 때 효과적이며, 자원봉사 프로그램에 관한 메시지를 되도록 많은 사람이 접할 수 있게 한다.

다수 모집을 하기 위한 방법은 다음과 같다.

- 모집 리플렛와 포스터, 기념품 등을 사람이 많이 모이는 장소에 배포하거나, 잘 보이는 장소에 현수막 걸기
- 신문, 라디오, TV, 지역방송과 같은 대중매체와 PC 통신, 인터넷(팝업, 배너 등)을 이용하기
- 학교, 아파트부녀회, 로터리클럽, 생활체육 동호회 같은 지역사회 단체 등과 접촉하기
- 자원봉사 포털사이트에 의한 모집은 다음과 같다.

　　－1365 자원봉사포털: www.1365.go.kr/

　　－온라인플랫폼 V세상: https://volunteer.seoul.kr/

　　－청소년봉사활동 시스템: https://www.youth.go.kr/youth/

(2) 표적 모집

　표적 모집(target recruitment)은 누가 업무를 수행했으면 좋을지를 구체적으로 결정하여 대상자를 찾아내는 방법이다. 현재 그 업무를 담당하는 자원봉사자의 욕구와 배경을 검토하여 공통 요소를 발견하고, 그 요소로 그 일을 좋아할 수 있는 사람들을 확인한 다음, 그 가운데서 부합되는 대상자들을 찾아낸다. 동기 욕구를 충족시켜 주는 업무가 자원봉사자를 모집하는 데 관건이므로 사람의 흥미를 유발할 수 있는 특별한 업무를 강조하는 것이 중요하다.

　표적 모집은 특별한 기술을 가진 자원봉사자를 모집할 때 효과적이며, 특히 전문봉사자 연결이 필요할 경우에는 분야별 그들을 찾아낼 수 있는 모집방법이 달라진다. 예를 들어, 보건의료봉사자가 필요할 경우에는 의사, 간호사, 약사 등의 전문기관 협회에, 재난 발생 시 전기수리는 전기기술인협회, 보일러 수리는 보일러협회 등의 관련단체와 직접 접촉을 통해 협조를 요청한다.

(3) 동심원 모집

　동심원 모집(concentric recruitment)은 동심원이론을 근거로 하며, 연못에 돌을 하나 던졌을 때 그 돌이 들어간 곳을 중심으로 물결이 밖으로 퍼져 나가는 것처럼, 자원봉사자를 모집하는 주최기관이나 그 프로그램에 참여하는 기존 자원봉사조직과 관계를 맺고 있는 사람들을 중심으로 밖으로 확산하면서 자원봉사자를 모집해 나가는 방법이다. 이 방법은 잠재적인 자원봉사자들이 이미 조직에 호의적인 성향을 띠게 되므로 긍정적인 반응을 얻을 가능성이 크다. 동심원을 형성할 이상적인 집단에는 현재 참여하고 있는 자원봉사자나 그들의 친구나 친척, 회사 동료, 후원자, 도움 대상자, 지역사회 주민이 있다.

(4) 연계성 모집

연계성 모집(ambient recruitment)은 자아정체감과 연계성이 강한 사람이나 집단으로 이루어진 보수적인 사람들을 대상으로 하는 데 효과적인 모집 방법이다. 이 방법의 예로는 학교, 회사, 전문직업, 교회 등 종교단체, 각종 동호회 등 집단결속력이 강하고 상호 간의 연계성이 강한 집단을 자원봉사자로 유인하는 방법이다. 연계성 모집은 자원봉사 참여가 집단의 중요한 가치라는 것을 구성원들에게 교육하거나 토론에 참여시키는 것도 좋은 방법이다. 더 나아가 자원봉사 자조모임을 형성하고, 적합한 자원봉사활동을 개발하여 자원봉사자에게 참여 욕구를 충족시켜 줄 수 있도록 지원해야 한다.

그 밖에 협회나 위원회 등의 임원진에게 회원들이 자원봉사에 참여하도록 설득하거나, 기업의 관리자로 하여금 직원들이 자원봉사에 참여할 수 있도록 요청할 수 있다.

자원봉사 모집이 가능한 15곳

① 기업의 사보(소식지)　　　　　② 학교나 대학
③ 퇴직자 프로그램　　　　　　　④ 경로당 혹은 노인복지관
⑤ 취업알선 기관(직업상담센터)　⑥ 기업의 임직원 자원봉사 프로그램
⑦ 교회나 절 등 종교기관　　　　⑧ 인턴십 프로그램
⑨ 시민단체(모임), 부녀회 등　　⑩ 신문, 라디오, 케이블 방송 등
⑪ 관공서, 동사무소 등　　　　　⑫ 사회봉사명령(법원)
⑬ 자원봉사박람회　　　　　　　⑭ 비영리 단체 혹은 기관 등
⑮ 복지관, 지역문화센터 등

2) 자원봉사자 모집 전 준비사항

자원봉사자를 모집한다는 것은 자원봉사자와 대상자가 만나도록 연계해 주는 과정을 말한다. 즉, 자원봉사를 하고자 하는 사람들에게 동기를 부여하고 기관이나 시설에서 제공하는 일거리와 만나도록 주선하는 것이라고 할 수 있다.

기관의 정책상 자원봉사자를 활용하려고 결정했을 경우 자원봉사자를 효율적으로 모집하는 방법과 준비사항을 갖추어야 한다. 자원봉사자를 모집하기 전 준비사항을 알아보면 다음과 같다.

- 기관 내 직원들에게 자원봉사의 이해에 관한 교육이 필요하다. 자원봉사란 국민 개개인에게 내재해 있는 이타주의의 성격으로 이웃과 지역사회의 협동 분위기를 조성하는 핵심적 활동이다. 또한 인간의 공통 문제인 빈곤, 무지 등의 사회적인 문제를 해결하며 국민의 창의력과 잠재력을 계발하고 실천을 가능케 하는 운동이라는 것을 직원들에게 인식시키는 것이 필요하다. 왜냐하면 자원봉사에 관한 이해 없이 자원봉사자를 활용했을 경우 상호 보완적이 아니라 종속관계에 의한 상호 의견 대립이 발생할 수도 있기 때문이다.
- 자원봉사자를 받아들일 때는 그들의 사회경제적 지위, 교육 정도 등에 따라 적절히 활용할 수 있는 자리가 필요하다. 또한 자원봉사자는 기관의 직원에 비해 통찰력과 비판의식이 있더라도 이를 최대한 수용할 수 있는 자세를 갖추어야 한다.
- 자원봉사자가 안정감을 갖고 자신의 능력을 최대한 활용할 수 있도록 기관 내의 정보를 제공해 줄 수 있어야 한다.
- 자원봉사자가 활용할 수 있는 방이나 비품, 명찰(배지), 자원봉사일지, 출근부, 자원봉사 시간표, 자원봉사 신청서 및 자원봉사자가 참여할 수

있는 프로그램이 준비되어 있어야 한다.

3) 자원봉사자 모집 방법

이러한 준비사항이 완료되면 다음 단계는 자원봉사자를 어디에서 어떻게 모집할 것인가를 계획하는 것이다. 지역사회 내에 유휴 인력이 많다고 해서 반드시 그들이 기관의 자원봉사자가 된다는 보장은 없기 때문이다. 자원봉사자 모집은 활동처에 따라, 모집 대상자에 따라 그 특성을 이해하고 다양한 방법을 검토하여 가장 적합한 방법을 선택하는 것이 중요하다. 주요 사용자가 어느 대상인지 파악, 자원봉사자가 사용빈도가 높은 매체를 활용하여 자원봉사자를 모집한다면 효율적인 접근이 가능하다. 자원봉사자를 모집하기 위해서는 다음 사항을 고려하여야 한다.

(1) 홍보활동을 통해 모집하는 방법

홍보활동의 종류로는 텔레비전, 라디오, 신문, 기관지, 광고지를 통한 홍보방법, 지역주민 중심으로 모집하는 방법 등 여러 가지가 있다. 그러나 프로그램에 따라 적절한 봉사자를 모집하기란 그리 쉬운 일이 아니다. 자원봉사에 관한 의욕은 있으나 기관 내 프로그램과 맞지 않을 경우 후원회를 조직하여 활용할 수 있는 방안도 모색하여야 할 것이다.

(2) 자원봉사센터나 타 기관을 통해 모집하는 방법

현재 우리나라에는 자원봉사자를 모집·훈련하여 타 기관과 연결시켜 주는 역할을 하는 기관이 많이 있다. 즉, 자원봉사센터, 지방사회복지협의회, 대학 부설 사회봉사센터, 사회봉사단 등이다.

(3) 기관별로 후원회 조직을 활용하는 방법

대부분의 사회복지 시설·기관에는 후원회가 조직되어 있는 곳이 많다. 이러한 후원회는 재정 또는 모금 자원봉사자라 할 수 있다. 산적해 있는 사회문제에 보다 효과적으로 대처하기 위해서 사회복지기관은 후원회의 조직을 하루빨리 서둘러야 할 것이다. 후원회를 조직하여 인력을 담당하는 부서는 자원봉사분과위원회로 명명하고 재정적인 후원을 맡는 부서는 재원분과위원회로 조직하여 활용하는 방안을 모색할 수 있을 것이다.

이와 같이 자원봉사를 모집하는 방법은 다양하지만 자원봉사자를 모집하는 데 함께 적용·개발되어야 할 방법은 마케팅 이론을 도입하여 효율적으로 활용하는 것이다.

4) 자원봉사자 모집 시 유의점

(1) 자원봉사자의 요구에 부응하는 것

모집이 자원봉사자의 요구에 부응하기 위한 전제조건은 자원봉사 업무가 의미 있는 것이어야 한다는 점이다. 지원자들에게 "당신은 어떤 일을 하고 싶은가?"라고 질문할 경우 대부분의 사람들은 다음과 같이 말한다. "도전적인 일을 하고 싶다." "내가 느끼기에 가치 있는 어떤 일을 하고 싶다." "내 기술을 증진시킬 수 있는 것이었으면 한다."라고 대답할 것이다.

따라서 자원봉사자들이 하고 싶은 의미 있는 업무를 개발하지 않고 모집하는 것은 존재하지 않는 상품을 팔려고 시도하는 것과 같다. 대부분의 사람들은 그러한 상품을 사려고 하지 않을 것이다. 결국 모집기관이나 자원봉사를 희망하는 사람 모두에게 실망만 안겨 줄 것이다.

(2) 적합한 자원봉사자를 발굴하는 것

자원봉사기관에서 자원봉사자를 모집할 때 두 가지 유형의 어려움이 있다. 첫째는 충분한 자원봉사자가 없다는 것이며, 둘째는 업무에 적합한 자원봉사자가 없다는 점이다. 실제로 자원봉사 지원자가 너무 많을 경우 여러 가지 면에서 좋지 못하다. 예를 들면, 1명의 자원봉사자를 찾는데 20명이 지원할 경우 우선 각 각의 지원자에 대한 면접과 1명을 결정하는 데 많은 시간을 쏟아 부을 것이다. 그리고 나면 19명의 자원봉사자를 거절해야만 하고 그들이 기분 나빠 할 것을 각오해야 한다. 왜냐하면 거절하는 것보다 더 나쁜 것은 그들이 해야 할 업무가 없는데 받아들이는 것이기 때문이다. 이 지점에서 지원자들은 자원봉사기관과 자원봉사관리자를 무능하다고 생각할 것이다. 이렇듯 자원봉사 모집이란 지원자들 가운데서 자격이 있는 사람을 잘 구분해 내는 일이다(정희선, 2000: 125). 자원봉사 대상자에게 가장 알맞고 자원봉사자 요구에 부응하는 다양한 프로그램을 갖추고 나서 자원봉사 지원자들 가운데 적합한 자원봉사자를 발굴하는 능력이 요구된다.

3. 자원봉사자 선발과정과 방법

1) 선발 면접의 개념

자원봉사 선발에 따른 면접은 자원봉사 프로그램 운영을 위해 가장 적합한 자원봉사자를 찾아내는 방법이다. 자원봉사자를 모집하는 최종단계라고 할 수 있으며, 자원봉사 지원자가 자원봉사관리자를 처음 만나게 되는 단계이다. 또한 면접은 자원봉사 지원자들과 수요기관 간의 상호 적합성을 확인하는 과정이라 할 수 있다, 면접에서 상호 적합성 확인을 위해서는 자신의 취미와 관심사가 자원봉사활동 업무와 적합한지, 해당 분야에 대하여 과거 경험이나 관련 학문 전공 여부, 전문지식이나 자격사항이 있는지, 봉사활동의 동기나 목적이 무엇인지, 봉사활동에 시간적 제약을 받는지, 봉사처까지 오는 이동거리가 너무 멀지는 않은지, 지속적인 활동이 가능한지에 대한 구체적인 질문과 확인이 있어야 한다(고재욱 외, 2013 일부 수정). 자원봉사 지원자가 자원봉사활동을 시작하기 전에 자원봉사관리자와 만나는 첫 번째 대면 접촉으로 정보의 교환과 상호성을 기초로 한다. 따라서 면접을 통해 자원봉사자는 활동기관(예: 사회복지시설, 기관, NGO 등)과 자신이 관심 있는 활동 분야에 대한 정보를 얻게 되고, 자원봉사관리자 역시 적절한 배치를 위해 필요한 정보를 얻을 수 있는 기회를 갖게 된다(볼런티어21, 2004: 101).

자원봉사자 면접은 잠재적인 자원봉사자의 능력과 욕구가 기관 내의 어떤 직무와 부합하는지를 평가하는 것이다. 면접은 업무에 필요한 특성들과 자원봉사 지원자들을 비교하는 과정이 아니라, 자원봉사자와 기관에 만족스러울 수 있는 근무환경을 형성하고자 하는 궁극적인 의도를 가지고 그들에 관해 알고자 노력하는 과정이다.

면접의 목적을 살펴보면 다음과 같다.

- 자원봉사 지원자와 자원봉사활동 부서 간의 상호 적합성을 확인하는 것이다. 즉, 자원봉사 지원자의 관심과 능력을 파악하고, 자원봉사자가 필요한 부서의 요구 및 특정 업무에 적합한지를 판단하는 것이다. 이때 면접자는 자원봉사 지원자와 활동부서 간에 서로 상충될 수 있는 위험 요소를 미리 가려낼 수 있어야 한다.
- 자원봉사 지원자가 실제로 활동할 수 있도록 유도하는 것이다. 즉, 자원봉사 지원자가 가질 수 있는 의문이나 염려에 대해 답변하고, 그의 활동이 도움이 될 수 있다는 확신을 심어 주며, 그 업무를 통해 얻을 수 있는 만족감이나 혜택에 대해서도 설명한다(김범수 · 신원우, 2006).

표 7-1 성공적인 면접을 위한 전략

구분	바른 지침	유의해야 할 점
면접을 위한 준비자세	• 정직하고 개방된 마음을 갖도록 편안하고 안정된 분위기를 선택하라. • 대화하는 동안 경험의 형태, 비언어적 · 신체적 동작을 주의깊게 관찰하라	• 피면접자로 하여금 신경 쓰이게 하거나 방해받는다고 느낄 수 있는 나쁜 환경을 피하라. • 끈질긴 질문, 오만한 질문을 함으로써 피면접자로 하여금 방어적 태도를 갖게 하는 것을 피하라.
질문을 위한 전략	• 개방형 질문을 피하라. 피면접자가 응답할 때, 몇 가지 선택이 가능할 수 있도록 질문을 하라. • 자원봉사활동의 철학이나 동기 등 관련 정보를 얻을 수 있는 질문을 하라.	• 피면접자로 하여금 '예'나 '아니오'라는 단답형 질문이나 유도성 질문은 피하라. • 더 많은 정보를 얻기 위해 개인 사생활이나 예민한 질문은 피하라.
면접과정	• 특정한 업무에 대한 설명과 프로그램의 목적을 설명하라. • 자원봉사자들과 빠른 초기면접을 형성하도록 이해와 관심을 보여라. • 당신이 찾고자 하는 정보가 무엇인지를 알아라.	• 면접과정에서 성급하지 마라. • 거칠거나 위협적, 위압적인 자세는 피하라. • 무계획적이거나 융통성 없는 것을 피하라.

출처: Ilsley & Niemi(1981); 류기형 외(2006); 배기효 외(2007). 일부 수정함.

성공적인 면접을 위해서는 〈표 7-1〉과 같이 면접 준비자세, 질문을 위한 전략, 면접과정 등에 고려해야 할 세부적인 전략이 필요하다.

2) 선발면접 과정의 4단계

면접과정은 준비, 시작, 실행 및 종결의 단계로 이루어진다. 이 과정에서 사용될 수 있는 양식에는 자원봉사자 초기 면접지와 자원봉사활동 신청서 등이 있다.

(1) 1단계: 면접준비

- 면접공간을 마련하고 적절한 시간을 계획한다(1인당 30분 정도 소요).
- 자원봉사 지원자의 면접 배치를 위한 질문 목록을 마련한다.
- 자원봉사활동 신청서를 작성한다. 그리고 봉사활동 업무에 대한 정보를 제공한다.

(2) 2단계: 면접 시작

면접을 시작할 때 자원봉사 지원자와 라포(rapport)를 얼마나 잘 형성하였는가에 따라 면접의 전 과정이 영향을 받는다. 면접은 일방적인 소통이 아니라 서로의 욕구를 주고받는 과정이므로 다음과 같은 사항은 매우 중요하다.

- 자원봉사 지원자가 편안하게 느끼고 친밀한 관계를 형성하도록 노력하며 방문해 준 것에 대해 감사를 표시한다.
- 면접의 목적을 명확히 설명한다.
- 단체에 대해 소개한다. 그리고 단체의 역할이나 프로그램 등 자원봉사 지원자가 궁금해하는 사항에 대해 질문할 수 있는 기회를 준다.
- 면접시간이 너무 길어지지 않도록 미리 시간계획을 세우는 것이 좋다.

면접 시 질문 예시

- 자원봉사활동에 신청하게된 동기는 무엇인가요?
- 저희 단체나 프로그램에 어떻게 관심을 갖게 되었나요?
- 봉사활동 경험이 있으신가요? 경험했던 봉사활동 중에서 가장 즐거웠던 기억과 나빴던 기억은 무엇인가요?
- 봉사활동 경험이 있다면, 어떤 단체에서, 활동내용, 활동 기간은 어떠했나요?
- 어떤 형태의 봉사를 선호하나요? 혼자 또는 여럿이 함께? 그 이유는 무엇인가요?

- 활동할 수 있는 시간(월 또는 주 몇 회, 시간대)은 어떠한가요?
- 봉사활동과 관련해서 기술과 특기사항이 있나요?
- 가장 해 보고 싶은 봉사활동은? 원하지 않는 활동은 무엇인가요?
- (특정한 문제 상황 제시) 문제 상황에 처한다면 어떻게 해결하실 건가요?
- 저희 단체에 대해 궁금한 것이 있다면 무엇인가요?
- 마지막으로 궁금한 것이 있으면 질문해도 좋습니다. (세부 활동내용, 준비사항, 봉사자 규모, 단체에서 선호하는 봉사자 자격조건 등)

(3) 3단계: 면접 실행

구체적인 정보를 탐색하는 단계이며, 자원봉사 신청서에 기록한 정보 이외에 추가질문을 통해 지원자의 구체적인 욕구와 정보를 확인한다.

- 자원봉사 지원자의 취미와 관심, 싫어하는 것, 현재 및 과거의 직업, 자원봉사에 참여하고자 하는 동기 등에 대한 정보를 얻을 수 있도록 자연스럽게 질문한다.
- 활동할 수 있는 다양한 자원봉사 프로그램을 소개하고 각 업무의 목적과 활동 내용을 설명해 줌으로써 자원봉사 지원자가 그 사항들을 고려할 수 있도록 한다.
- 각 업무에서 요구하고 있는 자격 및 책임 사항들에 대해서 알려 준다.
- 면접자는 자원봉사 지원자에게 앞으로 참여하게 될 자원봉사 업무에 대해 필요한 정보를 알려 주어야 하며, 동시에 자원봉사 지원자의 다양한 질문에도 성실하게 응답해야 한다.
- 각각의 자원봉사 업무들이 그 기관과 서비스 대상자에게 얼마나 필요하며 중요한지를 반드시 설명해야 한다.
- 자원봉사 지원자를 적절한 업무에 배치하기 위해 그들에게서 수집된 정

보들을 선택적으로 분류한다.

- 동일한 자원봉사 업무에 여러 명의 지원자가 있을 경우, 가장 적절한 사람을 선정하기 위해 개별적으로 핵심적인 질문을 해 보아야 한다.

또한, 면접 시 다음과 같은 사항에 대해서 주의하여야 한다.

- 편견과 선입견을 가지지 않도록 주의해야 한다. 자원봉사 지원자의 연령, 성별, 신체 조건, 소속이나 경력 등을 차별하지 않는다.
- 자연스럽고 편안한 말씨로 누구나 쉽게 이해할 수 있는 용어를 사용한다.
- 사적인 질문은 피한다. 지원자의 사생활과 관련이 있는 질문은 하지 않으며 어쩔 수 없이 알게 된 지원자의 사적인 비밀 등은 누설하지 않도록 유의해야 한다.
- 자원봉사 지원자가 무리한 요구를 할 경우, 무례하지 않고 분명하게 지원자의 마음이 상하지 않도록 정중하게 거절해야 한다(오영수, 2015).

(4) 4단계: 면접 종결

면접의 종결은 간결하면서도 유쾌하게 이루어져야 한다. 우선 면접을 통해 교환한 내용을 서로 재검토하고 요약하는 것이 좋으며, 이후의 절차가 어떻게 이루어질 것인지 정리한다. 이 단계에서는 면접을 통해 알게 된 사실을 다시 한 번 간단히 요약하고, 자원봉사관리자와 지원자가 서로 같은 내용으로 인지하고 있는지도 확인한다.

또한 근무시간, 교육이수, 업무기록, 비밀보장 등과 같은 업무조건에 대해 논의함으로써 기관이 그들에게 요구하는 것이 무엇인지 알게 한다. 면접을 마칠 때는 지원자에게 가능한 업무를 제안하거나 지금은 그들에게 적합한 업무가 없다는 것을 공손하게 설명한다. 마지막으로 면접을 위해 방문 또는 전화에 응해 준 것에 감사 표시를 한다. 면접을 마쳤을 때 자원봉사 지원자가 조직에 대해 신뢰를 갖고 유쾌한 기분으로 돌아갈 수 있도록 최대한 노력한다.

면접을 할 때 주의사항은 다음과 같다(볼런티어21, 2004: 102-104).

• 전화나 온라인 신청만으로 배치하는 것은 위험하다.
• 모든 질문은 자원봉사 지원자의 입장에서 해야 한다.
• 거절은 명확하고 정직하게, 그러나 주의 깊게 해야 한다.
• 서비스 대상자의 안전을 고려해야 한다.

이 장에서는 자원봉사자의 모집과 선발 면접과정을 살펴보았다. 자원봉사자는 다양한 경로를 통해 모집되고 있다. 그러나 자원봉사자 모집에서 가장 좋은 방법은 자원봉사자의 입과 입을 통하여 모집하는 것이다. 다시 말하면, 자원봉사자가 자원봉사자를 모집해 오는 방법이다. 이는 비교적 자원봉사자를 잘 활용하는 기관에서 적용하는 방법이기도 하다.

또한 면접과정에서 가장 중요한 점은 기관이나 시설에 맞지 않는 자원봉사자가 있을 경우 처음부터 다른 기관이나 시설로 의뢰하는 것이다. 자원봉사자를 모집하여 놓고 그들에게 제공할 일거리가 없다면 그것처럼 어려운 일은 없기 때문이다.

제8장

자원봉사자 교육훈련과 배치

1. 자원봉사자 오리엔테이션

오리엔테이션은 자원봉사자들이 조직과 명확한 관계를 갖도록 하기 위한 준비과정으로서 조직과 자원봉사자 사이에 유대를 형성하는 역할을 한다. 오리엔테이션은 조직의 목적, 조직의 자원봉사 관리체계, 조직의 사회적 관계에 관한 내용으로 구성된다(McCurley & Lynch, 1996). 이는 초기의 자원봉사 교육에 반드시 필요한 요소다.

조직의 목적에 관한 오리엔테이션은 '왜 나는 여기서 자원봉사활동에 참여해야 하는가'에 대한 설명이 필요하다. 이를 위해서는 조직의 사명과 목적, 대상자 집단은 어떻게 구성되어 있는지, 조직의 역사, 조직의 프로그램과 서비스, 본 조직과 비슷한 분야에 있는 다른 조직, 타 조직과의 차별성 그리고 조직의 장래 계획에 관한 내용을 소개한다. 이와 같은 설명이 있은 후에 그룹으로 나누어 참가자들끼리 토론을 통해서 학습하면 더 효과적이다.

조직의 자원봉사 관리체계에 관한 오리엔테이션은 '어떻게 내가 여기서 활동할 것인가?'에 관한 것으로써 조직의 구조와 프로그램, 각 자원봉사자가 해당 프로그램에 대한 기여활동 내용, 자원봉사자에 관한 정책과 절차, 시설과 장비, 자원봉사자 자격조건과 혜택 사항, 기록유지, 예상되는 훈련 지원 감독 및 평가에 대한 정보 그리고 조직의 활동과 주요 행사 일정에 대한 소개와 토론을 포함한다(Curtis & Noble, 1933). 이는 자원봉사자들에게 조직을 소개하고 그들이 조직의 과정에 어떻게 조화를 이루어 나갈지를 이해하게 하는 데 목적이 있다.

사회적 관계에 관한 오리엔테이션은 '어떻게 나는 다른 사람들과 조화를 이룰 것인가?'에 관한 것으로 조직의 리더십에 관한 소개, 직원과 현 자원봉사자들의 환영, 그리고 조직의 문화와 예의에 관한 설명을 포함한다(신승연, 2004; 김범수 외, 2018). 이것은 자원봉사자들이 누구와 함께 일을 하게 될 것인지를 보여 주며, 조직 내로 그들을 환영하려는 목적을 갖는다.

이처럼 자원봉사자와 첫 만남에서 오리엔테이션은 매우 중요하다. 그리고 '어떻게 나는 다른 자원봉사자와 인간관계를 해 나갈 것이지'에 관한 준비도 필요하다. 그리고 직원과 인사, 참가 자원봉사자들 소개 인사, 그리고 조직의 문화와 예의에 관한 설명이 중요하다.

2. 자원봉사 교육훈련의 유형과 방법

1) 자원봉사 교육훈련의 정의

자원봉사 교육훈련이란 자원봉사의 개념을 이해하며 가치관과 태도를 형성하고 활동에 필요한 지식과 기술을 습득하는 과정이다. 또한 교육을 통하여 자원봉사자의 역할과 업무를 효과적으로 수행할 수 있는 역량을 강화, 자질을 향상시키는 과정이다. 그리고 교육과정을 통하여 자원봉사활동에 참여하도록 동기를 부여하고 자원봉사활동에 참여하고 있는 사람들이 지속적으로 활동할 수 있도록 지원하는 과정을 말한다. 자원봉사 교육훈련을 통해 자원봉사의 가치와 소양을 갖게 되고 자원봉사자로 하여금 사회적 책임을 성실히 이행하는 계기가 된다. 특히, 청소년에게는 자원봉사 교육훈련이 자원봉사활동과의 첫 만남이어서 생애기간 동안 교육의 의미는 매우 중요하다.

2) 자원봉사 교육훈련의 역할

자원봉사에 관심을 갖고 있더라도 처음으로 활동에 참여하는 사람은 아직 자원봉사가 무엇인지 잘 모르고 낯설기만 하다. 그들은 무엇을 어떻게 시작할까 고민하면서 자원봉사기관에 문을 두드렸을 것이다.

자원봉사에 참여하는 이들에게 다음과 같은 자원봉사자 교육훈련을 통하여 이해도를 높일 수 있다.

- 기관에 대한 설명과 연혁, 시행사업을 설명하고, 자원봉사자가 하게 될 일에 대한 지침 등을 설명한다. 이를 통해 자원봉사자는 활동할 기관에 대해 신뢰하고 막연하게 생각하던 자원봉사에 대해 확신을 갖게 된다.
- 자원봉사의 가치에 대해 좀 더 포괄적으로 이해하게 되고, 바람직한 자원봉사자의 자세를 형성하게 된다.
- 자원봉사에 필요한 기술을 배움으로써 전문적인 자원봉사활동을 하게 된다.
- 자원봉사 사례발표나 동향에 대해 들음으로써 자원봉사자로서의 사명감을 얻게 된다.
- 다양한 자원봉사 프로그램에 대한 소개를 통해 자원봉사자는 자신에게

맞는 활동을 찾게 되며, 지속적인 자원봉사활동을 할 수 있게 발전하게
된다.

자원봉사자 교육훈련은 한 사람의 진정한 자원봉사자를 성장시키는 과정
에서 중요한 역할을 하며, 자원봉사자에게 동기를 부여하고 활동을 원활하
게 하는 윤활유 역할을 한다. 또한 자원봉사를 모집하고 면접·배치한 다음,
자원봉사활동 시작과 함께 이루어지는 첫 번째 관리과정이기도 하다.

따라서 자원봉사관리자는 자원봉사자 교육훈련이 갖는 다양한 의미와 역
할을 이해하고 필요성을 파악하여 목적이 분명한 자원봉사자 교육훈련을 준
비하고 진행하는 데 역점을 두어야 한다. 자원봉사관리자는 항상 무엇을 위
한 교육인지를 명백히 이해하고 있어야 한다(볼런티어21, 2004).

3) 효율적인 교육훈련 방법

자원봉사자를 교육훈련시키려고 할 때 자원봉사자의 학력이나 연령, 배경
등이 거의 다르므로 훈련계획을 세우는 데는 여러 가지 어려운 점이 있기 마
련이다. 그들을 훈련시킬 때 유의해야 할 사항은 일부 자원봉사자는 자신의
시간을 교육이나 훈련에 투자하는 것을 싫어한다는 점이다.

그러나 한 가지 중요한 점은, 미국 『사회복지 백과사전』에도 명시되어 있
듯이, 자원봉사자도 소정의 교육과정을 이수해야 자원봉사자가 될 수 있다
는 점이다. 즉, 교육·훈련을 받지 않은 자들은 자원봉사활동 신청자일 뿐이
지 자원봉사자는 아니라는 점이다.

또한 그들이 교육훈련 후 몇 개월 동안 자원봉사활동을 할 수 있느냐 하는
것도 감안해야 한다. 미국에서는 자원봉사자의 봉사 참여기간을 평균 6개월
에서 1년 정도로 잡고 있다. 즉, 6개월 정도 참여했을 때 자원봉사경력으로
인정하는 것이 암묵적으로 활용되고 있다.

그들의 봉사기간이 짧다고 해서 훈련을 시키지 않을 수는 없다. 김영호 (1997)는 자원봉사자 교육훈련에 대해 다음과 같은 5단계를 제시하고 있다.

- 제1단계 만남과 인식 단계: 시청각교육, 장애인 체험(역할극), 소집단을 통한 만남의 장을 마련하는 단계다.
- 제2단계 상호 간의 관심 단계: 1단계에서 느낀 점을 토의함으로써 회원 상호 간에 자기 성찰과 깨달음의 기회를 갖게 하는 단계다. 또한 다른 사람과 사회문제에 대한 관심을 갖게 한다.
- 제3단계 문제 발견 및 협의 단계: 회원들이 협의과정을 통하여 인간의 삶의 의미를 깨닫고 가정과 지역사회 문제를 발견하고 자신이 할 수 있는 실천과제를 협의·모색하는 단계다.
- 제4단계 문제해결을 위한 계획과 실천(생활) 단계: 자원봉사자가 실천해야 할 과제를 스스로 선택하고, 선택과제를 계획적으로 실천하면서 문제해결과 예방을 위해 연구·논의하며 실천계획을 세우고 생활체험을 하는 단계다.
- 제5단계 연구·발전 단계: 실천을 통하여 변화된 결과를 파악해 보고 가족들과 지역사회 주민(기관)이 더불어 연구하고 발전하는 단계다.

이러한 5단계를 통한 교육방법은 매우 바람직한 방법이기는 하지만 시간이 많이 소요되는 단점이 있다. 여건만 주어진다면 이러한 방법을 택하여 교육하는 것이 좋을 것이다. 그러나 대부분의 자원봉사교육은 자원봉사에 관한 기초 강의, 사례발표, 오리엔테이션 등으로 이루어지고 있으며, 일반적인 교육내용은 다음의 내용을 포함하면 바람직할 것이다.

(1) 사회문제에 관한 이해

대부분의 NGO는 사회문제를 예방하거나 해결할 목적으로 설립되어 있다. 그러나 점점 증가하고 있는 사회문제를 적은 수의 기관들로 모두 감당하기는 매우 어렵다는 사실을 자원봉사자에게 인식시켜야 한다.

이러한 내용을 통하여 자원봉사자로 하여금 자발적으로 기관 내 사업에 참여할 수 있도록 동기부여를 해 주는 교육이 필요하다. 따라서 자원봉사자로 하여금 기관의 사업을 이해하고, 자원봉사자의 역할이 사회문제를 해결할 수 있다는 것 그리고 준전문가(para-professional)로서 참여하는 일이라는 긍지를 심어 주어야 한다.

(2) 자원봉사에 관한 이론과 실제교육

자원봉사활동의 필요성, 자원봉사의 역사, 자원봉사의 정의, 전문직원과의 관계, 대상자와의 관계, 자원봉사자의 역할 등을 교육하여야 한다. 자원봉사자가 어느 한 분야에서는 전문가일 수도 있지만 일단 봉사활동에 참여한 이상 소속된 기관이나 단체의 보완적인 역할을 하는 자원봉사자로서의 역할을 수행할 수 있도록 하는 교육이 필요하다. 또한 자원봉사활동에 관한 경험담 및 소집단 토의방법을 통한 교육내용이 포함되면 효과적일 것이다.

(3) 기관 및 자원봉사활동에 대한 오리엔테이션

훈련과정 가운데 봉사할 기관에 대한 오리엔테이션 과정에서 자원봉사자에게 기관의 사명을 인식시켜야 한다. 오리엔테이션에서는 첫째, 기관의 설립목적 및 연혁, 둘째, 기관의 조직, 사업내용, 재정관계, 셋째, 기관과 지역사회의 관계, 넷째, 이사회의 운영 및 의사결정의 단계, 다섯째, 자원봉사자의 역할 및 업무에 관한 보고기록 등을 설명한다.

이와 같은 교육내용은 어느 기관에서나 훈련시켜야 할 필수 사항이며, 기관의 성격이나 프로그램에 따라 훈련 내용 및 과목을 보충해야 할 것이다.

훈련은 단시일 내에 집중적으로 하는 방법이 이상적이다. 일부 상담기관의 자원봉사 교육내용은 90% 이상이 상담에 관한 전문교육을 실시하는 데 할애

한다. 대부분의 자원봉사교육은 전문적인 강사 교육과 토론식으로 진행하는 것이 바람직하다. 자원봉사에 관한 슬라이드나 영화를 제작하여 교육하거나 실제 프로그램을 역할극 형식으로 시범을 보여도 매우 효과적일 것이다.

또한 일정 기간의 훈련을 수료한 이들에게 보충교육의 하나로 평가회, 소집단 모임을 활성화하는 것이 바람직하다. 또한 재교육, 보수교육 기회도 정기적으로 갖는 것이 중요하다. 이렇게 함으로써 양질의 서비스는 물론 그들의 업무능력을 증진할 수 있을 것이다.

(4) 자원봉사자 담당직원 교육

자원봉사활동 기관의 대표자와 담당직원(volunteer coordinator)은 자원봉사 업무에 관한 행정적인 절차나 지원에 관해서도 항상 관심을 가져야 한다. 자원봉사자들을 지도하는 데 필요한 관리에 관한 이해 그리고 자원봉사자의 잠재력과 문제의식을 자극시켜 자원봉사 프로그램을 통하여 자기 성취감을 맛볼 수 있게 하기 위한 계속적인 연구가 필요할 것이다(김범수, 신원우, 2006).

3. 자원봉사 교육훈련의 종류와 개발과정

1) 교육훈련의 종류

자원봉사 교육훈련은 내용 면에서 크게 시민참여에 대한 이해와 자질, 자원봉사의 의미, 필요성 등을 증진시키기 위한 가치교육과 자원봉사자의 해당 업무수행(수화, 상담, 문화해설 등)에 필요한 기술교육으로 구분할 수 있다.

(1) 오리엔테이션

자원봉사, 자원봉사활동기관에 대한 정보를 제공해 주고 자원봉사활동에 대한 이해를 돕는 교육을 한다. 이는 조직의 일원으로서의 소속감을 주는 중요한 요소이기도 하다.

- 기관에 대한 설명: 연혁과 조직, 사명 등
- 기관의 주요 사업과 도움 수요자에 대한 설명
- 기관이 지역사회 또는 다른 기관과 어떻게 관련을 맺고 있는지에 대한 설명
- 기관의 주요 직원(업무와 관련된 직원 등) 소개
- 자원봉사 프로그램에 대한 설명
- 기관의 연간 행사계획
- 기관의 방침과 업무수행에 따른 지침서: 보고 · 평가 및 관리체계, 기록으로 남겨 두어야 할 사항, 스케줄 변경과 결석을 알리는 방법, 개별적인 자원봉사 업무 설명, 봉사활동평가와 재검토 체계에 대한 설명
- 시설 이용에 대한 정보 제공: 사무실 배치, 전화, 화장실, 주차, 식사, 음료 등
- 자원봉사자에게 주어지는 혜택
- 자원봉사자 교육시간표
- 성장과 업무개발을 위한 기회
- 응급상황 시 취해야 하는 절차

(2) 기초교육

기초교육에서는 다음과 같은 내용이 필요하다.

- 시민사회와 자원봉사의 이해
- 자원봉사의 특성 및 필요성
- 자원봉사자의 역할과 자세

- 자원봉사의 활동 사례
- 자원봉사 활동 분야

자원봉사 교육대상의 특성에 따른 유의 사항(행정안전부, 2008)

- 청소년: 봉사학습을 중심으로 시청각 자료와 게임 등의 놀이 활동 활용
- 주부: 여성의 사회참여 중요성, 자녀교육 등 여성들의 관심사를 반영
- 노인: 고령화 사회에서 노인의 사회참여의 의미, 건강과 자원봉사, 행복한 노후 생활 등을 주요 내용으로 구성
- 가족: 부모, 자녀 등의 다양한 연령층을 고려하여 참여와 협동을 유도할 수 있는 형태로 구성하고, 가족 구성원이 교육 및 활동에 참여할 수 있는 시간 등을 고려하여 기획
- 직장인: 직장생활에 활력을 주는 자원봉사, 자원봉사활동의 가치와 자기 개발 등을 주요 내용으로 구성하고, 교육 및 활동에 참여할 수 있는 시간 등을 고려하여 기획

(3) 업무교육

자원봉사자에게 업무와 관련된 기술과 특정 업무수행에 필요한 행동들을 가르쳐 주는 것이다. 업무교육 시에는 현장에서 활동중인 관리자의 현장감 있는 교육과 경험이 있는 선배 자원봉사자의 교육이 도움이 된다. 주요 내용은 다음과 같다.

- 특정한 업무를 어떻게 수행할 것인가?(구체적인 원리와 기술)
- 해서는 안 되는 일들은 어떤 것인가?
- 위급한 경우나 예기치 않은 일이 발생하면 어떻게 처리할 것인가?
- 활동 분야별 사례 발표

(4) 재교육

현재 활동 중인 자원봉사자를 대상으로 기능을 강화하는 등 전문성을 제고할 목적과 자원봉사자에 대한 정보 파악, 활동자 간의 상호 유대 형성, 봉사자로서 자긍심 강화, 마음가짐 새롭게 하기 등을 통한 자원봉사자 사후관리에 중점을 두고 교육을 실시하여 보다 지속적인 활동을 할 수 있는 동기를 부여한다. 또한 타 기관의 자원봉사활동 견학의 기회를 가짐으로서 견문을 넓히고 동시에 소속기관에 대한 소속감을 강화할 수 있다. 주요 내용은 다음과 같다(볼런티어21, 2004: 112-115).

- 자원봉사자로서의 의욕을 강화하며 자질을 향상시킬 수 있는 내용
- 자원봉사활동에 대한 새로운 이론과 흐름, 추세에 대한 내용
- 자원봉사에 대한 정보 제공(현재 자원봉사자 수, 지역사회에서 이루어지는 다양한 자원봉사활동, 자원봉사 모범사례 등)
- 의사소통, 갈등관리 등
- 다른 자원봉사 활동처 견학 및 교류

(5) 자원봉사 활동처 및 지도 관리자 교육

현재 활동 중인 자원봉사자, 활동을 준비하는 자원봉사자의 효과적인 활동을 위해서는 자원봉사관리자의 역량이 강화되어야 한다. 관리자의 지도력, 전문성은 자원봉사활동을 유지하도록 하는 데 중요한 역할을 하므로 정기적인 관리자 보수교육을 통하여 역량강화에 주력하여야 한다.

자원봉사자는 담당 관리자의 수퍼비전을 통해 자원봉사활동을 유지하는 힘을 얻을 수 있기 때문에 자원봉사관리자가 능력을 향상시키기 위한 노력은 자원봉사자 관리 차원에서도 중요한 요인이 된다(이병순 외, 2010).

지금까지 자원봉사자의 교육내용에 대해서 중요한 내용을 중심으로 살펴보았다. 한 가지 유의하여야 할 점은 자원봉사 교육이란 이러한 공식적인 교

육을 통해서만 이루어지는 것은 아니다. 자원봉사 교육이란 자원봉사활동에 참여하면서, 서로 간에 다양한 격려 메시지를 듣고 말하면서 이루어진다. 또는 일정기간 자원봉사활동이 종료되었을 때 차를 마시면서 일대일 또는 집단으로 이야기를 나누면서 다양한 비공적인 수퍼비전과 교육이 이루어져 나가야 할 것이다.

2) 교육 훈련 개발과정

교육훈련 개발과정은 5단계, 즉 계획수립, 홍보와 참가자 모집, 사전준비, 실행, 평가로 나눌 수 있다.

(1) 1단계: 계획수립

교육훈련의 계획수립은 왜, 누구를 위해, 무엇을, 어떻게 전달할 것인가를 결정하는 과정이다. 교육훈련 계획에 교육이 실제로 진행되는 과정에서 발생하는 예측 불가능하고 상호작용적인 모든 요소가 다 포함되기는 어렵지만, 목표를 달성하기 위해서 어떠한 내용을 어떻게 조직하는가를 결정하는 것이다.

교육 프로그램의 계획을 수립할 때는 다음과 같은 기본적인 요소들을 고려하여야 한다.

- 목표: 교육에 참여함으로써 참가자가 알게 되거나, 할 수 있거나, 느껴지는 무엇을 기술한 것이다. 목표 설정을 위해서는 누가, 어떻게, 무엇을 달성하게 되는가에 대한 명확한 규정이 필요하다.
- 참가 대상: 누가 이 교육에 참가할 것인가, 누구를 위해 마련된 내용인가를 명확히 해야 한다. 즉, 지역사회 기관 및 단체의 직원을 위한 것인지, 임원진을 위한 것인지, 자원봉사자를 위한 것인지 등에 대한 규정을 분

명히 해야 한다.

- 주요 내용: 교육의 목표와 참여시킬 대상이 정해졌다면 구체적으로 전달하고자 하는 내용을 고민해야 한다. 이를 위해서는 참가자의 관심과 기술, 지역사회에 대한 관점, 현재 가지고 있다고 판단되는 지식의 수준 등에 대한 이해가 필요하다. 그러므로 참가가 예상되는 참가자들에게 면접 또는 설문지를 이용한 사전조사를 실시하고, 실제 교육 후 참가자들이 작성한 교육평가서 등을 바탕으로 교육계획에 반영한다.

- 예산: 교육훈련을 진행하는 데 필요한 수입과 지출 내용을 반영한 예산을 수립한다. 지출에는 교육장소 대여료와 강사료, 교재 제작비, 다과비, 진행 및 행정비, 숙박비 등의 기타 경비가 포함될 수 있다.

- 전달방법: 교육훈련의 실행에서 전달방법은 참가자의 만족도에 큰 영향을 미친다. 똑같은 내용을 전달하더라도 누가, 어떤 형태(예: 강의, 워크숍, 집단활동 등)로, 어떤 교재 및 교구를 사용하는지에 따라 참여자의 느낌과 만족에는 큰 차이가 있기 때문이다. 그러므로 전달하고자 하는 교육내용에 대한 충분한 지식과 전달기술을 가진 강사를 선택하고, 워크숍과 같은 참여학습을 통해 참가자들을 적극적으로 개입시킨다. 또한 파워포인트, 비디오 자료와 같은 시청각 자료를 적극 활용한다.

- 평가: 처음에 계획한 대로 교육과정이 진행되고 교육의 궁극적인 목표들이 달성되었는지를 점검하는 것이다. 이를 위해서는 명확한 교육목표를 설정하고 교육 실시 후에 그 결과를 측정 가능한 도구로 점검해야 한다. 흔히 사용하는 방법은 평가서 작성과 평가토론회(간담회) 등이 있다.

- 기타: 그 밖에 교육훈련을 실시하기 위해서는 다음의 내용을 계획할 필요가 있다.
  - 실시 시기와 기간: 주요 참가대상의 업무와 소재지 등을 고려하여 정해야 한다.
  - 교육장소: 참가자가 찾아오기 용이한 지리적 위치에 있는 장소를 선

택해야 한다.

  - 참가인원: 교육 목표와 내용, 형태에 적합한 규모를 미리 정해 두어야
    한다.

(2) 2단계: 홍보와 참가자 모집

전달하고자 하는 교육 내용과 목표에 맞는 참가자를 모집한다. 이를 위해서는 목표로 한 참가 대상자들에게 효과적으로 전달될 수 있는 홍보 방법 및 수단을 선택하는 것이 필수적이다. 예를 들어, 교육 대상자가 지역사회 기관 및 단체의 직원이라면 우편발송이나 팩스, 전자우편 등을 이용하여 교육훈련이 실시된다는 것과 장소, 내용, 필요성 등을 전달하는 것이 좋다. 이와 달리 지역 주민 혹은 자원봉사자를 대상으로 한 교육이라면 지역신문이나 라디오, TV, 포스터 등의 홍보매체를 선택하는 것이 좋고, 더 적극적으로는 자원봉사자의 모임, 반상회와 같은 주민모임에 직접 참여하여 홍보하는 것이 효과적일 것이다.

단, 참가자를 모집할 때에는 교육내용과 형태, 교육효과 등을 고려하여 적정한 참가인원을 미리 정하는 것이 바람직하며, 모든 형태의 모집 안내문에는 반드시 신청기간과 신청방법, 담당자가 눈에 띄게 명시되어야 한다.

(3) 3단계: 사전준비

교육훈련을 실제로 실행하기 이전에 준비해야 할 사항들은 다음과 같다.

- 장소 선정: 미리 예상하고 계획한 교육인원을 수용할 수 있으며, 참가자들이 찾아오기 쉬운 지리적 위치에 있고, 진행 형태에 따라 집단 토의나 토론이 가능하며, 정해진 예산 내에서 선정한다. 장소 섭외에 소요되는 기간을 생각해 최대한 빨리 시작하는 것이 좋다.
- 강사 섭외: 강의내용을 충분히 파악하고 이에 적합한 강사를 섭외하는

것이 중요하며, 처음 섭외한 강사가 거절할 경우를 대비해 예비자 목록을 만들어 두는 것도 좋다. 강사 섭외 시에 전화나 공문, 전자우편 등을 적극 활용하여 명확한 강의 의뢰서를 보내야 한다. 또한 강사가 사용하고자 하는 교육기자재도 미리 확인해 두어야 한다.

- 교재 준비: 교육일정과 강사의 강의자료가 담긴 교육 자료집을 인쇄하고, 가능하다면 교육훈련 패키지를 만들어 사용하는 것도 좋다.
  - 교육훈련 패키지에는 기관을 소개하는 팸플릿이나 소책자, 소식지, 교육일정 및 참가자 명단, 강의자료, 기타 참고자료, 평가서 등의 내용이 들어가야 한다.
- 교구 준비: 교육 내용에 따라 사용하게 될 기자재는 미리 대여해 두거나 확보해 두고, 교육장에서 반드시 사전 점검을 해 봐야 한다.
- 일정 홍보: 참가 신청자 및 강사들에게 교육훈련이 시작된다는 사실을 상기시켜 준다. 교육이 실시되기 2~3일 전에 참가자에게 안내문을 보내는 것이 좋다. 교육훈련이 시작되는 당일에는 참가 유무, 도착시간에 변동이 없는지 점검한다.

(4) 4단계: 실행

교육훈련을 실행하기 위해서 당일에 준비하고 점검해야 할 사항은 다음과 같다.

- 장소 점검: 준비사항 점검 목록을 만들어 다음과 같은 사항을 확인한다.
  - 교육장을 반드시 미리 둘러보고 조명 상태와 책상과 의자의 수, 전기 코드의 위치 등을 점검한다.
  - 참가자 모두가 의사소통하기 쉽고 시청각 자료를 보기 쉽도록 의자나 책상을 배열한다.
  - 화이트보드와 보드마커, 차트 등의 준비 상황을 점검한다.

- 자원봉사센터 팸플릿과 배지, 소식지 등의 홍보물을 정리하여 눈에 띄게 배열한다.
- 강사의 위치 및 음향시설을 점검한다.
- 강사가 사용할 비디오와 PPT 등의 기자재를 설치하고 시험 작동해 본다.
- 교육장의 냉난방 및 통풍 상태를 점검한다.
- 유인물과 이름표 등을 나누어 줄 수 있는 접수 및 등록대를 설치한다.
- 간단한 다과와 음료를 위한 탁자를 준비한다.
- 준비물 점검: 이름표, 교육수료증, 장소 안내표지판, 음향 기자재, 카메라, 음료 및 다과, 필기구 등 진행에 필요한 준비물을 점검한다.
- 접수 및 등록: 환영하는 인사말을 나누어 참가자가 편안하게 느끼도록 하고 교육 교재와 이름표, 기타 유인물을 교부한다. 이와 함께 교육장 내의 화장실, 다과대, 흡연장소, 주차장 사용 등에 대한 정보를 숙지하고 있다가 그에 대한 정보를 제공하며 좌석을 안내한다.
- 진행: 실무자가 가장 놓치기 쉬운 부분 중에 하나가 교육 진행 부분이다. 교육 진행 시 전체 교육을 기획하고 준비해 온 실무자의 역할은 어느 때보다 크다. 교육에 앞서 참가자의 분위기를 환기하고 강의를 시작할 수 있는 분위기를 잘 만들며, 강사를 소개하고 교육생의 반응을 적절히 강사에게 피드백하는 등 교육에 계속 참여하여 적극적인 역할을 수행해야 한다. 때로는 강의시간을 조정하고 강조해야 할 부분을 강사에게 제안할 필요도 있으며, 워크숍을 진행할 때는 보조강사의 역할도 해야 한다. 이처럼 교육 진행자의 역할에 충실했을 때 교육은 그 목표에 더욱 가깝게 진행될 수 있으며, 이후 평가과정에서도 객관적이고 질적인 평가가 가능하게 된다.

(5) 5단계: 평가

계획된 교육훈련 과정이 모두 끝나면 그 결과를 평가해야 한다. 평가의 목적은 교육훈련의 목표가 얼마나 달성되었는가를 점검하고, 이를 바탕으로 향후 이루어질 교육훈련의 질적 향상을 도모하는 데 있다. 교육훈련 평가에 흔히 사용되는 방법과 평가 시 포함되어야 할 내용은 다음과 같다.

- 평가방법: 평가설문지와 자유토론 등으로 참가자의 반응과 의견을 듣는다. 그리고 교육훈련에 참여한 직원이 모여 교육훈련의 계획부터 준비사항, 진행과정 등에 대해 꼼꼼히 점검한 후, 이를 참가자의 반응과 비교해 본다. 한편으로는 교육훈련에 투입된 예산액과 달성된 목표를 비교해 비용효과성을 점검한다.
- 평가내용: 교육목표에 대한 달성도를 파악한다.
  - 교육내용에 대한 이해도 평가
  - 교육방법 및 진행기술에 대한 평가: 참가인원, 강사, 교육방식(강의식, 토의식, 발표식 등), 교육장소 및 자리 배치, 시간 및 순서 배치, 교육교재 및 기자재, 편의시설(장소의 지리적 위치, 화장실, 식수, 다과 등)에 대한 적절성 등
  - 교육환경에 대한 평가
  - 참가자의 자기평가: 교육 참여도에 대한 평가, 참가자 간의 상호 네트워킹, 피교육자의 반성과 앞으로의 계획, 필요로 하는 교육영역 등에 대한 의견 수렴 등
- 평가시기: 반드시 교육이 모두 끝난 후에만 교육평가를 실시할 필요는 없다. 교육 중 수시평가를 통해서 참가자의 반응과 교육효과를 측정할 수 있다. 특히 장기간 실시하는 교육이나 숙박교육 등의 경우는 수시평가를 통해 다음 교육과정 중에 그 내용을 반영하는 것이 필요하다.
- 평가원칙: 평가의 원칙으로는 타당성, 신뢰성, 객관성, 실천성 등이 고려

되어야 한다(볼런티어21, 2004: 116-123).

　　지금까지 자원봉사의 교육과 내용을 살펴보았다. 그러나 자원봉사자에 대한 교육은 기관의 상황 실정에 따라 매우 다양하게 전개된다. 또한 참가 대상이 학생층에서 노년층에 이르기까지 매우 다양하며 교육에 대한 욕구도 매우 다르다. 따라서 각 기관에서는 교육계획표를 연간 및 월별로 작성하여 추진해 나가는 것이 바람직할 것이다.

　　또한 자원봉사교육은 크게 계획, 실천 및 평가로 나누어 진행할 수도 있다. 그러나 자원봉사교육 과정에서 가장 중요한 것은 홍보와 사전준비 과정이라고 할 수 있다. 그리고 사전준비 과정에서 빼놓을 수 없는 것은 동료직원에게 자원봉사교육의 필요성을 알리고 동의를 구하는 일이다. 자원봉사교육은 일부 담당직원에 의해서만 이루어지는 교육이 아니다. 교육을 잘해 놓고도 일부 직원이 자원봉사에 관한 이해를 잘못하여 자원봉사자를 중도 탈락시키는 경우가 많기 때문이다.

4. 자원봉사자의 활동배치

　　자원봉사자를 모집하기 전에 자원봉사자를 어떻게 홍보 · 모집하고 훈련 · 교육 · 배치 등에 관한 프로그램을 기획한다. 그리고 기획한 순서에 따라 자원봉사자를 활용하는 순서 절차를 밟아 나가야 한다. 그다음 중요한 것은 자원봉사자들이 활동할 수 있는 활동거리로 연계해 주는 작업이다. 따라서 자원봉사자를 홍보의 과정을 통해서 모집하기 전에 기획단계에서부터 자원봉사자들이 모집된 이후에 활동할 수 있는 장소 프로그램이 먼저 마련되어 있어야 한다. 자원봉사자 다수가 모집되어 교육훈련되었는데 활동할 수 있는 장이 마련되어 있지 않으면 매우 곤란하다.

간혹 자원봉사활동에 참여하고 있는 사람들이 자신의 사회적인 지위나 능력에 맞는 자원봉사 일거리에 연계를 부탁하는 봉사자도 있다. 때문에 자원봉사자에게 활동거리를 연계해 주면서 갈등이 일어날 수도 있다. 이러한 것을 방지하기 위해서 자원봉사 교육과 훈련을 시키는 과정에서 어떠한 봉사활동에도 연계가 될 수 있다는 것에 대해 설명할 필요가 있다.

모집된 자원봉사자의 관심, 동기, 흥미, 재능, 경험 등을 고려하여 적재적소에 배치하는 것은 매우 중요하다. 잘 이루어진 배치는 정확히 자원봉사자의 동기나 능력을 파악함과 동시에 봉사대상이나 업무에 관한 자원봉사 업무력과 실천력이 적절하게 조화를 이룰 수 있어야 한다. 활동관리자는 활동처에 대한 다양하고 자세한 정보를 바탕으로 모집된 자원봉사자를 효과적으로 배치하여야 한다(이병순 외, 2010).

자원봉사자 배치 시 자원봉사관리자가 자원봉사자와 함께 파악해야 할 여섯 가지 주의사항은 다음과 같다(조휘일 외, 2009 일부수정).

- 자원봉사자의 역할 설정을 명확히 한다.
- 자원봉사 활동일정(날짜 및 시간)을 확정한다.
- 기관의 위치 설명 및 찾아가는 길안내, 지도 등을 제공한다.
- 자신의 관리자 및 보고체계를 이해시킨다.
- 봉사대상자에 대한 사전 이해를 충분히 한다.
- 봉사활동에 관한 구체적인 내용을 설명한다.

자원봉사자가 참여하고자 하는 활동이 있는지, 참여경험이 있는 자원봉사활동이 있는지, 혼자하고 싶은지, 단체에 소속되기를 원하는지 등의 여러 가지 상호작용을 통하여 자원봉사자를 이해하고 배치하는 과정이 매우 중요하다.

자원봉사 수퍼비전과 활동관리

1. 자원봉사자에 대한 수퍼비전

1) 자원봉사 수퍼비전이란

자원봉사 지도감독(supervision)을 사회과학 학문 영역 중에서도 특별히 사회복지영역에서는 대부분 수퍼비전으로 사용하고 있어 이 책에서는 수퍼비전이란 용어로 사용하였다. 지도감독이라는 용어는 왠지 무겁게 와닿기 때문이다.

수퍼비전이란 누가 누구에게 지시를 내리고 감시하는 일이 아니다. 훌륭한 수퍼바이저는 자원봉사자의 업무가 매우 의미 있고 보람 있는 활동이라는 것, 그리고 자원봉사활동이 한 사람의 변화와 성장을 가져오고 개인적인 의미와 가치를 실현하며 사회적·정서적·지적 성장의 계기를 마련해 준다는 것을 잘 알고 있다.

자원봉사자에 대한 수퍼비전은 자원봉사자가 그 기관에서 담당한 역할을 잘 수행할 수 있도록 돕는다는 의미에서 매우 중요하다. 자원봉사자는 종종 수퍼비전과 평가를 두려워하기도 한다. 왜냐하면 그들은 수퍼비전을 '감시받는 것'으로, 평가를 '지적이나 판단을 받는 것'으로 생각하기 때문이다. 그러나 수퍼비전과 평가과정은 모두 사람들이 자신의 일을 잘할 수 있도록 정보와 피드백을 제공하기 위해 있는 것이다.

2) 자원봉사 수퍼비전의 필요성

수퍼비전이란 자원봉사자가 각 기관에서 담당하고 있는 역할을 잘 수행할 수 있도록 정보와 피드백 및 필요한 도움을 제공하고 효과적인 활동 관리체계를 수립하여 활동관리의 효율성을 높이는 일이다. 이를 위해서는 자원봉사자에게 지속적인 수퍼비전을 제공할 수 있는 체제를 갖추는 것이 바람직하다.

수퍼비전을 위해 필요한 요소는 첫째, 자원봉사자는 자원봉사관리자를 규칙적으로 만나 보고하고 이야기할 수 있어야 한다는 것이다. 이는 자원봉사자들로 하여금 자신의 업무가 자원봉사관리자가 시간을 내어 주의를 기울일 정도로 중요하다는 것을 느낄 수 있게 하며, 어려운 일에 처했을 때 자원봉사관리자를 찾아오게 한다.

둘째, 자원봉사자가 기관의 일을 하면서 동등한 위치를 갖고 있다고 느끼게 하는 것이다. 이는 의사결정 및 조직의 일상적인 활동에의 참여를 허락하고, 직원이 갖는 혜택(교육, 여행, 업무에 든 비용 상환, 적합한 직함)을 동등하게 갖게 하며, 개방되고 자유로운 대화를 보장하는 것이다.

셋째, 자원봉사활동의 진행과정을 점검하는 것이다. 이는 자원봉사자가 목표를 향해서 전진하고 있다는 것을 확실히 할 수 있다는 점에서 중요하다. 정기적인 진행보고서는 결과에 대해 기관이 진지하다는 것을 자원봉사자에게 보여 줄 수 있고, 허드렛일 등의 업무를 등한시하거나 업무를 미루는 것을 피할 수 있게 해 준다. 더 나아가 관리자로 하여금 아직 잘못을 바로잡을 수 있는 기회가 있을 때 문제를 발견하게 해 준다. 과정 보고를 할 때 주의할 점은 자원봉사자는 자신이 실제로 무엇을 했는지를 말하지 않고 자신이 한 일에 대해 자기 나름의 평가를 내리는 경향이 있으므로 관리자는 그가 생각한 대로 일이 되어 가고 있는지를 알아낼 필요가 있다.

넷째, 자원봉사자가 업무를 하고 싶어 하도록 업무에 대해 통제감을 느낄 수 있게끔 그들의 역량을 강화하는 기술이 필요하다(McCurley & Lynch, 1996; 신승연, 2004). 자원봉사자의 역량을 강화한다는 것은 자원봉사 업무수행 시 제한된 범위 내에서 결정할 수 있는 권한을 그들에게 줌으로써 더 자발적이고 독립적인 행동을 할 수 있도록 하는 것을 말한다.

3) 자원봉사자가 다른 자원봉사자에게 수퍼비전을 제공하는 방법

자원봉사자가 다른 자원봉사자에게 상호 수퍼비전을 제공하는 사례도 있다. 3~4년된 선배 자원봉사자가 후배 자원봉사자를 위해 수퍼비전을 제공하는 것이다. 이러한 리더십 역할을 새롭게 만들어 냄으로써 자원봉사 경험이 믿을 만하고 가치 있는 일이라는 것을 보여 줄 수 있다. 이러한 역할을 만들기 전에 동료 수퍼비전에 대한 기대와 그 절차를 구체적으로 정리한 직무설계서와 지침서가 만들어져야 할 것이다.

2. 자원봉사자와 일반 직원 수퍼비전의 차이점

1) 수퍼비전에 대한 기대

기관에서 자원봉사를 시작하기 전에 자원봉사자가 수퍼비전을 제공받게 된다는 것과 수퍼비전과 평가체계는 어떻게 이루어지는지에 대해 자원봉사자에게 미리 알려 줄 필요가 있다. 유급 직원은 자신이 기관에서 수퍼비전과 평가를 받게 될 것이라는 것을 당연히 예상하고 있지만, 자원봉사자는 그렇지 않을 가능성이 많아 나중에 수퍼비전과 평가에 대해 듣게 되면 당황하고 부담을 가질 수 있다. 그러나 자원봉사자는 이러한 수퍼비전과 평가를 받아 나가는 과정 속에서 자원봉사 프로그램이 매우 비중 있는 것이라는 것을 인식하게 된다.

2) 자원봉사자의 수퍼바이저

자원봉사자와 유급 직원 수퍼비전의 또 다른 차이점은 누가 자원봉사자의 수퍼바이저가 될 것인가 하는 것이다. 보통은 전반적인 자원봉사관리자보다는 자원봉사자와 직접 일하는 직원이 수퍼비전을 제공하도록 권장된다. 매일 이루어지는 자원봉사활동에 대한 수퍼비전과 관리에 책임이 있는 사람이 누구인지를 분명히 해야 한다.

3) 자원봉사자의 특수한 상황에 대한 이해

자원봉사자를 지도감독하는 직원은 자원봉사자의 특수성 때문에 일어나는 일(예: 다른 일로 부득이 하게 시간을 지키지 못하는 것)에 대해 유연하게 대처하여야 한다. 유급 직원에게는 자신의 업무가 우선이지만 자원봉사자에게는 자원봉사 업무가 그들의 다양한 생활 중에 하나이므로 우선순위에서 밀릴 수 있기 때문이다.

3. 자원봉사 중도탈락과 대응

1) 자원봉사자 수퍼비전에서의 주의사항

(1) 자원봉사자는 중요한 직원과 같다는 것을 인식하여야 한다

자원봉사자는 무급 활동가이지만 대부분의 조직이나 단체에서 중요한 '인력'이다. 조직과 기관의 일들은 유급 직원과 자원봉사자에 의해 행해진다. 자원봉사자도 유급 직원과 마찬가지로 생산적으로 일을 훌륭히 해내며 일을 통해 성장하는 계기가 주어져야 한다.

(2) 자원봉사자는 무상으로 주어지는 것이 아니다

자원봉사자에게 임금을 지급하지는 않지만 기관이나 조직에서는 자원봉사자가 생산적이고 효과적으로 일할 수 있도록 투자를 해야 한다. 자원봉사자 모집, 면접과 배치, 훈련과 평가 그리고 인정에는 실제로 비용이 들어간다. 또한 직원이 자원봉사자에게 시간을 많이 할애하여야 한다는 것을 기관 차원에서 이해하고 이를 위해 미리 계획해 두어야 한다.

(3) 수퍼비전은 관계를 맺고 유지하는 일이다

수퍼바이저는 자신이 지도감독하는 모든 자원봉사자들과 관계를 잘 맺고 유지해야 하는 책임이 있다. 훈련, 코칭 혹은 피드백을 주면서 관계를 맺게 되지만, 관계의 본질은 두 사람(복잡한 감정을 갖고 있는) 간의 일대일 관계다. 같이 일하는 상황에서의 좋은 관계란 상호 신뢰, 상호 존중 그리고 각자의 능력과 전문성에 대한 상호 인정을 말한다.

(4) 수퍼비전은 자원봉사 프로그램 운영과 깊은 관련성이 있다

수퍼비전은 직무설계, 면접, 훈련과 배치, 평가 그리고 인정과 구별되면서도 아주 밀접하게 연결되어 있다. 자원봉사 영역에서의 수퍼비전이란 자원봉사자가 봉사활동에 참여하면서 다양하게 직면하는 문제들을 대화나 조언을 통해서 풀어 주는 과정을 말한다. 따라서 자원봉사자가 다양한 프로그램에 참여할 수 있는 기회를 제공한다는 의미에서 매우 중요하다.

2) 자원봉사자에게 힘을 주고 역량을 강화하는 방법(볼런티어21, 2004: 176-178)

- 기관과 자신의 활동 분야의 사명에 대한 자신의 열정을 적극 표현한다.
- 자신의 유능함을 보여 주도록 한다.
- 자신의 집단 사람들을 개인적으로나 집단적으로 배려하는 태도를 보여 준다.
- 자원봉사자가 자신에게 늘 가까이 접근하기 쉽도록 배려한다.
- 일관성을 유지한다.
- 직무설계서를 작성하여 제시한다.
- 자원봉사자에게 최고 수준의 교육과 훈련을 제공한다.
- 자원봉사자의 활동에 대해 늘 피드백을 제공한다.
- 정보를 공유한다.
- 항상 감사의 마음을 표현한다.

3) 자원봉사자의 활동을 중단시키는 방법

자원봉사활동을 지속적으로 하게 하는 것도 중요하지만 경우에 따라서는 오히려 자원봉사활동을 중단시켜야 하는 사례가 발생하기도 한다. 자원봉

사자에게 일을 제공·참여하게 하는 것도 중요하지만 자원봉사자를 중도에 그만두게 하는 것도 매우 어려운 일이다. 이러한 종결은 음주나 비밀보장의 원칙을 어겼을 때, 또는 부적절한 행동을 하거나 일을 제대로 수행하지 못했을 때 필요하다.

자원봉사자를 그만두게 하는 것은 더 큰 문제를 발생시키기 전에, 혹은 그 자원봉사자와 일하는 사람의 사기 진작을 위해 필요하다. 그러나 자원봉사자에게 자원봉사 업무를 포기하게 하도록 결정하기 전에 관리자는 대안이 있는지를 고려해야 한다.

(1) '중도포기 또는 그만두게 하기'에 대한 대안들

① 자원봉사자 재교육

자원봉사자의 잘못된 행동 중 어떤 것은 자원봉사자에 대한 교육을 철저히 하지 못했기 때문에 생긴 것일 수도 있다. 이럴 때는 새로운 교육과정을 제공하거나 보다 광범위한 훈련을 필요로 한다.

② 자원봉사자에게 적절한 수퍼비전을 제공하기

간혹 규칙을 어기는 자원봉사자를 만나게 되면 규칙과 절차가 지켜져야 한다는 것을 일깨워 주어야 한다. 특히 청소년 자원봉사자 중에 이러한 경우가 많으며, 이들에게는 규칙과 절차를 단호하게 일깨워 주는 것만으로도 문제해결을 가져올 수도 있다.

③ 자원봉사자의 업무 재조정

자원봉사자의 업무가 잘못 배치되었을 때 자원봉사자와 직원 사이에 갈등이 발생할 수 있다. 어느 쪽도 잘못이 없으나 이러한 갈등이 야기되었다면, 이는 단순히 배치가 잘못되어 생기는 것일 수 있다. 이럴 때는 자원봉사자를 다른 직원과 함께 일하도록 하거나, 자원봉사자를 좀 더 적성에 맞는 업무로 재배치하여야 한다.

④ 자원봉사자의 재동기화

자원봉사자가 자신의 일에 싫증을 느끼거나 소진(burnout)하여 일에 대한 열의가 식을 때가 있다. 이럴 때는 자원봉사자에게 새로운 도전을 제시하거나 재충전을 위해 휴식을 취하도록 권유하는 것도 바람직하다.

⑤ 자원봉사자를 다른 기관으로 소개하기

자원봉사자의 배치에 문제가 생길 때 그의 재능과 관심이 좀 더 생산적으로 활용될 수 있는 다른 기관이나 시설로 자원봉사자를 배치함으로써 문제를 해결할 수 있다.

⑥ 자원봉사자가 명예스럽게 그만두도록 하기

어떤 자원봉사자가 기관에 몇 년간 봉사했는데 더 이상 기여할 것이 없다고 판단된다면 그에게 업적을 기리는 퇴임 파티를 열어 줌으로써 명예롭게 문제를 해결할 수 있다. 자원봉사자가 자신의 문제 때문에 그만두고 싶어 하지만 강한 의무감 때문에 그렇게 하지 못하고 있다면 이러한 명예로운 파티를 열어 줌으로써 그를 죄책감 없이 그만두게 할 수 있다.

(2) 활동 종결 인터뷰

활동 종결을 알릴 때는 다음과 같은 원칙을 따른다.

- 빨리, 명백하게 그리고 단호하게 말을 전할 필요가 있다.
- 활동을 종결시킨다는 사실을 알리되 논쟁은 하지 않는 것이 좋다. 활동 종결을 결정하기 전 이미 모든 사실을 알고 충분히 토론할 기회가 있었

기 때문이다.

- 상담하려고 하지 않는 것이 바람직하다. 상담은 대안적인 행동으로 이미 시도하였으므로, 그들이 관리자의 충고를 받아들일 것이라고 생각하지 않는 것이 좋다.
- 자원봉사자에게 서면으로 기관과의 관계 종결을 공식적으로 알릴 필요가 있다.

자원봉사자의 활동을 종결시키는 일은 즐거운 일은 아니지만, 문제행동을 하는 자원봉사자는 문제행동을 하는 직원과 마찬가지로 생산적으로 일하려는 다른 자원봉사자의 노력에 찬물을 끼얹는 결과를 초래할 수 있으므로 문제되는 자원봉사자에게는 반드시 조치를 취해야 한다(볼런티어, 2004: 183-186).

지금까지 살펴보았듯이, 자원봉사자가 기관에 필요하다는 이유로 모집에만 신경을 써서는 안 된다. 자원봉사자가 자원봉사 업무에 충실하지 못할 때 그들을 그만두게 할 수 있어야 한다. 그러나 자원봉사자를 그만두게 하는 데에는 고도의 관리기술이 필요하다. 적절한 언어와 시기, 자원봉사자 개인의 성격을 고려하여 판단한 후에 결정하여야 한다.

4. 자원봉사 갈등 및 위험관리

자원봉사자와 직원 간에 발생할 수 있는 갈등문제를 '생산적으로 해결'할 수 있는 과정을 배우는 것은 매우 중요하다. 많은 경우 관리자와 수퍼바이저가 직원과 자원봉사자 간의 갈등을 해소해야 할 때 갈등관리의 원칙을 적용하기 힘들어하고 있다(볼런티어21, 2004: 173-175).

1) 자원봉사 조직에서의 갈등

(1) 자원봉사 조직 내의 갈등

자원봉사 조직 내의 갈등은 크게 외부와의 갈등과 내부 갈등으로 나누어 볼 수 있다(Donovan & Jackson, 1991 ; 최은숙, 2016).

① 외부와의 갈등
- 조직 내의 가치나 목적이 서로 달라 충돌하는 갈등
- 정부기관과 비정부기관(NGO) 간의 재정, 책임성, 통제와 관련된 갈등
- 자원봉사 사업을 펼쳐 나가는 과정에서 기능이나 역할 문제로 야기되는 갈등

② 내부 갈등
- 자원이 너무 부족해서 일어나는 갈등
- 프로그램 수행에 따른 의견 차이에 의한 갈등
- 과도한 업무에 의한 갈등
- 직위에 대한 기대와 개인의 적성·능력이 맞지 않을 경우 생기는 일과 개인 사이의 갈등

(2) 자원봉사 현장에서 겪게 되는 갈등 대상

자원봉사 동기가 충족되지 않은 경우 또는 봉사업무에 대한 만족도가 낮아서 겪게 되는 갈등

① 자원봉사자 스스로가 느끼는 내적 갈등
- 봉사업무에 대한 만족도가 낮거나 적성 능력에 맞지 않는 경우의 갈등
- 자원봉사 동기가 충족되지 않는 경우의 갈등

- 인정 보상에 대한 암묵적 기대가 충족되지 않는 경우의 갈등
- 봉사현장에서 자신의 가치관과 다른 상황을 접하면서 발생되는 윤리적 갈등

② 자원봉사자와 유급 직원 간의 갈등
- 유급 직원이 자신의 위치에 대한 불안감을 갖게 되면서 느끼는 갈등
- 자원봉사자의 서비스 질에 대한 우려나 불신감에 의한 갈등
- 성취감의 상실에 의한 갈등 등

③ 자원봉사자와 동료 자원봉사자 간의 갈등
- 직무의 상호의존성에 의한 갈등
- 목표와 역할의 기대 차이에 의한 갈등
- 경쟁심 등에 의한 갈등
- 불공정한 인정 보상 체계에 의한 갈등

④ 자원봉사 대상자와 자원봉사자 간의 갈등
- 대상자에 대하여 제대로 알지 못하거나 사전지식이 없어 일어나는 갈등
- 자원봉사자가 지나친 자기 자만심 표현에 의한 갈등
- 봉사받는 것을 당연한 것으로 생각하는 대상자의 무례한 행동에 의한 갈등
- 자원봉사자와 대상자의 목표와 욕구가 다른 데서 오는 갈등

⑤ 자원봉사자와 경영책임자 간의 갈등
- 경영책임자와 자원봉사자의 목표와 가치관이 다른 데서 오는 갈등
- 자원봉사에 대한 인식의 차이에서 오는 갈등
- 자원봉사자에 대한 배려없는 태도에서 오는 갈등

여기까지 자원봉사자의 수퍼비전 그리고 갈등에 대해 살펴보았다. 자원봉사자를 활용하면 조직이나 대상자에게 활력을 가져올 수 있다는 점에서 긍정적인 면이 많다. 그러나 경우에 따라서는 사람이 모여하는 활동이다 보니 갈등이 일어날 수도 있다. 그럴 때는 물이 자연스럽게 흘러가듯이 수퍼비전을 통하여 문제가 해결되면 좋다.

2) 자원봉사 위험관리

자원봉사 업무를 추진하다 보면 그 업무 종류가 다양하기에 예기치 못한 사고에 직면할 경우가 있다. 따라서 자원봉사관리자는 위험관리에 대해 항상 준비하고 대처하여야 한다. 자원봉사활동과 위험관리에 대해 살펴보면 다음과 같다.

(1) 위험관리의 정의

위험관리(risk management)는 기관의 자산을 보호하고 유지하는 데 활용되는 일반적인 업무관리 기술이다. 즉, 위험관리란 예기치 못한 사고 발생 시 나타날 수 있는 부정적인 영향을 최소화하기 위해서 최적의 위험처리 방법을 선택, 수행하는 활동이다. 이것은 조직의 물리적 자산을 보호하는 것만을 의미하지 않으며, 기관의 주요한 자산이라고 할 수 있는 자원봉사자를 보호하고 유지하기 위한 기술이다. 따라서 자원봉사센터는 자원봉사자와 직원, 물리적 자산, 자원봉사 대상자 등 모두에 대한 위기관리를 실시해야 한다.

(2) 자원봉사활동과 법적 책임문제

자원봉사활동 중 발생하는 위험들 속에는 다음과 같은 몇 가지 법적 책임문제가 포함될 수 있다. 예를 들어, 자원봉사자의 사고에 의한 소송, 자원봉사자의 범죄에 대한 소송, 자원봉사자와 자원봉사 대상자 간의 갈등으로 생긴 문제, 자원봉사 활동처에 대한 자원봉사자의 소송 등 많은 법적 책임을 묻는 문제가 발생한다.

① 자원봉사자 개인의 법적 책임

자원봉사자는 형사적·민사적 책임, 기관에 대한 의무불이행 등의 법적 책임문제에 직면할 수 있다. 즉, 자원봉사자도 절도, 폭행, 사기 등으로 형사법을 위반할 수도 있고, 자원봉사활동 중에 부주의나 고의로 타인에게 물리적·재정적·심리적 피해를 끼칠 수도 있다. 또한 자원봉사 대상자에 대한 사생활 정보 누설과 같이 자원봉사자가 활동처와 합의한 업무수행 규정을 어길 수도 있다.

② 자원봉사자에 대한 자원봉사센터 및 활동처의 법적 책임

자원봉사센터 및 활동처는 자원봉사자가 수행하는 업무에 관련된 위험을 제거하거나 그 위험을 경계하고 대비하게 해야 할 의무가 있다. 또한 자원봉사자를 배치·해고·지도감독하는 과정에서 공정하게 대해야 할 의무가 있다. 자원봉사자는 이에 대한 기관의 책임을 묻는 소송을 제기할 수 있다.

③ 자원봉사자의 행동에 의한 자원봉사센터 및 활동처의 법적 책임

자원봉사자가 업무수행 중에 타인에게 피해를 입힌 경우 자원봉사센터 및 활동처는 법적 책임을 지게 된다. 또한 자원봉사자가 명백히 업무의 범위 밖에서 잘못을 한 경우(예: 절도, 아동학대 등)에도 그 잘못이 자원봉사센터나 활동처의 관리 소홀의 탓으로 추정된다면 고소당할 수 있다.

3) 위험관리의 과정

위험관리 과정은 자원봉사활동 중에 발생할 수 있는 손실에 대해 평가하고 확인하는 과정이다. 또한 발생한 손실을 처리하는 가장 훌륭한 방법을 선택하고 적용하는 과정이다. 자원봉사 보험관리는 전체 위험관리의 일부분일 뿐이다.

(1) 1단계: 잠재적인 위험 확인하기

잠재적 위험이란 자원봉사활동 중에 발생할 수 있다고 예상되는 모든 위험 가능성을 말한다. 따라서 이 위험들에 대해 미리 점검해 두는 것이 필요하다. 자원봉사관리자가 유의해야 할 잠재적 위험들은 다음과 같다.

- 자산손실: 사무실, 기자재 및 교육장비, 차량 등
- 책임손실: 다른 사람에 대한 신체적 상해 또는 타인의 재산손실에 대한 책임
- 자원봉사활동 중 발생하는 상해나 질병에 의한 위험
- 사기나 범죄행위, 자원봉사자의 불성실 등으로 발생하는 위험 등

(2) 2단계: 잠재적 위험 평가하기

잠재적 위험들을 확인한 후 자원봉사관리자는 자원봉사센터에 대한 손실 및 충격 정도를 평가하고 측정한다. 이를 위해서 발생할 수 있는 위험의 형태와 빈도, 심각도에 따른 측정지표를 마련한다.

(3) 3단계: 위험 발생 시 조정하기

자원봉사관리자는 발생한 위기를 잘 관리하고 처리하기 위해 적정한 기술을 선택하고 적용해야 한다. 대부분의 조직에서 폭넓게 사용하는 방법들은 다음과 같다.

- 활동 중단: 문제를 일으킬 소지가 있는 유형의 자원봉사활동에는 자원봉

사자를 참여시키지 않음으로써 위험을 제거할 수 있다. 이것은 그 분야의 자원봉사활동에 자원봉사자가 안전하게 참여할 수 있는 적절한 대책이 마련될 때까지 활동을 연기하는 것을 포함한다.

- 위험 제거: 발생할 여지가 있는 위험을 감소시키기 위해 자원봉사 프로그램의 실행과정을 변경하는 것과도 관련된다. 이를 위해서는 기관의 절차 변경, 자원봉사자의 개인적 요구에 세심한 주의를 기울일 것, 기관 내 설비의 현대화 등이 포함될 수 있다.
- 손해의 최소화: 재해가 발생했을 때 그에 대한 효과적 대처를 위한 비상절차 개발과 관련된다.
- 책임 이전: 자원봉사 활동처와의 합의서, 보험정책, 책임 포기각서 등을 통해 다른 편으로 위험의 결과를 이전시켜 두는 방법이다.

(4) 4단계: 평가와 갱신

잠재적인 위험과 해결책에 관한 추가 정보가 입수되면 그에 대한 심사와 훈련 그리고 감독기술에 대한 내용을 추가하고 변경한다. 추가되는 정보에 대한 평가와 갱신은 전체 위험관리 체계를 점차 안전하게 만들어 준다.

4) 위험관리 계획의 수립

위험관리 계획을 자원봉사자 선발에 적용하기 위해서는 다음 단계들을 따른다.

(1) 자원봉사 업무에 잠재된 위험 확인

자원봉사활동 중에 발생할 수 있는 위험들에 대해 미리 고려해야 한다. 화재나 차량 등의 위험성이 있는 설비를 이용하거나 안전하지 않은 건물구조 때문에 생길 수 있는 사고들에 관해 미리 숙고한다. 자원봉사 대상자들이 어

떠한 사람이며, 그들의 특별한 요구나 한계는 무엇인지에 대해서도 고려해
야 한다. 위험요소들과 그 대처방안에 대해 숙고할 때는 과거의 문제해결 역
사에 대해 평가하고 그 활동을 수행할 때에 직접적인 경험이 있는 자원봉사
자를 포함시키는 것이 좋다. 자원봉사 업무에 잠재된 위험을 대비하기 위해
고려할 사항은 다음과 같다.

- 자원봉사자의 신체적 활동수행 능력
- 각종 설비를 안전하게 사용하는 기술
- 자원봉사 활동처의 환경과 활동 조건
- 자원봉사 대상자의 성격
- 적절한 절차를 따라야 할 필요성

(2) 자원봉사 업무설명서의 재작성

확인된 위험요소들을 피하거나 대처하는 데 필요한 기술, 지식, 신체능력
에 대한 요구와 설명을 업무설명서의 '자격'란에 자세히 기입한다. 이것은 위
험을 피하는 데 필요한 기술이나 성격을 밝히기 위함이다.

(3) 잠재적인 위험에 있는 잠재적 자원봉사자의 심사

면접 및 선발 과정에서 자격 미달이거나 추가 훈련이 필요한 자원봉사 지
원자에 대해 확인해야 할 점검 목록을 개발한다. 또한 지도감독과 평가과정
에서 이용할 수 있는 정보도 수집한다. 자원봉사활동을 하는 동안 발생할 수
있는 잠재적 위험들을 어떻게 처리할 것인가에 관한 질문을 직접 해 봄으로
써 잠재적 자원봉사자를 시험할 수도 있다.

(4) 자원봉사자에 대한 위험대비 훈련

확인된 위험에 기초한 '위험대비 훈련 프로그램'을 개발한다. 이 중에 어떤

것은 모든 자원봉사자에게 제공되는 오리엔테이션에서 전달될 수도 있지만
(예: 자원봉사 대상자들의 특정한 욕구), 어떤 것은 특정 역할을 위한 업무교육
에서 보다 심도 있게 이루어져야 한다. 이때 활동이 어떻게 진행되어야 한다
는 것뿐만 아니라 일어날 수도 있는 위험을 어떻게 경험으로 미리 감지할 수
있는가를 검토할 수 있는 '현실에 기초한' 훈련을 개발하는 것이 중요하다.

(5) 직원 훈련

확인된 위험들에 대해 직원 역시 확실히 훈련을 받아야 한다. 특히 직원은
적절한 준비나 심사를 받지 않은 자원봉사자에게 새로운 업무를 부여할 때
각 업무가 갖고 있는 위험요소를 분명히 이해하고 설명해 줄 수 있어야 한다.

(6) 위험 발생에 대비한 관리감독 절차 개발

문제상황에 대한 처리절차와 실행규칙에 관한 지침서를 개발한다. 또한
주의가 필요한 잠재적 문제행동에 대해 자원봉사자를 감독하는 직원도 필요
하다. 어떤 업무에 대해 자원봉사자의 자격을 주기적으로 평가하는 심사체
계도 만들어야 한다. 위험상황에서 참여하는 자원봉사자가 조금이라도 벗어
난 활동에 대해 적용할 수 있는 규칙과 절차도 필요하다.

(7) 평가 및 개선

전체 자원봉사 프로그램의 평가와 자원봉사자의 활동평가에 위험관리 평
가를 포함시킨다. 새로운 훈련방법과 감독절차를 개발할 때는 위험상황 목
록을 작성하고 보완·이용함으로써 위험관리 과정을 개선하려는 노력을 지
속적으로 기울여야 한다. 자원봉사 업무에 대한 확실한 설명, 심사, 훈련 또
는 감독절차에 대해서도 중요한 수정이 필요할 만큼 물리적 변화가 있는지
평가하고 반영해야 한다.

5) 기본적인 위험관리 대책

자원봉사활동을 하면서 직면할 수 있는 위험 및 법적 책임들에 대해 적절히 대처할 수 있는 방안이 마련되어 있어야 한다. 다음은 그에 대한 일반적인 예들이다.

(1) 위험에 대비하는 관리 및 감독 절차 마련

문제상황에 대비하는 자원봉사 지침 및 운영규칙, 위험 발생 시 대처방법 등의 목록을 작성하여 자원봉사자에게 교육시킨다. 아울러 자원봉사관리자는 직원에게 자원봉사자의 잠재적 문제행동을 주시하도록 당부하고, 위험성 있는 특정 업무를 담당하는 자원봉사자의 자격을 주기적으로 심사한다.

(2) 자원봉사자 자신의 재점검

자원봉사 프로그램 평가에 위험관리 점검을 포함한다. 예견할 수 있는 위험 목록을 작성하고 갱신하며, 그것을 교육훈련 자료에 포함시킨다. 이를 통해 자원봉사자 스스로가 위험에 대비하고 위험이 발생했을 때 처리하는 과정을 이해하도록 훈련시킨다.

(3) 자원봉사 변호사 선임

자원봉사활동 중에 일어나는 위험에 대비하기 위해 자원봉사 변호사를 선임하여 각종 사고가 발생했을 때 신속히 대처하도록 한다. 필요에 따라서는 일정액의 활동비 및 변호수당을 기관에서 지급할 수 있다.

(4) 자원봉사 보험 가입

자원봉사센터나 기관에서는 각종 사고에 대비하기 위해 일정액의 예산을 편성하여 자원봉사자를 자원봉사 상해보험에 가입시킨다. 특히 위험성 있는 업무에 배치된 자원봉사자에 대해서는 반드시 자원봉사 상해보험에 가입해야 한다. 이때 보험료 부담과 상해보험 가입 대상에 대한 별도의 규정과 원칙이 마련되어야 한다.

(5) 기타 사고보상에 대비한 재원 마련

자원봉사 상해보험 외에도 자원봉사활동 중에 발생하는 불의의 사고에 대비하여 일정액의 예산을 자체적으로 편성하는 것이 필요하다. 이 예산은 사고 발생 시 배상 및 보상 금액으로 사용될 수 있다(볼런티어21, 2004: 129-134).

지금까지 자원봉사활동과 위험관리에 대해 살펴보았다. 몇 년 전까지만 하여도 우리나라에서 자원봉사활동과 위험관리는 일부 기관이나 기업을 제외하고는 전혀 대책이 없었다. 그러나 2005년 8월 「자원봉사활동 기본법」이 제정되면서 자원봉사자의 상해보험제도가 점차 확산되어 이제는 자원봉사의 위험관리가 제도화된 것은 매우 의미가 크다고 할 수 있다. 그러나 무엇보다 중요한 점은 자원봉사활동과 관련하여 사고가 일어나지 않도록 예방에 철저하게 대비하는 일이다.

제10장

자원봉사자 인정·보상과 평가

자원봉사 관리과정의 가장 중요한 목적은 자원봉사자가 자원봉사활동에 보람을 갖고 오랫동안 참여하도록 지속성을 유지하는 데 있다. 자원봉사자의 지속성을 유지하기 위해서는 고도의 관리기술이 필요하다.

자원봉사자에게는 인정(recognition)과 보상(rewards)이라는 원동력이 필요하다. 그러므로 자원봉사관리자는 고도의 관리기술을 갖춤으로써 이들에게 인정과 보상을 제공할 수 있다. 자원봉사자를 위한 고도의 관리기술은 교재에 문장으로 담아내기는 매우 어렵다. 그것은 요리사가 같은 요리재료들을 사용하면서도 맛깔스러운 맛을 내는 비법이 다양한 것과도 같기 때문이다.

이 장의 주제인 자원봉사자 인정·보상에 있어서 주의할 점이 있다. 그 점은 바로 자원봉사자에 대한 보상은 금전적인 보상이 아니라는 점을 명심해 두어야 한다. 간혹 일부 자원봉사 전문가들은 아예 교과서에서도 보상이라는 용어를 삭제하자는 의견을 제안하는 사람도 있다. 그러나 미국에서도 사용하고 있는 rewards라는 용어를 아예 삭제하기는 어렵다. 때문에 우리말로 rewards를 자원봉사영역에서 보상으로 번역 사용할 때 유의할 필요가 있다.

필자는 가끔 자원봉사자나 후원자가 많은 시설을 방문하게 된다. 그때마다 '이 시설의 비법은 무엇이기에 자원봉사자나 후원자의 참여가 높은 것일까' 생각한다. 반면에 자원봉사자나 후원자가 별로 없어 힘겹게 운영하는 시설들을 방문하게 되면, 자원봉사자를 잘 활용하지 못하는 시설의 원인은 무엇인지 추측해 보고 고민한다. 이 장의 목적은 자원봉사자나 후원자가 많은 시설, 자원봉사자나 후원자가 부족한 시설의 요인을 발견해 내는 능력을 기르는 데 있다.

1. 자원봉사 인정의 개념

1) 인정의 개념

자원봉사자에 대한 인정은 '훌륭한 일을 해 준 것에 대한 감사'를 표현하는 수단이다. 자원봉사자에 대한 인정은 자원봉사자의 기여에 대해 끊임없이 알아주고 그 가치를 인정하는 것이다. 또한 인정은 자원봉사자를 다시 오게 할 수 있고, 자원봉사자에게 더 큰 일을 하게 하거나 부가적인 책임을 담당하게끔 용기를 준다. 또한 자원봉사자에게 더 많은 기회를 보여 주며 그들의 창의성을 끌어낼 수 있다.

자원봉사자에 대한 인정은 1년에 한두 번 주어지는 행사나 수료증에 국한된 것이 아니라 평상시 진행되는 전체적인 관리과정의 한 부분으로서 그들이 조직에서 일할 때에 좋은 감정을 증진시키는 것을 말한다. 시간과 재능을 기증하는 사람을 적절히 인정하는 것은 자원봉사 프로그램의 운영에 긍정적인 역할을 한다.

2) 인정체계의 기능과 목적

(1) 인정체계의 기능

자원봉사자 인정체계의 기본 기능은 자원봉사자를 모집·유지·개발하여 과업수행을 위해 동기를 부여하는 것이다. 이는 가장 간단한 수준에서의 보상을 말한다. 인정체계는 이미 자원봉사활동을 하고 있는 사람에게는 그의 욕구를 만족시키는 역할을 하고, 앞으로 자원봉사활동을 하려는 사람에게는 그의 욕구가 자원봉사활동을 통해 만족되는 것을 확인시키는 역할을 한다.

자원봉사활동 기관의 효과적인 보상 및 인정 체계는 자원봉사자 개인의 특별한 욕구를 만족시키기 위해 가능한 모든 보상방법을 활용하는 것이 필요하다.

(2) 자원봉사자 인정체계의 목적

효과적인 보상 및 인정 체계는 자원봉사자의 개별 욕구를 만족시킴으로써 자원봉사자의 행동을 동기유발시킴은 물론 여러 면에서 기관의 목표를 지원한다.

첫째, 효과적인 인정은 생산성을 높이며, 지속적인 활동으로 연계된다. 인정은 기관의 목표를 성공적으로 달성하기 위한 자원봉사자의 노력을 효과적으로 발휘하게 한다. 자원봉사자의 시간과 노력은 귀중한 자원이므로 관련성이 없거나 쓸모없는 과제로 낭비되어서는 안 된다. 자원봉사자의 생산성을 높이는 결정적인 단계는 적절한 과업 선정과 배치다. 기관에서는 자원봉사자의 열망과 능력을 가능한 한 주의 깊게 과업에 연결시켜야 한다. 자원봉사자는 많은 부분 성공적인 과업성취에서 보상을 받게 된다.

둘째, 효과적인 인정은 자원봉사자를 기관에 오랫동안 남아 있게 한다. 자원봉사자는 욕구를 충족시키려는 기대를 가지고 자원봉사활동을 한다. 욕구가 만족되지 않을 경우 그들은 효과적인 참여에서 물러나거나 보상이 더 클 것으로 보이는 다른 기관으로 이동할 것이다. 효과적인 보상 및 인정 체계는 개인의 구체적인 욕구를 정확히 만족시켜 줌으로써 자원봉사자가 기관에 남아서 지속적으로 활동하게 한다.

셋째, 효과적인 인정은 자원봉사자의 사기와 봉사 정신을 높여 준다. 효과적인 보상 및 인정 체계의 핵심 요소는 분명한 과업목표와 기대를 수립하고, 개별 과업을 전체적인 기관의 사명과 분명하게 연결시키며, 개인의 만족을 증가시키기 위해 개인적 욕구를 충족시키는 것이다.

사람은 애매모호함을 싫어한다. 자원봉사자에게 구체적인 목표를 제공하는 것은 그들의 노력을 집중시키며, 개인이 중요한 과업을 잘 수행하고 있다고 느끼는 만큼 그들의 사기는 높아질 것이다. 기관의 지도자가 적절한 과업 배치와 과업수행에 대한 인정을 통해 자원봉사자에게 관심을 보여 줄 때 자원봉사자의 개인적 만족감과 참여 의지는 증가하게 된다(볼런티어21, 2004: 161-162).

2. 자원봉사 인정의 유형

자원봉사자의 인정 형태는 앞서 언급한 적절한 업무 배치부터 현재 진행되는 활동에 대한 감사 표시, 공식적인 행사 그리고 행복하고 친근한 분위기에 이르기까지 다양하다.

1) 공식적·비공식적 인정체계

(1) 공식적 인정체계
공식적 인정에는 자원봉사자의 업적을 치하하기 위해 연례적으로 개최하는 행사, 저녁식사, 리셉션, 다과회 등이 있다. 그 밖에 감사증명서, 상패, 자원봉사자 핀, 배지 등을 제공하는 것이 포함된다. 많은 기관에서 이러한 행사는 주로 전국자원봉사 주간이나 자원봉사자의 날에 이루어진다.

공식적 인정행사는 자원봉사자들 간에 지역공동체 정신을 함양하고, 자원봉사자를 대중 앞에서 공개적으로 인정하며, 다른 사람을 참여하도록 유도하는 등의 가치가 있다.

이러한 공식적 인정행사를 계획할 때는 다음의 사항을 고려한다. 이 행사는 과연 자원봉사자를 치하하기 위함인가, 아니면 직원들이 자원봉사자에게 감사 표시를 했다고 느끼게 하기 위함인가? 행사가 진부하거나 기계적이지는 않는가? 비용이 많이 드는 행사보다는 대상자의 욕구에 근거하여 비용을 쓰는 편이 더 낫지 않는가?

(2) 비공식적 인정체계

비공식적인 인정이란 "당신이 없으면 일이 안 돼요." 또는 "당신만이 이 일을 할 수 있습니다."와 같이 일상 속에서의 언어의 표현 기술이다. 배지, 증명서, 행사, 다과 등도 좋으나 자원봉사자와 책임과 권위를 함께 나누며, 존중해 주는 마음이 매우 중요한 인정의 형태다.

가장 효과적인 자원봉사자의 인정은 자원봉사자와 기관 간의 상호 교류과정에서 직원이 자원봉사자가 수행한 일에 대해 감사의 마음을 진실하게 표현함으로써 이루어진다. 이런 유형은 자주 발생하기 때문에 훨씬 더 영향력이 있다. 연중행사로 1년에 한두 번씩 하는 저녁식사는 365일의 좋은 관계보다 효과 면에서 떨어진다.

매일 인정하는 방법에는 다음과 같은 것이 있다. '감사합니다.' '수고하셨습니다.'라고 말하기, 자원봉사자에게 영향을 주는 의사결정 과정에 참여하기, 자원봉사자 가족에 대해 질문하며 봉사활동 '밖'의 생활에 대해 관심을 보이기, 직원과 동등한 대우를 받고 있다고 확신하게 하기, 자원봉사자 가족에게 감사편지 보내기, 더 책임 있는 직무를 수행하도록 추천하기 등이다.

2) 인정의 분위기

긍정적 분위기는 성공적인 자원봉사자 프로그램에 절대적으로 중요한 인정 형태다. 분위기는 자원봉사자들과 관련된 기관의 입장을 보여 준다. 그것은 연중행사가 아니라 평상시에 자원봉사자를 인정해 주는 분위기다.

자원봉사자가 자신의 노고가 감사받고 있음을 느끼는 것, 자신이 기관의 일부이며 무언가 가치 있는 일을 성취하고 변화를 일으키고 있다는 것, 자신의 기여가 진지하게 인정받고 있음을 느끼는 것 등은 자원봉사자의 직무만족도를 높여 준다. 분위기란 자원봉사자가 누군가가 자신이 중요하다고 느끼고 있음을 알게 해 주는 매일의 인정 형태다. 코트를 걸 자리나 주차할 장소, 일할 즐거운 공간, 직원에게 소개하는 것, 관심과 아이디어를 나눌 시간과 장소 등을 제공하는 기관은 자원봉사자에게 존경과 감사의 마음을 보여 준다.

3) 인정의 기술과 원칙

효과적 인정기술은 자원봉사자에게 동기를 부여시킬 뿐 아니라 기관의 목적과 사명을 이루기 위해 필수적인 것이다. 자원봉사자를 성공적으로 인정하는 몇 가지 원칙은 다음과 같다.

(1) 참여동기와 재능에 가장 적합한 일에 배치
자원봉사자의 가장 큰 보상은 일에 대한 성취감에서 나온다. 그러므로 자원봉사자의 참여동기와 재능에 가장 적합한 일에 봉사자를 배치하는 것은 생산성을 높여 준다. 이것은 자원봉사자 인정의 핵심이다.

(2) 인정의 개별화

인정은 그것을 받는 사람에게 의미가 있어야 한다. 사람마다 동기 욕구가 다르므로 그에 따라 인정방법도 달라야 한다. '성취 지향적 자원봉사자'는 보통 직무책임의 확대, 지역사회 지도자에게 개인적으로 인정받는 것, '최고'로 인정받는 시상 등을 좋아한다. '친교 지향적 자원봉사자'는 다른 자원봉사자, 직원 및 개인적 관심을 보이는 리더나 관리자와의 우정을 발전시키는 것으로 보상을 느낀다. '영향력 지향적 자원봉사자'는 권위와 정보에 더 많이 접근할 수 있는 '승진'과 '중요 인사'에게 상장을 받는 것으로 인정받음을 느낀다.

(3) 다양한 인정방법의 활용

'이상적인' 인정체계는 모든 유형의 자원봉사자에게 무엇인가 의미가 있게 하기 위해 다양한 인정방법을 활용하는 것이다. 예를 들어, 활동시간에 따라서만 시상(예: 장기근속상)하는 기관에서는 단기간이지만 열심히 활동한 자원봉사자가 불만족스러워 할 것이다. 또 바빠서 시간을 제한적으로 낼 수밖에 없는 사람은 활동시간의 양에 가치를 두는 시상 유형에 대해 불만을 가질 것이다.

공식적인 포상은 형식적이 아니라 진지한 느낌이 들도록 해야 한다. 또한 봉사시간 수를 인정하는 것뿐만 아니라 활동의 파급효과도 인정하여야 한다.

(4) 시기적절한 인정

자원봉사자에 대한 인정은 활동 직후에 되도록 빨리 이루어져야 효과가 있다. 일주일 전에 한 봉사활동에 대한 인정을 다음 봉사활동에서도 인정하지 않는다면 자원봉사자의 실망감은 더욱 커질 수 있다.

(5) 공정한 인정

인정은 정직하고 일관성 있게 이루어져야 한다. 명확한 포상기준을 설정함으로써 포상이 공정해야 하고 받을 만한 사람이 받았다고 느껴져야 한다. 수준 이하의 활동에 칭찬하면 잘한 사람에게 주는 칭찬도 가치가 떨어지게 된다. 또한 동일한 봉사활동에는 비슷한 언어로 인정을 하여야 한다.

(6) 자연 발생적이며 비용이 들지 않는 인정

인정은 1년에 한두 번 있는 비용이 많이 드는 큰 행사가 아니라 매일 일상에서 자연발생적으로 일어나는 일이다. 비용이 많이 드는 행사 위주보다는 자원봉사자의 욕구를 바탕으로 비용이 들지 않는 인정방법을 지속적으로 개발해야 한다.

(7) 지속적이고 자주 하는 인정

자원봉사자의 보상은 자신이 기관의 동등한 동반자라는 인정과 확신을 말한다. 인정이란 관리의 한 과정으로서 사람들이 자기 자신에게 그리고 기관에게 가치가 있고 유익하다고 느낄 수 있어야 한다. 이를 위해서는 자원봉사자가 자원봉사를 하고자 등록한 때부터 활동을 종료하고 떠날 때까지, 매일, 매주, 매달, 매년 등 중요 시기나 특별한 일이 끝났을 때, 직원이나 집단들과의 모임에서, 생일이나 휴일에, 병이 났을 때, 전국 자원봉사 주간에, 그리고 사무실과 지역사회의 가능한 모든 곳에서 지속적으로 자주 인정이 이루어져야 한다.

(8) 활동기간에 따른 인정

인정은 활동기간에 따라 달라져야 한다. 장기 자원봉사자는 비교적 큰 집단 내에서 인정받는 것을 좋아하는 반면, 단기 자원봉사자는 상호작용하는 집단 단위의 수준에서 인정받는 것을 좋아한다. 장기 자원봉사자는 집단과 함께, 집단에 의해 인정받는 것을 선호하고 권위를 가진 자에게 수여받는 것을 좋아한다. 반면에 단기 자원봉사자는 작업장이나 사회적 집단을 즉시 제공받는 것, '이동 가능한' 인정으로서 선물, 사진, 경험을 기억할 만한 것, 훈련 종료 시 가지고 갈 수 있는 것 등을 좋아한다. 그들의 인정 수여자는 직속 수퍼바이저나 그들의 대상자다.

(9) 새롭고 창의적인 인정

인정은 역동적이며 사람과 시대의 변화에 따라 변화하며, 늘 진행되는 과정이다. 자원봉사자에게 계속해서 동기부여를 주려면 새롭고 창의적인 인정방법이 필요하다. 개인이나 기관의 독특성에 기반을 둔 창의적이고 혁신적인 방안을 마련해야 한다.

다음은 외국에서 자원봉사자에게 사용하고 있는 몇 가지 인정방안을 정리해 보았다(볼런티어21, 2004: 163-168). 이러한 아이디어는 우리에게도 시사점이 있을 것이다.

- '우리는 직원들을 사랑합니다.' '우리는 자원봉사자들을 사랑합니다.'라는 문구가 인쇄된 리본을 부착한다.
- 직원 사무실에 있는 냉장고 이름을 '봉사활동을 열심히 한' 사람의 이름을 따서 '○○○ 님 냉장고'라고 붙인다.
- 자원봉사자의 가족에게 '당신의 사랑스러운 가족을 우리와 함께하게 해주신 데 대해 감사드리며, 저희는 당신의 지원에 감사드립니다.'와 같은 감사편지를 보낸다.
- 자원봉사자와 유급 직원으로 구성된 팀 전체를 인정하고 그들의 업적을 회보에 실어 축하한다.
- 코트 걸이, 지갑을 보관할 수 있는 안전 장소, 지정된 주차공간, 편안하게 쉴 공간, 커피와 스낵, 배정된 일을 할 수 있는 충분한 공간과 책상,

탁자 등, 적정 기온과 조명, 편리한 소모품, 가까운 화장실, 정보 게시판, 안락한 작업 가구, 개인에게 주어진 작업공간 등 작업환경에 '안락함'을 제공한다.

- 선행을 한 개인에 대한 이야기를 지역신문, 고향신문, 동창회보, 전문잡지, 교회회보 등에 보낸다.
- 생일, 연례행사일, 그 외 특별한 날에 카드나 편지를 보낸다.
- 행정가, 임원진들로 하여금 자원봉사자에게 감사편지를 보내도록 요청한다.
- 한 사람의 공헌 내용을 강조하는 그림을 적절히 만화로 그려서 주위에 걸어 놓는다. 한동안 전시한 후에는 한데 모아서 액자에 넣어 식당 등에 영구적으로 걸어 둔다.
- '명예의 벽'이나 '명예의 도로'를 만들어 벽돌이나 타일에 이름을 써넣어 영원히 인정받을 수 있도록 한다. 이것은 가장 영예로운 것이므로 가벼이 주어서는 안 된다.
- 탁월한 자원봉사자나 유급 직원의 이름을 딴 상을 몇 개 만들어 매년 또는 매달 시상하며, 신문에 그 공헌내용과 공헌자의 이름을 전달한다.
- 컴퓨터 시스템 관계기관이라면 컴퓨터 초기화면에 축하 메시지가 뜨도록 한다.
- 어린이들이 와서 친·인척들이 어디에서 일하는지, 그들이 누구와 함께 무엇을 일하고 있는지 볼 수 있도록 부모/조부모와 함께하는 날을 가진다.
- 하루 동안 '최고 책임자(CEO) 되기' 대회를 개최한다. 최고책임자와 함께 일하면서 협력이 잘 이루어지는 것을 관찰한다.
- 직원과 의사소통, 새로운 인간관계 등 사람에게 영향을 주는 쟁점에 관한 훈련을 받을 때 자원봉사자에게도 참여기회를 제공하며, 자원봉사자와 함께 학습경험을 교환하도록 다양한 방법으로 역량을 키워 준다.

• 커피 잔을 개별화한다.

지금까지 자원봉사자의 공식적·비공식적 인정체계, 인정의 기술과 원칙들을 살펴보았다. 자원봉사자의 활동을 인정하는 데에서 가장 중요한 것은 인정을 통하여 그들의 사기를 높일 수 있어야 한다는 점이다. 이는 월드컵에서 감독이 축구선수의 사기를 높여 승리하는 비법과도 유사하다. 자원봉사자의 인정에 관한 학습을 할 때에는 강의시간 중 토론을 통하여 자원봉사자에게 인정해 줄 수 있는 것들은 무엇인지 논의해 보는 과정도 매우 중요하다.

그 밖에 자원봉사자의 인정 중 중요한 것은 비용이 들지 않는 다양한 인정방법이 개발되어야 한다는 점이다. 자원봉사활동에 참여하는 자원봉사자를 반갑게 맞이하는 태도, 상황을 잘 고려한 격려의 한마디는 자원봉사자 인정에서 가장 중요한 것이라고 할 수 있다.

3. 자원봉사자 인정과 보상의 구체화 방안

1) 인정과 보상의 제도화

(1) 자원봉사활동의 사회경력 인정

군복무를 사회경력으로 인정해 주는 것과 같이 자원봉사자가 자원봉사활동을 행하여 일정 기간이나 수준에 도달하면 자원봉사활동을 사회경력으로 인정하는 제도가 시행되어야 한다. 이를 위해서는 자원봉사활동이 체계적으로 조직화되고 분야별로 공정한 평가가 반영될 수 있는 제도의 도입이 선행되어야 한다.

(2) 자원봉사활동 중의 사고에 대비한 보험 도입

자원봉사활동 중의 불의의 사고에 대비한 자원봉사자 보험이 제도화되어야 한다. 즉, 정부와 자원봉사자 그리고 활용 기관이 공동으로 부담하여 사고 발생 시 자원봉사자가 피해를 입지 않고 마음 놓고 활동할 수 있도록 해야 한다. 아울러 사고가 발생하지 않도록 정부 차원에서 연수기회를 제공하는 배려도 필요하다.

(3) 자원봉사활동과 관련된 최소한의 경비지원

자원봉사활동 중에 소요되는 최소한의 경비를 지급할 수 있는 제도의 도입이 필요하다. 단, 실제 비용의 선을 넘지 않는 상태의 최소 경비만을 지급해야 한다. 가급적 현금을 지급하기보다는 버스카드, 지하철승차권, 전화카드 등을 지급하여 유료봉사와 차별을 두어야 한다.

(4) 사회적 분위기 조성

공익광고 캠페인과 같이 자원봉사활동 캠페인을 지속적으로 행하여 자원봉사활동이 자기 자신을 위해 꼭 필요하다는 인식을 갖도록 정부가 사회적 붐을 조성하는 데 앞장선다. 유명 인사들이 자원봉사활동에 앞장서거나 학교 교과과정부터 의무적으로 교육을 시킨다면 더욱 좋은 결과를 얻을 것이다.

2) 인정과 보상에 대한 활용 기관에서의 구체화

(1) 기관 측면에서의 구체화
① 자원봉사자 인정과 보상에 대한 내규 설정

자원봉사자 인정과 보상에 관한 기관 자체 내의 규정을 설정하여 자원봉사자에 대한 체계적인 관리가 이루어질 수 있도록 한다. 이 규정은 자원봉사자 역할분담 및 직위, 포상 규정, 포상 내용, 소관부서 등을 구체적으로 명문

화하고 공정한 평가 틀을 제시하여야 한다.

② 전담인력의 배치 및 재교육

자원봉사자 관리뿐만 아니라 자원봉사자에 대한 인정과 보상 측면에서 가장 중요한 요소는 전담인력의 배치 및 타 업무와의 중복을 피하는 것이라 할 수 있다. 자원봉사자가 자원봉사활동을 지속적·적극적으로 전개하도록 도와주기 위해서는 그들의 교육과 훈련, 지도감독, 인정과 보상 등을 담당하는 전담인력이 있어야 하며, 끊임없는 재교육이 필요하다.

③ 기관의 정책

자원봉사자를 효율적으로 활용하고 체계적으로 관리하기 위해서는 기관의 목표와 자원봉사자의 욕구가 일치될 수 있도록 기관의 정책방향이 이에 부합해야 한다. 이는 기관장의 인식 여하에 따라 크게 달라질 수 있으므로 기관장의 인식이 선행되어야만 가능하다.

④ 예산 확보 및 편성

자원봉사자에 대한 인정과 보상 프로그램을 확립하고 유지하는 데에서 중요한 요소는 예산의 확보 및 편성일 것이다. 예산 편성을 할 때에는 직접경비와 간접경비가 모두 산출되어야 하며, 교통비·운영비·준비물 등과 같은 최소 경비 등이 포함되어야 한다.

⑤ 신분보장

자원봉사자를 활용하는 기관에서는 자원봉사자가 활동을 하는 데에 그 기관의 일원으로서 그에 상응한 자격이 있음을 인정하고 활동 시 장애가 되지 않도록 보호해 주어야 한다.

⑥ 자원봉사자 편의시설 제공

자원봉사자가 부담 없이 이용하고 상호 교류할 수 있는 휴게실과 같은 장소를 확보하여 제공하여야 한다. 아울러 자원봉사활동에 필요한 기자재를 확보하여 필요 시 빌려 주도록 해야 한다.

(2) 전담직원 측면에서의 구체화

① 자원봉사자에 대한 관심 표현 및 격려

자원봉사자에 대해 따뜻한 말 한마디, 관심 표현, 격려 등을 잊지 말아야 한다. 특히 자원봉사자가 전담직원에게 보내는 신호를 민감하게 포착하여 자연스럽게 그들에게 말을 걸거나 편지, 전화, 전자우편 등의 방법을 통해 반응해야 한다. 기관 내에서 가족적인 분위기를 형성하고, 기존 자원봉사자 및 직원과의 인사소개 등도 필요하다. 그러나 이러한 것들은 전담직원뿐만 아니라 모든 직원의 협조와 배려가 동시에 이루어져야만 극대화될 수 있다.

② 자원봉사자에 대한 소속감 부여

자원봉사자 신분증의 발급, 자원봉사자 수첩 및 유니폼 등의 제작을 통해 기관에서 같이 활동하고 있다는 소속감을 부여한다. 활동 분야별로 유니폼, 배지, 명찰 등의 색깔과 모양을 만들어 부착하게 한다. 또한 자원봉사자가 직접 봉사활동 회보를 제작하여 계속 관심을 가질 수 있도록 유도하면 더욱 좋을 것이다.

③ 자원봉사자에 대한 인정과 보상의 가시화

자원봉사자에 대한 인정과 보상은 관내에 자원봉사자 명단이나 활동 사진을 부착하는 것과 같은 사소한 일이나 배려에서 시작된다. 경조사뿐만 아니라 자원봉사활동 종결 시에도 감사카드를 발송한다. 자원봉사자 기본교육에 자원봉사활동 선배로서 교육을 담당하게 할 수도 있다. 또한 지역사회에서 기관을 대표하여 사례를 발표할 기회를 부여하고, 소식지 및 언론매체에 활동내용을 적극 홍보한다. 그 밖에도 활동내용을 촬영하여 배급, 프로그램 이용 시 할인 혜택, 활동증명서 및 추천서 발급, 식사 제공 등의 인정과 보상에 대한 구체적인 실천을 할 수도 있다.

④ 자원봉사자 직책 및 직위 부여

활동 분야별로 책임자를 선정하게 하여 직책 및 직위를 부여하고 기관의 직원처럼 대우한다. 직책 및 직위의 부여는 순서제로 담당하게 하며, 활동 분야별 책임자는 집단별로 소속 자원봉사자들 간의 의견 교환과 조정 그리고 소속 자원봉사자의 활동상황 점검 및 사후관리를 담당하게 한다. 아울러 배치 이전에 자원봉사자의 경력과 능력을 활용하여 명확하고 정확한 업무분담을 할 수 있도록 한다.

⑤ 유대관계 강화

직원과 자원봉사자 간의 유대, 자원봉사자와 자원봉사자 간의 유대를 강화하는 일은 매우 중요하다. 직원 및 자원봉사자 간의 만남의 자리를 주선하는 일부터 야유회, 수련회, 체육대회, 자원봉사자 가족 친목회 등의 다양한 친목도모 프로그램의 시행이 필요하다.

⑥ 자원봉사자 평가회 및 연수

정기적인 평가회를 통한 사례검토 외에도 자원봉사자의 제반 건의사항 수렴 및 집단 스터디를 위한 기회를 제공한다. 아울러 일정 기간 이상 활동한 자원봉사자는 연수 등의 재교육 프로그램에 참석하게 한다.

⑦ 자원봉사자에 대한 수퍼비전

자원봉사활동 기록을 복사하여 매회 평가하여 돌려주거나 일정한 양식을 준비하여 활동에 대한 평가, 전달사항, 의견 수렴 등을 통해 상호 교류하며 지지 역할을 수행할 수 있게 한다(김범수 · 신원우, 2006).

(3) 자원봉사 프로그램 평가와 피드백

앞서 자원봉사관리자는 첫 단계에서 자원봉사 프로그램의 계획을 달성하는 데 필요한 자원과 자원봉사 조직 프로그램의 주변 환경을 파악하여 프로그램을 기획한다는 내용을 학습하였다. 마지막 단계에서 자원봉사관리자는 자원봉사 프로그램을 전반적으로 평가하고, 그 평가는 다시 처음 단계로 피드백된다는 원리를 인식하여야 한다.

4. 자원봉사 프로그램의 평가

자원봉사 평가(evaluation)는 프로그램을 계획하고 수행한 후의 마지막 단계이지만, 프로그램 설계와 실행의 전 과정에 적용되는 개념이기도 하다. 평가란 프로그램을 통해 문제가 해결된 정도, 즉 프로그램의 목표달성 정도를 사정(assessment)하는 것이다. 또한 평가내용 역시 프로그램의 목표에 이미 설정한 것에 따라 선택된다고 할 수 있으며, 프로그램 계획단계에서 진술된 목표를 충분히 반영한 것이어야 한다. 정확하고 의미 있는 평가를 위해서는 적절한 평가지표와 타당성 있는 평가도구를 사용해야 한다. 또한 중요한 것은 평가결과를 다음 프로그램을 계획할 때 반영하여 기존 프로그램을 수정 · 보완하거나 새로운 프로그램의 질을 높이는 자료로 활용하는 것이다.

평가내용은 다음과 같다(볼런티어21, 2004: 59-60).

① 무엇을 평가할 것인가?
• 활동의 목적과 목표

- 무엇이 달성되었는가?
- 그 밖의 변화들은 무엇인가?

② 어떻게 평가할 것인가?

- 양적 평가(계량화)
  - 모집결과, 자원봉사자 수
  - 자원봉사자의 서비스 제공시간
  - 훈련에 참석한 자원봉사자 수
  - 인정을 받은 자원봉사자 수
  - 지속되는 자원봉사자 수
  - 자원봉사활동에 대한 금전적 기여 환산 등
- 구조화된 설문지를 통한 평가: 자원봉사자의 노력의 결과로 프로그램 대상자에게 어떤 변화나 성과가 일어났는가를 측정한다. 평가설문지, 평가토론회, 특정한 평가척도를 이용한 프로그램 전후 검사 실시 등
- 질적 평가(사례토의): 1일 활동 후 간담회 개최, 활동 소감 나누기, 대상자 및 지역사회 주민 간담회
- 자원봉사자 개인의 목표에 대한 평가
- 프로그램에 투입된 비용과 프로그램의 효과성을 비교하는 효율성 측정: 프로그램 실행에 투입된 노력과 산출의 비율로서, 투입을 비용으로 보고 산출을 효과로 보면 '효율성=산출/투입=효과/비용'이 된다. 이를 동일한 서비스를 자원봉사자가 아닌 유급 직원이 수행했을 경우에 투입되어야 하는 비용과 비교하는 것도 가능하다.

③ 누가 평가에 참여할 것인가?

- 3요소: 자원봉사자, 운영자, 지역사회 및 대상자

④ 언제 평가할 것인가?
- 계획평가: 프로그램 계획 자체의 합리성 평가
- 진행평가: 모든 분야의 진행상황에 대한 지속적인 평가
- 결과평가: 프로그램 실행결과 변화된 정도와 목표달성 정도 측정

지금까지 자원봉사 프로그램의 평가내용을 간략히 살펴보았다. 자원봉사 프로그램을 전개하는 과정에서 가장 중요한 평가는 매 회기 자원봉사활동 종료 후 차를 마시며 간단한 평가회를 하거나 마지막 인사를 나누는 대화 속에서 자원봉사자의 반응 및 개선점을 파악해 내는 것이다. 이미 몇 주나 몇 개월 지난 후 설문 조사지를 통해 평가하는 방법도 있지만, 이보다는 질적 평가에 의한 평가방법을 잘 활용하는 것이 자원봉사 관리에서 더 중요하다고 할 수 있다.

제3부

자원봉사 분야의 전망과 과제

활동분야별 자원봉사

1. 청소년 자원봉사

1) 청소년의 특성

청소년이 자원봉사활동에 참여하기 위해서는 우선적으로 청소년의 다음과 같은 특성을 이해하고 있어야 한다.

첫째, 청소년의 신체적 · 정신적 · 사회적 발달은 주위 사람의 사랑과 관심 또는 보호에 의존하게 된다. 둘째, 청소년은 학습을 요하는 성장 · 발달 과정에 있다. 따라서 청소년은 그들의 발달수준, 능력 및 관심 등에 비추어서 이해되어야 하며, 현 단계의 핵심적인 문제와 욕구가 충족되어야 다음 발달단계로 나아갈 수 있다. 셋째, 청소년기는 감정이 매우 예민하고 강렬한 시기다. 청소년의 욕구충족에 대한 계속적인 실패는 불안, 불신 및 적개심 등을 조성하게 된다(이성록, 1996). 청소년기는 소년기의 끝부터 성인기가 시작되는 시점까지 이어지는 과도기에 해당된다. 청소년기는 성숙한 인격체가 되기 위한 준비 시기로서 신체적 · 심리적 · 사회적으로 급격한 성장발달이 이루어지기 때문에 인생의 다른 어떤 시기보다 특히 중요하게 인식되고 있다. 이 시기는 '나는 누구인가?'라는 물음에 대한 답을 구하려는 강한 욕구가 생겨 자아정체감을 확립하려 하고 여러 가지 갈등과 혼란을 겪게 된다(한국청소년자원봉사센터, 1996). 이러한 중요한 시기를 성공적으로 보내면 다른 사람을 소중하게 생각하는 올바른 가치관이 확립되고 긍정적인 자아정체감이 형성된 훌륭한 성인으로 성장하게 된다.

2) 청소년 자원봉사의 필요성

청소년 자원봉사활동은 성인들의 자원봉사활동과 여러 면에서 비슷하나, 청소년들이 하는 봉사활동은 완전히 자발적인 봉사활동이라기보다 교육적 목적을 가지고 지도 · 안내 · 조정 · 평가되는 활동이라는 차이점을 갖는다. 따라서 청소년 자원봉사활동은 봉사학습(service learing)의 개념으로 접근하는 것이 적절하다(고재욱 외, 2011).

이러한 청소년 자원봉사활동의 필요성을 크게 개인적 차원과 사회적 차원으로 나누어 살펴보면 다음과 같다.

(1) 개인적 차원에서의 필요성
- 청소년은 다양한 사람들과의 만남을 통해 자기 존재의 의미와 자기존중의 정신을 깨달을 수 있다.
- 많은 사람과 접하게 되고, 이러한 만남은 사회성 발달의 좋은 계기를 마련해 준다.
- 지도력 향상의 기회를 가진다. 집단 활동을 통해서 자기 표현의 기회와 자신감을 갖게 되고 협동과정에서 타인 이해의 폭을 넓힐 수 있다.

- 서로 돕고 살아가는 공동체 의식을 길러 준다.
- 봉사활동에 참여함으로써 자발성, 협동정신, 책임감과 같은 민주시민의 자질을 함양하게 된다.
- 자신의 적성을 발견하거나 새로운 기술을 학습할 수 있게되어 장래 진로선택에도 도움을 준다.
- 학교에서 배운 것을 보충 · 심화시킬 수 있게 되어 교육의 장을 학교뿐만 아니라 지역사회까지 확대하는 효과가 있다.

(2) 사회적 차원에서의 필요성(김남순, 1997)
- 어려운 이웃을 돕거나 지역사회 환경을 개선시키는 등 자발적인 참여 풍토가 조성된다.
- 자원봉사 참여의 보람과 시민으로서의 책임의식을 갖게 된다.
- 진정한 봉사의 가치를 깨닫게 되고, 이러한 정서와 감수성의 발달은 결국 유능한 지도자로서 기본적으로 갖추어야 할 소양이 된다.
- 소외된 사람들의 신뢰를 받는 사회를 만든다.
- 각종 범죄와 사고를 예방한다. 타인을 위한 배려 양보, 포용감을 심어 주어 안전한 사회를 만드는 밑거름이 된다.

3) 청소년 자원봉사활동의 영역

(1) 청소년이 참여할 수 있는 자원봉사
　청소년 자원봉사활동은 크게 장소, 대상, 활동목적에 따른 세가지 영역으로 나누어 볼 수 있다.

- 장소에 따른 영역: 학교, 지역사회복지관, 사회복지시설, 병원, 각종 사회단체, 지역사회의 공공기관 등이 해당된다.

표 11-1 장소에 따른 영역

장소에 따른 영역	세부 활동
학교	학교 주변 청소 및 환경미화, 동급생 및 하급생 학업지도,학교 도서관 및 자료실 정리, 학교 및 학급 신문 만들기 등
지역사회복지관	각종 홍보지 배포, 지역사회 설문조사 활동, 어린이 도서관 업무보조, 경로식당 배식 등의 활동과 지역사회복지관 부설 재가복지서비스의 각종 업무보조, 저소득가정 방문 등
사회복지시설	각종 청소 및 세탁작업 보조, 노인 · 장애인 · 아동들의 말벗, 식사보조, 학습지도, 점자 타이핑 및 녹음 봉사, 외출 동행, 책 읽어 주기 등
병원	거즈 접기, 세탁물 보조, 차트 정리, 책 읽어 주기, 보호자가 없는 환자의 화장실 동행 등
각종 사회단체	각종 사무활동 보조, 캠페인, 자료정리, 도서정리 등
지역사회의 공공기관	공공기관 내 업무보조 및 청소, 지역사회의 각종 활동보조(공공시설물 점검, 교통 감시, 청소년 유해환경 조사, 놀이터 청소, 지역 내 문화시설 및 유적지 조사, 재활용품 선별 등) 등

- 대상에 따른 영역: 청소년이 봉사할 수 있는 노인, 장애인, 아동 등으로 분류할 수 있다.
  - 노인을 위한 봉사: 지역사회 내의 저소득층 노인 가정, 시설노인 등이 주된 대상층이 될 수 있다. 노인시설 및 노인가정 방문, 노인의 말벗 되어 드리기, 노인가정 청소, 취사, 세탁보조, 책 읽어 드리기, 병원 동행하기, 은행에 각종 요금수납 등 생활활동 보조 등.
  - 장애인을 위한 봉사: 나들이 보조, 장애인 가정 및 시설 방문, 식사보조, 세탁보조, 청소 · 목욕 서비스 보조, 직업재활 업무보조, 신문이나 책 읽어 드리기, 장애인 아동 학습지도 및 놀이 상대, 점자 타이핑 및 녹음 작업 등.
  - 아동을 위한 자원봉사: 주로 복지시설, 유치원 및 어린이집 아동 등이다. 놀이교재 제작, 간식 만들기, 아동의 귀가 지도, 동화책 읽기, 학습

지도 등.

-지역사회를 위한 자원봉사: 문화재 가꾸기, 지역사회 캠페인, 샛강 살 리기, 편의시설 실태조사, 관광안내, 신문 제작, 지역행사 지원, 재활 용품 선별 등이다.

• 활동목적에 따른 영역: 봉사활동 목적에 따라 일손돕기 활동, 위문활동, 지도활동, 캠페인 활동, 자선·구호 활동, 환경·시설 보전활동, 지역사 회 개발활동, 기타 영역으로 분류할 수 있다.

표 11-2 **활동목적에 따른 영역**

활동목적에 따른 영역	세부 활동
일손돕기 활동	복지시설, 공공기관, 병원, 농어촌에서의 도움 활동
위문 활동	보육원, 양로원, 장애인 학교, 재활원, 병원, 자매부대 등에서의 도움 활동
지도 활동	교과, 운동, 문화, 레크리에이션 등 지도
캠페인 활동	공공질서 확립, 교통·안전, 학교 주변 정화, 환경보전 캠페인 활동
자선·구호 활동	재해구호 활동, 불우이웃 돕기, 헌혈, 국제협력 및 난민구호 등
환경·시설보전활동	깨끗한 환경 만들기, 자연보호, 나무 심기 및 가꾸기 등
지역사회 개발활동	지역실태조사 활동, 지역사회 가꾸기, 지역행사 지원활동 등
기 타	지역사회 상황과 지역 특성에 따라 다양한 봉사활동 프로그램 개발

(2) 청소년을 위한 자원봉사활동 프로그램

청소년을 대상으로 하는 자원봉사활동은 청소년 발달 단계상의 특징에 대 한 이해를 바탕으로 욕구를 파악하고 그들의 삶의 질을 향상시킬 수 있는 프 로그램 개발, 제공하는 것이 필요하다.

- 직접적 자원봉사: 심리적 지지, 사회성 증진, 생활안정 등
- 간접적 지원봉사: 시설 지원, 사회환경 조성 등

표 11-3 청소년을 위한 자원봉사활동 프로그램

구분	체계	분야별	프로그램
직접적 자원 봉사	심리적 지지	상담	또래상담, 아동 · 청소년 상담, 학교상담 자원봉사, 학교 부적응학생 상담지도, 문제행동학생 상담지도 등
		결연	소년소녀가장, 결손가정, 비행청소년 개별 결연
	사회성 증진	교육 지원	기능교실(컴퓨터, 영어, 서예, 악기 등) 지원, 방과후 학습지도, 청소년 자원봉사자를 위한 교육
		사회활동지원	동반외출, 산업시찰 및 역사탐방, 농촌활동 지도
		여가 선용	취미 교육(미술, 음악, 종이접기, 무용 등), 레크리에이션 · 캠프지도, 동아리 활동지도(연극, 영화, 만화, 노래, 댄스, 영어, 문학 등), 전통놀이 지도(사물, 탈춤, 판소리, 서예 등)
	생활 안정	생활 및 가사 서비스	결식아동 · 청소년 무료급식 및 노력봉사, 저소득가정 청소년 도시락 및 밑반찬 전달, 이 · 미용 제공, 식사준비 및 취사, 차량지원, 청소
		보호 활동	영 · 유아보호 시설아동 돌보기, 일일 위탁부모, 가출청소년 일시보호(쉼터), 민간가정 위탁
		취업 지원	청소년들의 직업훈련, 취업알선 및 사회적응훈련
간접적 지원 봉사	시설지원	업무 보조	시설환경 정리, 행정업무보조, 차량지원 등
		시설 장비	아동복지시설 화단만들기, 놀이터 등 장비정비, 자연학습장 만들기, 보일러 · 수도 등 각종 시설정비 등
		방문 활동	시설에서의 레크레이션 지도, 보호관찰소 · 소년원 등 위문
	사회 환경조성	조사 정보캠페인	청소년 유해 문화환경 조사 · 감시, 가출청소년을 위한 아웃리치, 청소년 신문제작, 아동 · 청소년욕구조사 등 사회조사, 근로청소년을 위한 음악회 개최, 성교육, 청소년 금연교실, 약물남용방지 캠페인

출처: 한국사회복지협의회(1997); 오효근(2006). 일부 재구성

4) 학생자원봉사의 발전과정

학생자원봉사의 발전과정을 연도별로 살펴보면 다음과 같다(송민경, 2016).

- '5.31 교육개혁 방안(1995년): 청소년의 봉사활동 내용과 참가시간을 '학교 생활기록부'에 기재토록하고 상급학교 진학 시 이를 반영토록함
- 입학사정관제(2007년): 2007년 10개 대학, 2013년 66개 대학으로 확장되어 정착되었으며, 대학입시에 영향을 줄 수 있는 평가 근거자료로도 청소년의 자원봉사활동 경력이 활용됨
- 창의적체험활동 도입(2009 개정 교육과정): 초등교육과 중등교육의 교육과정의 교과 외 활동의 한 영역으로 인성·창의교육 강화 방안이 마련되었다. 구성영역으로 자율활동, 동아리활동, 진로탐색활동, 봉사활동으로 구분함
- 자유학기제(2013년 시행): 2013년에 시범사업으로 시행되었고, 2016년에 중학교에 전면 도입함. 중간·기말고사를 보지 않는 대신 토론·실습 수업이나 직장 체험활동과 같은 진로교육을 받는 제도로 창의·인성교육을 강화하였고, 구성영역으로 진로체험활동, 동아리활동, 예술·체육활동, 학생 선택프로그램으로 구분함
- 인성교육진흥법(2015년 시행): 2015년 1월 20일에 공포하여, 2015년 7월 4일에 시행되었음. 중앙행정기관의 장과 교육감은 인성교육시행계획을 수립토록하고, 인성교육 관련 교원연수 필수와 학교교육에서 인성교육 지원이 강화됨

5) 청소년 자원봉사의 문제점 및 개선방안

자원봉사활동에 있어서 아동의 경우는 아직까지는 지역사회에서 학부모

를 중심으로 가족봉사활동으로 함께 참여하고 있어 그 활동은 미미한 상황이라 볼 수 있다.

중·고등학생의 청소년 자원봉사활동의 문제점은 크게 다음과 같은 네 가지로 나누어 볼 수 있다(김한구 외, 1997; 최덕경 외, 2012).

- 참여의 문제: 자원봉사활동의 분위기 형성과 동기부여를 위한 인정, 안전·보호의 문제, 지원단체에 대한 행정적·재정적 지원 등이 전반적으로 미흡하다. 시간인증의 점수를 받기 위한 인위적·집단적·형식적 활동으로 기울어 청소년에게 자원봉사활동의 참뜻인 자발성과 자주성이 왜곡될 우려가 있다.
- 활동내용에 대한 문제: 수요기관의 활동내용이 협소하고 단순 보조활동 수준에 머물러 있어 청소년의 다양한 흥미와 욕구를 반영하지 못하고 있다.
- 활용기관의 문제: 프로그램 부족, 전담관리자(지도자)의 부재, 사전교육 수행능력 미흡 등으로 적극적으로 봉사활동을 진행하지 못하는 한계점을 안고 있다.
- 자원봉사관리자의 문제: 학교, 자원봉사단체, 활동처(수요기관) 등에 전문적인 관리자가 절대적으로 부족하고, 청소년들의 적극적인 활동 참여에의 유인책 및 동기부여와 자원봉사관리자에 대한 제도적·정책적 지원이 미흡한 실정이다.

이와 관련하여 청소년의 자원봉사활동을 올바르게 정착시키기 위해서는 먼저 몇 가지 개선방안에 대해 생각해 보아야 한다(중앙일보 자원봉사사무국, 1996 ; 서효숙, 1999 ; 최덕경 외, 2012 ; 류기형 외, 2013).

- 청소년 자원봉사활동의 참여와 폭이 확장되고 촉진되어야 하며 사회의

이해가 필요하다. 자원봉사활동이 도구화될 가능성과 자원봉사활동의 본질을 왜곡시킬 우려가 있다. 사회복지시설, 공공기관, 사회단체 등에서는 지역사회의 미래를 이끌어 갈 시민을 양성하고 공동체 의식을 함양한다는 측면에서 잘 준비된 활동의 기회를 제공하고 격려해야 할 필요가 있다.

• 봉사학습제도의 체계적 실행과 발전이 필요하다. 청소년 자원봉사는 봉사학습적 관점에서 '준비−실행−평가 및 반성−인정과 축하'의 단계를 거친다. 이 과정을 통해 청소년들이 건강하게 성장·발전할 수 있도록 지도하는 것이 필요하다.

• 교사와 학교장 및 교육청, 학부모, 봉사현장인 지역사회 관계기관과의 협력체계가 요구된다. 학교 안에서 자원봉사활동을 장려하는 분위기를 만들고 교사가 자원봉사활동에 관련된 교육 및 훈련을 받거나 현장체험을 할 수 있도록 장려되어야 한다.

2. 장애인 자원봉사

1) 장애에 대한 이해

(1) 장애와 장애인의 의미

장애인의 개념은 그 나라의 사회문화적·경제적 여건과 수준에 따라 다르므로 간단히 정의하기는 어렵다. 장애의 의미를 좁은 의미(협의)와 넓은 의미(광의)로 구분해 볼 때, 협의의 장애는 신체 또는 정신 기능의 저하, 이상, 상실 또는 신체 일부의 결손 등과 같은 의학적 차원의 개념이다. 반면, 광의의 장애는 협의의 장애를 비롯하여 이에 따라 발생하는 생활의 곤란까지를 포함하여 의학적 차원은 물론 사회적 차원까지를 말하는 포괄적 개념이다.

장애인 분류

전통적인 장애의 개념에 따르면 세계보건기구(WHO)의 분류를 기준으로 세 가지 차원에서 장애인을 이해할 수 있다. 첫째는 신체적 손상에 의한 장애(impairment)로서 신체적 구조나 기능의 손상 또는 결함이다. 둘째는 이 손상으로 기능에 제약(disability)이 있어야 한다. 만일 손상이 있어도 기능에 제약이 없다면 장애라고 할 수 없다. 예를 들면, 시력이 나빠지는 것은 일차적 손상장애이며, 시력이 없어 볼 수 없는 것은 기능장애라 할 수 있다. 셋째로 손상에 의한 기능제약으로 사회적으로 불리한 대우를 받았을 때는 사회적 장애(social handicap)로 구분된다. 다시 말하면, 시력을 상실하여 볼 수 없게 된 시각장애인이 취업이 되지 않았다면 사회적 장애가 된다(박옥희, 2002).

어느 시대나 사회를 막론하고 장애인은 자원봉사활동의 일차적 대상이 되어 왔다. 그렇지만 장애인에 대한 시설보호 중심의 복지에서 이제는 지역사회의 재가복지와 사회통합을 강조하는 복지로 전환됨에 따라 장애인을 대상으로 한 자원봉사활동의 중요성은 점점 더 큰 비중을 차지하고 있다.

2) 장애인을 위한 자원봉사의 종류와 내용

장애인을 위한 자원봉사활동은 다른 대상자보다 다양하고 광범위하다. 이것은 장애인의 연령층이 어린 유아부터 노인층에 이르기까지 다양하며, 장애유형별 특성 또한 크게 다르기 때문이다. 즉, 장애 아동의 경우에는 보호와 교육에 대한 욕구가 크고, 청장년 장애인의 경우에는 직업활동과 사회활동에 대한 욕구가 크며, 노령 장애인의 경우에는 집중적인 간병이나 수발을 필요로 하게 된다.

장애인은 '장애'라는 특수성을 갖고 있을 뿐 아니라 장애의 정도와 유형에 따라 그리고 개인적인 특성에 따라 각기 다른 다양한 욕구를 지녔기 때문에 장애인에 대한 자원봉사활동을 한 방향으로 규정하기는 어렵다(류기형 외, 1999).

여기서는 장애인을 대상으로 한 자원봉사활동의 종류와 내용을 장애유형
별 특성에 따른 기본적인 활동내용과 함께 봉사활동의 영역별로 구분하여
살펴보고자 한다(한국장애인고용촉진공단, 1996 ; 한국사회복지협의회, 1997).

(1) 자원봉사 영역별 활동의 종류와 내용

장애인을 위한 자원봉사 영역별 활동은 ① 사회활동 지원, ② 장애아동 보
호 및 교육 지원활동, ③ 장애인 생활지원 활동, ④ 취업지원 활동, ⑤ 장애인
시설 지원활동, ⑥ 의료분야 및 재활치료 보조 활동으로 구분된다.

장애인 영역별 활동

(2) 장애인이 참여할 수 있는 자원봉사

장애인이 자원봉사활동에 참여하기 위해서는 우선적으로 사회적인 여건
이 마련되어야 한다. 먼저 지역사회에서 장애인의 자원봉사활동을 받아들일
수 있는 태도와 인식의 변화가 필요하다. 아직도 장애인을 자원봉사자로서

표 11-4 장애인이 참여할 수 있는 자원봉사 활동

봉사내용	세부활동 및 사례
학습지도	장애시설아동 학습지도, 미술, 컴퓨터, 악기연주, 노래 등
공연봉사	시각장애인들로 구성된 합창단, 밴드, 합창, 사물놀이 봉사단 장애인국악예술단. 예: 시각장애인 밴드 4번 출구, 장애인국악예술단 '땀띠', 발달장애인 전통문화예술단 등
캠페인	장애인 인식개선교육, 교통안전 캠페인 원광장애인봉사단(https://svc1365.tistory.com/1476)
체육행사	행사 안내, 문실물 접수, 환경미화 등 평창동계스페셜올림픽, '지적장애 학생도 자원봉사자로 한 몫' (https://sports.news.naver.com/news.nhn?oid=214&aid=0000229039)
모니터링	장애인 편의시설 모니터링 등
가족봉사	장애인과 가족이 함께 봉사

원광장애인봉사단

받아들이는 지역사회의 수용적인 태도가 미흡하며 사회적인 편견으로 인해 장애인의 인적자원을 적극적으로 활용하지 못하고 여러 가지 장벽으로 인해 어려움을 겪고 있는 현실이다. 사회적인 인식개선과 함께 장애 유무와 관련 없이 참여할 수 있는 자원봉사활동을 개발하여야 한다. 또한 한 가지 기능만으로도 수행 가능하도록 업무를 세분화하고 여러 사람이 팀을 이루어 할 수 있는 프로그램을 통해 장애인의 자원봉사활동 참여 기회를 넓혀야 한다(이병순 외, 2010).

(3) 장애인을 위한 자원봉사자의 역할과 자세

자원봉사자는 장애인에 대한 지역사회의 편견을 제거하고 장애인에게 우호적인 사회적 분위기를 조성하거나 장애인에게 불리한 사회적 환경과 제도를 개선하는 데 있어 일정한 역할을 담당할 수 있다. 그리고 직접적으로는 장애인을 위한 서비스에 참여함으로써 장애인의 재활을 도와줄 수 있다.

장애인을 위한 활동을 하는 자원봉사자는 첫째, 진정한 동료·친구로서의 역할을 한다. 장애인을 돕는 봉사자는 장애인이 처한 상황을 공감하고 이해해 주는 자세가 무엇보다 요구된다. 둘째, 자원봉사자는 치료나 교육 등 재활의 조력자로서 활동한다. 셋째, 장애인이 주로 이용하여야 하는 장비나 시설에 대해서도 이해할 필요가 있다. 넷째, 자원봉사자는 장애인의 대변자로서 활동한다. 장애인이 과거에 극복해 온 좌절감이나 절망감, 상실감으로 다시 고통받지 않도록 배려할 필요가 있다.

자원봉사자는 장애인 문제에 대하여 지역사회가 관심을 갖도록 알리고 해결을 촉진하는 활동을 할 수 있다. 장애인의 입장에서 장애인에 대한 올바른 인식을 촉구하고 사회단체나 종교단체에서 장애인을 지지할 수 있도록 설득하는 활동을 할 수 있다.

▣ 관련 사이트
- 한국장애인고용공단: https://www.kead.or.kr/
- 한국장애인재활협회: http://www.freeget.net/main.php
- 한국장애인복지관협회: http://www.hinet.or.kr/
- 한국장애인복지시설협회: http://www.kawid.or.kr/html/1-1.php
- 한국장애인문화예술협회: http://www.bluesky82.org/

한국장애인고용촉진공단

3. 노인 자원봉사

우리나라는 2000년에 65세 이상 인구비율이 7.2%에 이르러 '고령화 사회', 2018년부터 이미 '고령사회(aged society)'로 진입했으며, 2019년 현재 65세 이상 노인 인구는 802만 6,915명으로 2018년 14.8%에서 15.5%로 증가했다(통계청, 2019). 2025년에는 20.8%가 되어 '초(超)고령사회(super-aging society)'에 도달할 것으로 전망된다.

표 11-5 주요국가의 고령사회 도달연도 및 소요연수

구분	도달연도(전망)			소요연수	
	고령화 사회 (7%)	고령사회 (14%)	초고령사회 (20%)	고령사회 도달 (7% → 14%)	초고령사회 도달 (14% → 120%)
일본	1970	1994	2006	24	12
독일	1932	1974	2007	42	33
이탈리아	1927	1988	2009	61	21
미국	1942	2013	2029	71	16
프랑스	1864	1990	2019	126	29
대한민국	2000	2018	2025	18	7

출처: UN; 통계청; 한국은행(2017); 전영수(2020)에서 재인용
(우리나라의 초고령사회 도달연도 소요연수는 통계청 「장래인구특별추계」(2019)에서 전망한 수치임)

1) 노인 자원봉사활동의 의의

노년기는 신체적·경제적으로 커다란 상실감을 겪는 시기이기도 하지만, 동시에 새로운 것에 대한 창조의 시기이기도 하다. 지금까지의 노인에 대한 사회적 인식은 서비스를 주는 자보다는 일방적으로 서비스를 받거나 도움을 받는 자로 여겨져 왔다. 그러나 대부분의 노인은 건강하고 활발하게 활동할 수 있으며, 평생 동안 축적한 지식과 기술을 가지고 있어 서비스를 제공하는 훌륭한 봉사자가 될 수 있다.

현대의 노인은 경제, 건강, 역할상실, 고독, 부양 등의 문제로 봉사자의 도움을 필요로 하고 있으며, 건전한 여가활동과 보람 있고 건강한 노후생활을 위해 자원봉사활동이 필요하다.

노년기 자원봉사활동은 퇴직생활에 대한 적응력을 높이고 상실되었던 사회적 지위와 역할을 보충해 주는 중요한 대체 역할이 될 수 있다. 즉, 자신이 필요하다는 느낌을 갖게 함으로써 고독감이 감소되고, 지역사회와의 연대감을 높이고, 세대 간 사회통합에 도움이 될 수 있으며, 사회적으로 인적 자원을 활용할 수 있다는 점에서 그 의의가 크다고 할 수 있다.

2) 노인의 자원봉사활동 분야

현재 우리나라에서 노인의 자원봉사활동 참여 비율은 다른 나라에 비해 현저히 낮은 편이다. 노인은 자원봉사를 받는 대상자이지 자원봉사를 하는 주체자로 인식되지 않아 활성화되지 못하고 있다. 행정안전부(2019)의 자원봉사자 등록현황에 따르면, 전체 자원봉사자 12,831,501명중 60세 이상이 1,376,025명으로 10.7%으로 전 연령대에 비해서 참여율이 낮게 나타나고 있다.

노인 자원봉사활동은 노인문제 해결 차원에서의 '노인을 위한 자원봉사'와 노인복지 증진 차원에서의 '노인이 참여할 수 있는 자원봉사'를 들 수 있다.

(1) 노인을 위한 자원봉사

노인을 위한 자원봉사활동의 분류로는 재가노인과 시설노인, 서비스중심
으로 분류할 수 있다.

- 재가노인을 위한 서비스: 가정방문 서비스(예: 가사, 간병, 심리 · 사회서비
  스), 주간보호 서비스(예: 건강교육, 급식, 목욕, 재활, 운동, 오락 등), 단기
  보호 서비스(예: 급식, 간호보조, 말벗, 상담 등), 임종간호 서비스 등
- 시설 노인 방문 서비스: 양로원, 요양원, 병원 등에 생활 노인을 위한 서
  비스로 말벗, 상담, 가족행사 돕기, 청소, 취미교육, 오락 지도, 물리치
  료 보조 등

표 11-6 서비스 중심 노인대상 자원봉사 프로그램

서비스	봉사 내용
심리 · 정서적 지원	안부전화 걸기, 독거노인 가정결연, 가정방문, 말벗 등
사회활동 지원	독거노인 모임지원, 외출동행, 사회적응 지도 및 보조 등
교육지원	노인대학 운영보조, 한글교육, 컴퓨터 · 외국어 등 학습지도
생활지원	환경미화, 급식제공, 목욕보조, 도시락 · 밑반찬 배달, 이 · 미용 서비스, 세탁물 배달 등
취업지원	노인 취업알선 및 일자리 상담
의료지원	욕창관리 지도, 인지치료, 작업요법 지도, 화상치료 지도, 방문간호. 노인건강 강좌, 노인진료, 임종간호(호스피스) 등
방문활동	노인시설 위문공연, 노인정 우애방문 등
보호활동	무의탁 장애노인 수발, 노인주거시설 화기 안전점검 등
여가선용	노인체육지원, 노인 취미활동 그룹지도, 편지대필, 레크리에이션 지도 등
업무보조	시설환경 정리, 차량운행, 노인관련기관 및 시설 행사보조
정보제공	법률상담, 세무상담, 건강상담 등
조사개발	노인관련 출판물 제작 및 보조

출처: 서혜경(2002); 이병순 외(2010). 일부 재구성

- 서비스를 중심으로 분류한 노인대상 자원봉사 프로그램(〈표 11-6〉 참
조): 심리 · 정서적 지원, 사회활동지원, 교육지원, 생활지원, 취업지원,
의료지원, 방문활동, 보호활동, 여가선용, 업무보조, 정보제공, 조사개
발 등이 있다.

(2) 노인이 참여할 수 있는 자원봉사

기본적으로는 일반인이 할 수 있는 분야와 동일하지만, 노인이 가지고 있
는 지식이나 경험, 기술, 지혜 등을 충분히 활용하고 즐거움과 보람을 느낄
수 있는 분야가 바람직하다. 우리나라 노인에게 적합한 자원봉사활동을 살
펴보면, 노인의 신체적 · 심리적 노화현상 등을 감안할 때 비교적 체력과 순
발력이 덜 필요한 활동이 적합하다.

노인이 참여할 수 있는 자원봉사 프로그램은 〈표 11-7〉과 같이 개인활동
과 집단활동으로 구분하여 설명할 수 있다.

표 11-7   **노인이 참여할 수 있는 자원봉사 프로그램 분류**

구분	봉사 영역	봉사내용
개인 활동	보건/의료활동	병원 안내, 의료기관 업무보조, 호스피스 간호 지원, 의료기관 모니터링, 바른 식생활 교육 등
	환경 활동	쓰레기 분류 및 관리, 나무심기, 환경교육, 상수원 보호구역 감시, 중고 제품 재활용 운동, 지역사회 환경정화 계몽활동 등
	질서유지 활동	건널목 지킴이, 지하철 안전 및 질서유지, 장애자 우선승차 지원 등
	문화예술 활동	유형문화재 보호 · 감시 · 계도, 박물관 자료정리, 도서관 도서정리, 지역 문화시설 안내 등
	국제교류 활동	번역봉사, 통역가이드, 외국 청소년 민박 등
	사회복지서비스	주차관리, 식권 배부, 행정업무 보조, 모니터링, 손자녀 맺기 등
	전문영역 활동	법률상담, 회계자문, 성폭력 상담, 부부상담, 심리 · 음악 치료 등
	기타 활동	불우이웃 성금 전달, 장학금 지급, 유산기탁 등

집단 활동	보건/의료활동	전화서비스, 주민건강교실, 금연운동, 무료진료 봉사, 당뇨캠프, 의료기관 모니터링 등
	환경 활동	환경캠페인, 환경오염 점검 및 신고, 자연보호 활동, 갯벌 생태계 조사, 지역사회 환경정화 등
	질서유지 활동	방범 및 경비활동, 교통정리, 유해환경 감시, 교통단속 감시원, 각종 행사 교통질서 정리 등
	문화예술 활동	음악교실, 판소리 지도, 서예지도, 문화재 보호캠페인, 노인복지시설 위문공연, 전통문화 전승 활동 등
	국제교류 활동	난민원조, 기아봉사단 파견, 친선교류, 해외입양동포 모국어연수, 외국인 노동자 문화축제 등
	구호활동	화재, 수해, 긴급사고, 이재민 보호 및 지지, 모금활동 등
	사회복지 서비스	재가노인서비스(말벗, 도시락·밑반찬 제공, 나들이 동행 동 보조, 화초 관리, 이미용, 사회복지시설 우애 방문 봉사 등)

출처: 서혜경(2002); 이병순 외(2010) 일부 재구성

　현재의 노인층은 제한된 자원봉사 분야에서 활동하고 있다. 특히 점차 증가하고 있는 중상층 고학력 노인은 스스로 자원봉사활동에 대한 의사가 있다 하더라도 자신에게 적합한 분야를 발견하는 것이 쉽지 않아 자원봉사활동을 포기하는 경우도 있다. 따라서 앞으로 다양한 노인층이 자원봉사활동을 보다 원활히 할 수 있도록 개인의 지식이나 경험 등을 활용할 수 있는 자원봉사 분야의 개발이 필요하다.

■ 관련사이트
- 한국노인종합복지관협회: http://www.kaswcs.or.kr/
- 한국노인복지중앙회: http://www.elder.or.kr/
- (사) 대한노인회: http://www.koreapeople.co.kr/
- 중앙노인보호전문기관: http://noinboho.or.kr/index.html
- 한국재가노인복지협회: http://noinboho.or.kr/index.html

한국노인복지관협회

한국재가노인복지협회

4. 기업 자원봉사

기업의 자원봉사(corporate volunteer service)는 1970년대 이후 미국 기업들이 사원 자원봉사활동을 기업 차원에서 제도적으로 뒷받침해 주면서 등장했다. 기업차원에서는 자원봉사가 직원들의 자발적 참여라기보다는 회사의 정책에 의하여 비자발적, 강제적 성향을 띄는 것을 부정할 수 없으나, 점차적으로 임직원들의 자발적 참여 증가와 봉사활동을 위한 유급휴가제 실시 등이 자원봉사 참여를 권장하는 분위기로 조성되어 가고 있다.

1) 기업자원봉사의 개념

켄 엘런(Ken Allen, 1995)에 의하면, 기업자원봉사는 "자신들의 시간과 기술을 지역사회에 환원하고자 하는 임직원들과 퇴직자들을 위한 공식적 혹은 체계화된 회사의 지원"이라고 설명하고 있다(이자영, 2004). 전국경제인연합회(2005)에서는 "회사가 임직원들의 봉사활동을 정책적으로 유도하고 임직원들이 자신의 시간과 기술을 지역사회에 제공하는 활동을 공식적으로 지

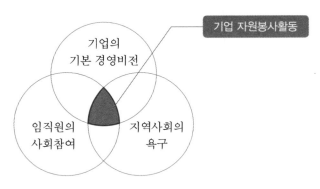

[그림 11-1] 기업자원봉사활동의 의의

출처: 볼런티어21(1998); 이기백(2016).

원하는 행위"라고 정의하고 있다(강성지, 2008). 많은 학자와 전국경제인연합회 등에서 기업자원봉사의 정의에 담고 있는 공통사항은 기업의 사회적 책임과 기업의 공식적인 지원, 기업의 시민정신실천, 대가를 바라지 않는 무급성, 시간과 기술을 지역사회에 환원, 의미 있는 변화 창출 등을 강조하고 있는 것으로 분석된다.

이를 토대로 기업자원봉사의 개념을 정의하면, 기업의 구성원인 임직원 개인이나 봉사단이 기업이 사회적 책임을 수행할 수 있도록 기업시민으로서 자신의 시간과 기술, 재능 등을 대가 없이 지역사회와 연계하여 자발적으로 제공하는 자원봉사활동이라고 할 수 있다.

2) 기업의 자원봉사활동 현황

(1) 기업자원봉사 현황

기업자원봉사 담당자 10명 중 8명은 기업사회공헌활동을 자선사업이 아닌 경영전략을 포함한 기업경영활동의 하나이며, 임직원 봉사활동은 기업이 외부적으로는 지역사회 문제를 파악하고 해결하는 과정에서 지역사회와 긴밀한 유대관계를 형성하는 통로가 될 수 있다고 인식하고 있다(전국경제인연합회, 2014). 임직원 봉사활동은 최근 자원봉사 참여범위를 전체 직원으로 확대하거나 자원봉사단 창단 등 규모나 내용 면에서 커다란 변화를 보이고 있다. 「서울시 자원봉사 발전방안 연구」(최상미 외, 2017)에 의하면, 시민들의 자원봉사참여 경로는 '소속된 단체(종교단체 포함)나 조직, 학교 및 직장'이 53.0%를 차지하고 있으며, 자원봉사활동에 참여하지 않는 이유에서 '시간적 여유가 없어서'가 61.3%로 전국 평균 23%보다 훨씬 높게 나타나 바쁜 서울 생활이 자원봉사참여에 가장 큰 장애가 되고 있는 것으로 나타났다(주성수 외, 2015). 결과적으로, 직장인에게는 회사가 봉사활동의 경로가 되며, 자원봉사참여에 매우 큰 영향을 미치고 있다는 것을 알 수 있다. 2013년 임직원

자원봉사활동 참여율을 살펴보면, 전체 직원의 75% 이상이 참여하고 있다고 응답한 기업 수가 32.7%, 직원의 50% 이상이 봉사활동에 참여하고 있는 기업은 55.8%로 조사되었다. 2004년에 비교하면 다소 증가했지만, 최고의 2008~2009년에 비하면 20% 가량 감소한 것이라고 설명하고 있다(주성수, 2015). 이는 2009년 경제침체기 이후부터 자원봉사 참여가 정체되었고, 최근 심각한 쇠퇴기에 접어든 것으로 분석된다.

(2) 기업의 자원봉사활동 효과 및 발전 방안

기업 자원봉사활동의 효과를 정리하면 첫째, 임직원들의 팀워크 기술을 향상시키고 훈련의 기회를 제공하며, 둘째, 사회공동체에 대한 책임감, 도덕 윤리의식을 고취시키는 기회를 마련하며, 셋째, 사회공헌을 통한 사회에 대한 지속적인 기여가 가능하며, 넷째, 우호적인 사회분위기를 조성하고, 다섯째, 기업시민으로서의 역할수행이 가능하다(최일섭 외, 2011).

우리나라 기업자원봉사의 발전적인 방안을 위해 다음의 우선 과제를 해결하는 것이 필요하다(이기백, 2016).

- 기업사회공헌활동에 대한 성과 평가 및 사회공헌 활동에 대한 사회적 영향력을 측정해야 한다. 기업사회공헌의 성과가 현재 실적중심, 기업 중심의 자의적 평가에서 조직, 지역사회, 수혜자의 변화라는 사회적 영향력을 객관적으로 측정하고 파악할 때 기업사회공헌의 본질적인 기능과 역할을 회복할 수 있다.
- 기업의 사회공헌에서 기업자원봉사 영역이 좀 더 강조되고 체계화되어야 할 필요가 있다. 이렇게 되기 위해서는 기업자원봉사 담당자의 전문성 및 역량강화, 기업의 특성과 지역사회욕구에 적합한 다양한 프로그램 개발, 임직원들의 폭넓은 참여를 촉진할 수 있는 다양한 운영체계 마련 등이 강화되어야 한다.

- 기업들이 시민단체(NGO) 등과 파트너십을 통해 일하려는 노력이 약하다는 것이다. 기업이 서비스 전달, 업무 완수 등의 능력은 뛰어나지만 사회변화를 일으키는 것에는 약하기 때문에 협업을 통해 사회변화를 만들 필요가 있다(정희선, 2015). 이를 위해 지역사회 내의 다른 단체나 기관과의 연계와 협조체계 구축이 필요하며, 공동 프로그램의 운영을 통한 지역사회 기관들과의 긴밀한 관계형성이 필요하다.
- 기업자원봉사를 위한 인재육성 및 역량강화, 파트너 간의 상호 이해 증진을 목적으로 기업실무자와 지역사회 수요처 담당자, 자원봉사단체 리더, 자원봉사센터 종사자를 위한 전문교육 과정 개설이 필요하다.
- 임직원자원봉사 프로그램 개발·지원을 위하여 임직원뿐만 아니라 가족, 협력기업, 지역주민 등이 함께 참여할 수 있는 다양한 프로그램 개발 및 운영이 필요하다.

■ 관련 (접속) 사이트
- 전국경제인연합회(사회공헌): http://www.fki.or.kr/Main.aspx
- 사회공헌센터: https://crckorea.kr/?menuno=169
- 자원봉사 아카이브(한국중앙자원봉사센터): http://archives.v1365.or.kr/
- 삼성복지재단: http://www.samsungfoundation.org/html/foundation/welfare_foundation.asp
- 아산사회복지재단: http://www.asanfoundation.or.kr/af/main.do
- 이랜드 CSR: https://www.elandcsr.or.kr/
- CJ 나눔재단: https://www.cj.net/csv/shareGroup/shareGroup.asp
- 생명 나눔재단: http://www.lifeshare.co.kr/main/main.php
- 아름다운은행(신한은행): https://www.beautifulshinhan.co.kr/

5. 기타 자원봉사

1) 대학교 자원봉사

대학생에게 바른 인성과 성숙한 자아 형성을 돕고, 중·고등학교시절의 의무적 봉사에서 벗어나 자발적으로 이루어지는 최초의 시기이다. 대학생들이 봉사활동을 통하여 개인의 올바른 자기실현과 공동체 정신을 회복·구현하고 봉사정신을 체득함으로써 전공교육과 함께 조화를 이룰 수 있는 인성을 갖추게 하는 데 의의가 있다.

대학생의 긍정적 자원봉사 경험은 졸업 후에도 지속적으로 자원봉사활동에 참여할 수 있는 장을 마련해주는 동시에, 하나의 건전한 여가활동을 제시해주는 기회가 된다. 우리나라 대학생 자원봉사활동은 1990년대 중반부터 일부 대학교에서 시작되어 현재는 대부분의 대학에서 자원봉사의 중요성을 인식하고 교과과정에 정규과정 혹은 비정규과정으로 '사회봉사' 교과목이 개설·운영되고 있다(대학생 자원봉사플랫폼'서울동행': https://www.donghaeng.seoul.kr/index.asp).

2) 문화 · 체육 자원봉사

(1) 문화 자원봉사

문화자원봉사는 '문화'와 '자원봉사'의 복합어로 문화적 공감과 삶의 질적 향상을 도와주는 것이 특징이며, 문화·관광·예술 및 체육진흥에 관한 활동을 일컫는다. 문화 영역에서의 자원봉사 프로그램은 그 활동 목적에 따라, ① 문화재 보존: 무형문화재 계승, 유형문화재 및 문화시설보호, 문화재 발굴, ② 문화생활 향상: 계몽 및 편익 제공, 생활불편 및 유해환경 개선, ③ 문

화 복지 서비스: 대인서비스, 문화시설 이용서비스, 넷째, 문화영역 후원: 행정서비스, 기술 서비스, 운영 서비스 등과 같이 구분할 수 있다.

(2) 체육 자원봉사

체육 자원봉사는 각종 스포츠 행사의 성공적 수행을 통한 국위선양 및 지역사회 공동체의식 함양 그리고 스포츠를 통해서 온 국민의 체력 향상을 도모하고, 스포츠의 생활화에 기여하는데 의의가 있다. ① 대규모 스포츠 행사에서는 대회관련 접수, 통역, 안내, 운전, 진행, 방송, 경기보조 등 거의 모든 영역에서 자원봉사활동은 필요하다. 최근에는 2018 평창동계올림픽, 2019 전국체육대회 등에서 자원봉사자들이 참여하였다. ② 소규모 생활체육분야 지원의 경우, 사회체육 활성화와 사회복지시설에서의 체육지원에 대한 수요급증으로 봉시활동이 요구되고 있다.

(3) 문화체육 연결시스템

문화체육 연결시스템인 문화품앗e를 통해서 자원봉사 신청하고 활동에 참여할 수 있다(문화품앗e: https://csv.culture.go.kr/frt/ko/introduce/intro/screen.do).

3) 종교단체 자원봉사

종교계의 자원봉사는 종교이념의 실현이며, 다양한 지역사회에 대한 정보와 풍부한 자원으로 공공분야의 여백을 보완해 줄 충분한 잠재력이 있다. 종교단체들 역시 자원봉사활동이 봉사자 자신의 삶의 질을 높여 줄 뿐만 아니라 종교인으로서의 본분을 다하는 데 필요하다는 인식에서 자원봉사활동에 많은 관심을 기울이고 있다. 대표적으로 한국교회봉사단, 원봉공회, 조계종자원봉사단, 서울가톨릭사회복지회 등이 활동하고 있다.

자원봉사센터와 재난관리

1. 자원봉사센터의 운영현황

1) 자원봉사센터의 개념

오늘날의 자원봉사활동은 자원봉사자 양적 증대, 자원봉사자의 다양화, 자원봉사 영역의 확대 등 사회는 매우 빠르게 변화하고 있다. 이런 추세를 반영하여 정부에서는 자원봉사활동의 효과적인 발전을 도모하기 위해 1997년 「자원봉사센터 설치 운영지침」을 제정하고 전국 시·군·구 단위에 자원봉사센터를 설치하기 시작하였다. 2005년 「자원봉사활동 기본법」 제정으로 법률적인 설치 근거를 마련하였으며, 2020년 현재 전국 245개소의 자원봉사센터가 설립·운영되고 있다.

자원봉사센터는 자원봉사를 하고 싶어도 언제, 어디에서, 무엇을, 어떻게 참여해야 할지를 잘 모르는 개인이나 단체와 자원봉사자 도움의 손길을 필요로 하는 수요처, 즉 시설 및 기관 그리고 지역사회를 연결시키는 역할에서 부터 시작되었다.

「자원봉사활동 기본법」 제3조 4항에 의하면, 자원봉사센터는 "자원봉사활 동의 개발·장려·연계·협력 등의 사업을 수행하기 위하여 법령과 조례 등 에 따라 설치된 기관·법인·단체 등이다."라고 정의하고 있다. 다시 말하 면, 자원봉사센터는 "자원봉사자 모집·연계와 그들의 역량강화를 위해 교 육·훈련, 기술지원 등을 하며, 자원봉사활동을 위한 조직화와 단체들과의 네트워크 형성 및 공급처와 수요처와의 연계·조정을 하고, 자원봉사와 관 련된 정보제공, 프로그램 개발, 각종 연구 및 조사 등의 역할을 하는 전문기 관"이라고 할 수 있다.

2) 자원봉사센터의 운영 형태

「자원봉사활동 기본법」 제19조(자원봉사센터 설치 및 운영)에서는 국가기 관 및 지방자치단체는 자원봉사센터를 설치하고, 국가는 자원봉사센터의 설 치·운영이 활성화될 수 있도록 적극 노력하여야 하며, 지방자치단체는 자 원봉사센터의 운영에 필요한 경비를 지원할 수 있도록 하고 있다. 이로 인해 국가와 지방자치단체의 적극적인 뒷받침으로 자원봉사가 시민운동으로 정 착될 수 있는 기반이 마련되었으며, 그 중심에 자원봉사센터가 있음을 의미 한다.

(1) 운영현황

자원봉사센터의 운영형태는 전국적으로 순수직영은 감소하고 법인운 영이 증가하고 있는 추세이다. 전국자원봉사센터 245개소 중 직영 127개 (52.8%), 위탁운영 45개(18.4%), 법인운영 73개소(29.8%)이다.

행정안전부(2019)에 의하면, 센터별 평균 상근인력은 6.4명(총1,570명)으

연도	계	직영	위탁운영	법인운영
2014	245	134 (54.7%)	55 (22.5%)	56 (22.8%)
2015	245	132 (53.9%)	50 (20.4%)	63 (25.7%)
2016	245	123 (50.2%)	54 (22.0%)	68 (27.8%)
2017	245	129 (52.7%)	46 (18.8%)	70 (28.6%)
2018	245	127 (52.8%)	45 (18.4%)	73 (29.8%)

표 12-1   연도별 자원봉사센터 운영형태(전국)[1)]

* 자료: 행정자치부 · 한국중앙자원봉사센터, 2019.

로서 민간인이 전체의 90.2%인 1,416명이며 공무원은 9.8%인 154명이다. 2018년도 예산현황은 국비 6.2%, 시 · 도비 27.8%, 시 · 군 · 구비 60.3%, 기타 5.7%이다.

2. 자원봉사센터의 기능과 역할

1) 자원봉사센터의 기능

일반적으로 자원봉사센터의 기능은, ① 프로그램 개발 운영, ② 자원봉사 수요처 개발 및 지원, ③ 자원봉사자 모집, ④ 자원봉사자 면접 및 배치, ⑤ 컨

---

1) • 직영운영: 지방자치단체에서 직접 운영하는 형태
   • 위탁운영: 사회복지법인 또는 비영리법인에게 위탁하는 운영형태
   • 법인운영: 지방자치단체에서 법인을 설립하여 운영하는 형태

설팅과 교육·훈련, ⑥ 자원봉사 팀 개발 및 육성, ⑦ 자원봉사활동 홍보 및 옹호, ⑧ 지역사회 자원의 네트워크, ⑨ 자원봉사자 인정과 보상, ⑩ 조사 연구, ⑪ 자료 및 정보제공의 기능으로 요약할 수 있다.

또한, 외국의 사례로 미국 촛불재단[2]은 자원봉사센터 기능을 다음과 같이 소개하고 있다. ① 지역사회 발전기획과 프로그램 개발, ② 모집과 배치, ③ 상담과 교육훈련, ④ 홍보 및 촉진, ⑤ 인정과 보상, ⑥ 자원봉사활동 정보제공, ⑦ 대변기능으로 설명하고 있다. 일본의 전국사회복지협의회는 자원봉사센터 기능을 ① 자원봉사자의 상담 및 모집, ② 자원봉사자 교육·훈련, ③ 자원봉사 수요처 배치, ④ 자원봉사에 대한 지원, ⑤ 자원봉사 홍보, ⑥ 학교자원봉사 교육 및 활동촉진, ⑦ 시민교육, ⑧ 연계망 구축의 8가지 기능을 설정하고 있다(이영철, 2009). 일본의 자원봉사 지침서로 나와 있는 자원봉사센터의 기본적인 기능은 미국 촛불재단에서 설정한 자원봉사센터와 큰 차이가 없으며, 자원봉사센터에서 시민교육 기능과 연계망 구축 기능을 담당하고 있는 것이 특징이다.

2) 자원봉사센터의 역할

지역사회 중심의 자원봉사센터는 기초단위인 지역 자원봉사센터가 가장 대표적인 역할을 수행하고 있다. 박태영(2004)은 자원봉사센터 역할로 지역사회 내의 주민들을 동원하여 자원봉사활동을 적극적으로 지원하는 것으로 자원봉사자에 대한 상담·조언, 자원봉사에 대한 인정 및 보상, 자원봉사의 조직화, 자원봉사에 대한 조사·연구 역할과 자원봉사의 활성화를 위하여

---

2) 촛불재단은 1990년 「국가 및 지역사회봉사법(National and Community Service Act)」을 제정으로 발족한 미국 전역에 있는 민간봉사단체들을 회원단체로 하고 운영자문 등의 기능을 수행하는 대표적인 비영리 민간기구로서 전국자원봉사센터(NVC)와 통합하여 산하에 500여 개의 자원봉사센터를 가진 전국기구이다(홍봉선, 2010).

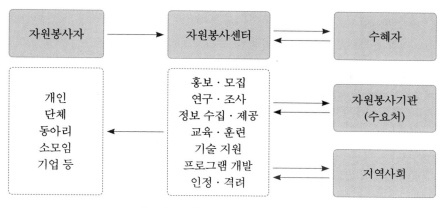

[그림 12-1] 자원봉사센터의 역할

수요처에 대한 욕구파악, 정보수집, 수요처와의 연계 및 정보망 구축에 대한 역할로 설명하고 있다. 또한 홍봉선(2010)은, 자원봉사센터는 지역사회에 자원봉사의 공급과 수요를 연결시키며 자원봉사단체들과의 긴밀한 네트워크 형성을 통하여 자원봉사활동을 지원하는 허브역할을 담당하는 곳이라고 정의하고 있다. 자원봉사센터는 지역사회를 기반으로 활동하기 때문에 지역사회의 다양한 자원봉사 관련 조직들과 연계되어 있고, 지역사회의 자원봉사에 대한 수요와 공급을 적극적으로 관리할 수 있으며, 또한 지역사회를 중심으로 한 지역주민의 지지와 참여를 유도할 수 있다(Agranoff & McGuire, 2001).

자원봉사센터의 주요 역할은 '자원봉사자의 모집과 연계, 자원봉사와 관련된 각종 연구 및 조사, 정보제공, 교육 및 훈련, 기술지원, 자원봉사 프로그램 개발과 활동을 전개하게 된다.

행정안전부(2019)는 자원봉사센터 역할을 명확히 규정하여 자원봉사센터와 봉사단체 간의 역할 중복으로 인한 혼선을 방지하고 중앙센터, 광역센터와 기초센터 간의 역할 구분을 통해 효과적으로 자원봉사 활성화를 추진하기 위하여 다음 〈표 12-2〉와 같이 역할을 구분하고 있다. 광역단위의 자원봉사센터는 자원봉사의 계획조직으로서의 성격을, 기초단위의 자원봉사센터는 실행조직으로서 역할에 집중하는 것이 바람직하다.

표 12-2 자원봉사센터의 역할 구분

중앙 자원봉사센터	광역 자원봉사센터	기초 자원봉사센터
• 자원봉사 정책 개발 및 연구 • 중앙단위 자원봉사기관·단체와의 협력체계 구축 • 지역자원봉사센터 지원 및 협력 • 자원봉사 아카이브 운영 • 자원봉사 국제교류 및 협력 • 1365 자원봉사포털 위탁운영 • 자원봉사센터 행정업무 정보화 지원 • 재난대응 및 지원체계 구축(현장 원봉사센터 설치 및 운영지원 등) • 자원봉사 확산을 위한 홍보 및 문화행사 • 그 밖에 자원봉사 진흥에 기여할 수 있는 사업 추진	• 중앙센터 및 시·군·구센터와 협력 체계 구축 • 광역단위 기관·단체·기업과의 협력 • 시·군·구 자원봉사관리자 및 지도자 대상 교육 • 자원봉사 아카이브 운영 • 자원봉사 프로그램 개발·보급 • 지역자원봉사 활성화를 위한 조사·연구 • 시·군·구 자원봉사센터 간 정보 교류 및 사업 조정·지원 • 1365 자원봉사포털 서비스 이용 및 회원 정보 관리·운영 • 재난대응 및 지원체계 구축(시·군·구 현장 자원봉사센터 설치 및 운영지원 등) • 그 밖에 특별시·광역시·도 지역의 자원봉사 진흥에 기여할 수 있는 사업	• 기초단위 기관·단체들과의 협력 체계 구축 • 읍·면·동 자원봉사자의 모집 및 교육·홍보 • 자원봉사활동 수요처에 자원봉사자 배치 • 자원봉사 프로그램 운영 • 지역자원봉사 및 공동체 활성화의 거점 역할수행 • 자원봉사 관련 정보의 수집 및 제공 • 1365 자원봉사포털 서비스 이용 및 회원정보 관리·운영 • 현장자원봉사센터 설치 및 운영 • 그 밖에 시·군·구 지역의 자원봉사 진흥에 기여할 수 있는 사업

출처: 행정안전부(2020).

3) 자원봉사센터 거점 운영

자원봉사센터의 거점사업은 2006년부터 서울시자원봉사센터에서 자원봉사활성화 사업으로 동 단위 자원봉사캠프[3]를 서울전역에서 실시하면서 전국으로 확대되었다.

행정안전부는 2010년부터 '자원봉사센터 거점운영'사업으로 자원봉사센터 기능에 포함하고 있다. 2020년 자원봉사센터 운영지침(행정안전부, 2020)에 의하면, 거점 기능은 ① 자원봉사활성화를 위한 참여, 봉사 · 나눔 활동의

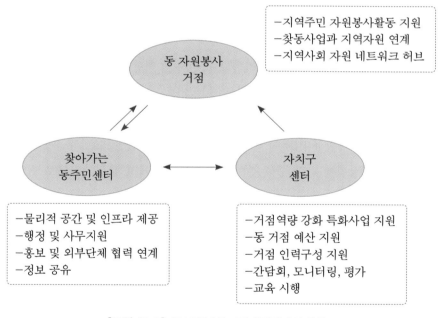

[그림 12-2] 동 자원봉사 거점 추진체계의 역할

---

3) 서울시자원봉사센터에서의 거점사업은 자원봉사캠프라는 명칭으로 거점센터의 역할을 시작하였다. 자원봉사캠프란 자원봉사센터 및 동 주민센터와의 협력관계를 기반으로 동단위의 자원봉사 활성화를 촉진하는 자원봉사 거점'을 말한다(서울특별시 자원봉사활동 지원조례 제2조 5항, 2019년 개정).

전초기지 역할 수행, ② 지역공동체를 활성화하고 지역통합에 기여하는 중심거점센터로 활용하고 있다. 또한 읍·면·동 자원봉사 수요에 적극적으로 대응할 수 있도록 주민들이 접근하기 편리한 기관·장소에 설치토록 하고 있으며, 동 주민자치센터, 읍·면사무소에 설치·운영하는 것을 권장하고 있다. 거점에서 활동할 자원봉사자(자원봉사 상담가)는 자원봉사활동 경험과 지식이 풍부한 숙련된 자원봉사자로 선정하여 주민이 주도하는 동네 자원봉사 활성화를 위한 플랫폼으로 운영되고 있다.

2019년 현재 전국적으로 1,501개소(2019년 기준)가 설치되어 운영되고 있다.

4) 운영주체별 자원봉사센터 운영현황

우리나라에서 자원봉사를 관리하고 조정하는 역할을 담당하는 기구는 중앙 차원에서 행정안전부, 보건복지부, 여성가족부 등의 부처가 담당하고 있다. 처음에는 보건복지부가 자원봉사 업무를 담당하는 주무 부처의 역할을 했으나, 자원봉사활동 영역이 확대되고 행정안전부 법안으로 「자원봉사활동 기본법」이 제정됨에 따라 주무 부처가 보건복지부에서 행정안전부로 변경되었다.

각 중앙부처에서는 개별적으로 자원봉사센터나 자원봉사 업무 담당부서를 두고 자원봉사활동을 행정적으로 지원하고 있다. 각 부처 산하의 자원봉사 담당과는 중앙에 있고, 시·군·구청 단위에서는 해당 부처 소속의 자원봉사 업무와 관련이 있는 여러 개의 부서가 자원봉사를 담당하고 있다. 지방의 경우 담당부서로는 복지정책과, 자치행정과 마을자치과, 민관협치과, 사회복지과, 주민생활지원과, 사회진흥과, 가정복지과, 청소년과 등이 있고, 일부 지방자치단체의 경우만 자원봉사 담당 또는 과를 두고 있다.

정부부처별 자원봉사센터의 현황을 살펴보면, 행정안전부의 자원봉사센터가 전국적으로 광역시·도, 시·군·구 단위에서 245개소가 설치·운영

되고 있으며, 보건복지부의 사회복지정보센터와 여성가족부의 청소년자원
봉사활동진흥센터가 광역시 · 도 단위에 17개소가 설치 · 운영되고 있다.

(1) 자원봉사 활동관리 시스템 운영

지금까지의 봉사활동의 형태를 보면 국가적 재난, 공공 서비스, 사회적 취
약 계층을 대상으로 한 수혜성 봉사활동이 주를 이루고 있으며, 봉사기관에
서 준비한 봉사활동에 자원봉사자가 단순 참여하는 형태의 자원봉사가 대부
분이라고 할 수 있다. 봉사시간 부여를 통해 자원봉사 참여 유도 및 양적 증
가의 목표는 일부 달성하였으나 시간 실적이라는 테두리에 갇혀 자원봉사
본래의 가치보다는 실적에 집중하는 등의 부작용으로 인해 질적 성장은 더
딘 편이다.

자원봉사 활동관리 시스템은 시간인증과 활동인증으로 구분할 수 있다.

① 자원봉사 시간인증 관리시스템

■ 운영주체별 시간인증 관리시스템

우리나라에서 자원봉사를 관리하고 조정하는 역할을 담당하는 기구는 중
앙 차원에서 행정안전부(자원봉사센터), 보건복지부(사회복지정보센터), 여성

표 12-3 자원봉사 관리시스템

구 분	행정안전부(1365)	여성가족부(dovol)	보건복지부(vms)
센터명	자원봉사센터	한국청소년활동진흥원 청소년자원봉사진흥센터	한국사회복지협의회 사회복지정보센터
설치근거	지침 및 조례	청소년기본법	사회복지사업법 제9조
설치단위 (설치 수)	광역시 · 도, 시 · 군 · 구 245개소	시도 단위(17개)	시 · 도단위(17개)

주요기능	자원봉사자 모집 및 배치	청소년봉사 활동 지원	사회복지 봉사활동 지원
운영형태	직영, 위탁, 법인	직영, 위탁	위탁, 사회복지협의회
봉사주체	시민 누구나	청소년	시민 누구나
자원봉사 활동처	수요처	터전	인증센터
자원봉사 관리자	수요처 관리자	터전 담당자	인증요원

가족부(청소년자원봉사진흥센터) 등이며, 각 부처별로 자원봉사 시간인증을 위한 관리시스템을 운영하고 있다.

■ 자원봉사 시간인증 관리의 문제점

자원봉사 관리시스템은 자원봉사 인프라가 형성되어 있지 않은 시기에 구축되어 20여 년간 자원봉사활성화에 기여해 왔다. 자원봉사활동 시간인증은 자원봉사자의 양적성장은 이루었으나, 활동내용의 질적 수준은 낮아 결국 자원봉사에 대한 만족도 저하로 이어져 시민들의 자발성과 흥미, 활동의 지속성에 방해요소가 되고 있다. 청소년, 대학생, 직장인, 지역주민 등이 참여하는 모든 봉사 활동은 1365 포털 등 관리시스템 속에서 시간과 연결되어 있다. 자원봉사를 하려는 사람들에게 시간인증은 초기에는 참여를 유인하는 효과를 주기도 한다. 그러나 이로 인해 자원봉사의 진정한 의미 찾기나 공익성 추구보다는 자원봉사 스펙을 쌓는 데 관심이 흐르면서 본래의 가치가 훼손되는 경우가 발생한다(이기백, 2017). 시간을 정해 주고 통계결과에 집중하다 보니 의무봉사가 되어 버려 봉사자들에게는 곧 부담이자 피로감이 쌓여 가고 있다.

자원봉사가 일상적인 시민문화로서 정착하지 못한 이유는 자원봉사를 처음 만나는 중 · 고교 시기부터 성인이 되어서 까지 자발적이 아닌 의무적으로 정해진 방식과 주어진 시간동안 봉사활동에 참여해야 한다는 것이다. 스스로 하고 싶은 봉사활동을 상상하며 준비하고 실천해야 재미있고 기억에 오래남는 활동이 될 수 있다.

시간으로 측정가능한 활동영역을 중심으로 자원봉사 프로그램을 개발하고 활동시간을 관리하는 일에 집중해 온 결과가 시민들의 평범한 일상과 연결된 다양한 활동으로 자원봉사의 영역을 넓히지 못하는 이유가 되고 있다.

현실적으로 자원봉사관리자들은 시민사회의 변화, 새로운 세대 유입에 대한 민감성을 갖기보다는 오히려 기존활동을 어떻게 잘할 수 있을까, 시간 관리를 잘하는 방법을 찾고 있다. 자원봉사자가 느낄 보람이나 성장대신 '자원봉사=시간실적'이라는 경험만 남게 되는 경우가 있다. 자원봉사 본래의 의미인 사회문제를 찾고 변화를 위한 활동, 즉 시민성의 회복을 위한 수동적인 관리자가 아닌 능동적으로 변화시켜 나가는 매니저로서의 역할이 필요하다.

② 자원봉사 활동인증 경험 관리

자원봉사 활동인증 시스템은 1365 자원봉사포털과 서울시자원봉사센터의 온라인 플랫폼 'V세상'에서만 운영하고 있다. 자원봉사 활성화를 위해서는 봉사활동에 대한 보상적 차원인 시간을 넘어 활동의 의미와 가치, 봉사자가 활동 중 느끼는 경험과 활동의 질적 성장이 우선 시 될 수 있도록 관리자들의 관리방식이 경험관리로 전환해 나가야 한다. 자원봉사자들이 자신의 봉사활동 경험을 이야기 중심으로 참여 동기, 활동에서 느낀 감동, 변화 상황, 평가 등의 내용을 담고 있다.

자원봉사 경험이란 '자원봉사자가 자원봉사활동의 출발부터 마무리 단계까지, 전 활동을 직 · 간접적으로 체험하며 얻게 되는 지식, 기능, 태도, 가치 등을 말한다. 또한, 자원봉사 경험관리는 자원봉사 활동처에서 사회적/개인적 변화에 초점을 두고 자원봉사자가 활동을 통해 얻은 경험을 긍정적으로

사례1

봉사활동을 하러 갔는데 이 활동을 왜 하는 건지 목적도 모르겠고, 필요한 봉사시간만
채우고 가라는 식이었어요.

사례2

내가 하는 이 활동은 지역과 이웃에 도움이 되는 의미 있는 활동이에요. 아주 만족하고
있고, 이 활동을 다른 사람들에게도 적극 권하고 있어요.
-반대사례: 글쎄, 제가 하는 이 활동이 얼마나 도움이 될까 싶어요. 그냥 안 하는 것 보
　다는 낫겠다 싶어 하긴 하는데…… 누구한테 같이하자고 말하기도 그래요

사례3

이 활동을 하는 것이 나의 성장에도 도움이 된다고 생각해요
-반대사례: 이 활동은 계속 반복적이고, 그냥 쓰여지는 활동이지 내가 성장한다는 느낌
　같은 건 없어서 자꾸 매너리즘에 빠지게 되네요

※ 출처: 서울시자원봉사센터(2020).

재해석할 수 있도록 활동을 기획 · 제공, 촉진하는 것이다. 이에 자원봉사관
리자는 자원봉사활동에서 자원봉사자가 얻게 된 다양한 경험을 긍정적으로
수용하거나, 가치 있는 활동으로 인식하게 하는 것이 중요하다.

3. 자원봉사센터의 활성화 방안

　2005년 「자원봉사활동 기본법」제정에 따라 행정안전부가 중앙부처별로
설립된 센터 간의 행정의 지원체계를 일원화하는 역할을 담당하는 주무 부
서이기는 하지만, 본래 의도한 바대로 행정의 일원화 체제를 구축하지 못하
고 있다.
　특히 대부분의 자원봉사센터가 중앙정부로부터 안정적인 재정적 도움을

받지 못하고 지방자치단체의 조례에 의거하여 행정적·재정적 지원에 의존하다 보니, 자치단체장의 관심과 의지에 따라 규모나 운영 형태, 재원 등에서 지역 간에 커다란 차이를 나타내고 있다.

　자원봉사센터는 지역사회에서 비전을 제시할 수 있는 기관이 되기 위해서는 자원봉사관리자의 전문성을 높이고, 중앙부처별로 운영되는 자원봉사센터 간에 네트워크를 구축하고, 지역사회의 욕구를 조사하여 그 해결방안을 제시하는 등 다각적이고 다양한 노력을 기울여야 할 것이다.

1) 행정안전부 자원봉사센터 운영의 민영화 강화

　2019년 자원봉사센터 운영지침(행정안전부, 2019)의 기본방침에 의하면 자원봉사센터는 민·관 협력의 기본정신에 입각하여 법인으로 운영하거나 비영리법인에게 위탁하여 운영하는 등 민간 주도 운영을 원칙으로 한다. 또한 주민의 자원봉사활동을 개발·장려하는 거점 역할을 수행하고 지속적으로 관련단체, 유관기관 등과 연계·협력을 강화토록 하고 있다. 그러나 2019년 지방자치단체가 직영으로 운영하는 형태가 현재 52.8%(총 245개소 중 127개소)이며, 지역별 분포로는 전남(95.6%), 인천(90.9%), 경남(89.4%), 강원(84.2), 서울(61.5%) 순으로 아직까지는 높은 비율로 나타난다. 센터장의 경우도, 직영 자원봉사센터도 자격요건을 갖춘 민간인으로 채용해야 하나 다수의 센터에서 민간인이 아닌 공무원, 또는 퇴직공무원을 선임하고 있어 현재의 운영 형태는 아직도 관변화 현상이 지속되고 있음을 알 수 있다. 앞으로는 자원봉사센터의 운영을 민간단체 운영으로 자율성과 자발성에 기초한 자원봉사전문조직으로 발전시켜 나가야 한다.

2) 각 부처별 자원봉사센터의 효율적 운영

현재 행정안전부, 보건복지부, 여성가족부는 각각 서로 다른 명칭으로 자원봉사센터를 부처 특성에 맞게 운영하고 있다. 현재까지 각 부처별로 사용하고 있는 자원봉사에 관한 시간인증시스템이 1365 포털시스템으로 일원화되었다. 그러나 시간실적 기준에 차이가 있고 수요처, 자원봉사단체, 자원봉사자, 관리자 역량강화를 위한 교육의 통일성은 각 부처마다 다르다. 이러한 문제를 개선하고 자원봉사센터가 효율적으로 운영되기 위해서는 여러 센터를 통합하고 조정할 수 있는 일원화된 체계를 마련하는 것이 필요하다.

3) 프로그램 개발 기능과 수요처의 범위 확장

자원봉사센터가 지역사회에서 발생하는 사회문제를 효과적으로 해결하기 위해서는, 지역 주민의 적극적인 참여와 지역사회와 관련있는 자원봉사활동 프로그램이 개발이 되어야 한다. 즉, 전통적인 자원봉사 수요처 외에 비영리단체, 시민사회 · 공익활동 영역 내 다양한 분야의 수요처 개발이 중요하다. 또한 시민 스스로가 자원봉사참여의 주측이 될 수 있는 역량을 키워나가고 참여 봉사자들은 활동을 통해 얻어진 경험이 지속적으로 이어져 나갈 수 있도록 해야한다(이선미, 2019). 이를 위한 지원시스템을 갖추는 것이 자원봉사센터의 핵심과제가 될 것이다.

수요처에서 운영하는 활동 프로그램의 양적관리가 아닌 활동내용을 중심으로한 질적인 경험관리가 중요하다. 행사 운영요원, 사무보조 등 단순 지원업무보다는 자원봉사자들이 보람을 느낄 수 있는 활동거리를 개발 · 운영해야 한다. 자원봉사자 만족도가 낮은 수요처를 대상으로 자원봉사센터에서는 적극적인 컨설팅이 필요하다.

4) 자원봉사 현장의 안전과 인권보장

자원봉사자는 자원봉사활동에서 일어나는 사고로부터 보호받고 인권이 존중되어야 한다. 그러나 동시에 자원봉사자가 서비스 대상자의 인권을 침해하는 가해자가 될 수도 있으며, 자원봉사관리자 역시 자원봉사자로부터 괴롭힘을 받는 경우도 있다. 안전이라 하면 흔히 사고로 인한 상해 등 물리적 안전을 가장 먼저 떠올리지만 모욕적 언사와 냉대와 같은 정서적 괴롭힘이나 성추행, 건강과 재산상의 피해와 같은 광범위한 인권의 영역도 자원봉사활동 현장에서 안전의 문제로 제기된다. 봉사활동의 때와 장소가 언제 어디서든 일상적인 자원봉사활동 현장에서 사고는 항상 일어날 수 있다. 따라서 사고 예방을 위한 점검과 대응체계도 늘 준비되어 있어야 한다(정진경, 2019). 안전사고로 노출된 위험은 특별한 경우가 아니고 일상적으로 매우 사소한 것에서 부터 시작된다. 빙판이나 눈길에 미끄러짐, 이동중 넘어짐, 모서리에 피부가 찢기거나, 부딪침, 음식을 만들면서 칼에 베임, 감전사고(수해시), 일사병, 교통사고 등 안전의식 소홀로 생각하지 못했던 곳에서 발생되는 사고가 현대해상(2014)의 전국상해보험 처리 건수에 의하면 연간 150건 이상 발생하고 있다. 봉사활동 기획 시 반드시 안전사고에 대한 예방 및 대책이 함께 계획되어야 하고, 지속적인 교육이 필요하다.

또한 자원봉사자는 자원봉사활동 전날이나 당일에 일방적으로 갑자기 취소 통보를 받거나, 봉사 현장에서 비인격적 언행을 당하거나 심지어 성희롱을 겪는 경우도 발생한다. 반대로 자원봉사자가 시민이나 수요처 종사자, 센터 직원의 인권을 침해하는 사례도 있다. 센터는 자원봉사현장에서의 안전과 인권보호를 위해서 자원봉사활동의 기획(홍보)에서부터 사전교육까지 자원봉사자들과 자원봉사활동의 인권적 의미를 제대로 짚어 내고 공유하는 노력이 필요하다.

4. 재난관리와 현장자원봉사센터

유류피해극복기념관

　　최근 들어 기후 환경 변화로 인해 재난이 더욱 자주 일어나고, 피해규모도 커지게 되면서 이제는 정부의 노력만으로는 피해복구 및 이재민 구호활동을 할 수 없는 현실이다. 재난환경은 매우 복잡·다양한 양상을 띄고 있으며, 예측 불가능한 재난의 발생으로 인하여 대규모 인적·물적 피해가 발생하고 있다(조창근, 2012). 이로 인해 수많은 자원봉사자가 재난복구 활동에 참여하고 있으며, 자원봉사에 대한 사회적인 관심이 높아지고 지역에서의 자원봉사자 참여가 증가하는 등의 긍정적인 측면도 증가하고 있다. 2017년 9월 15일 서해안유류피해극복 10주년 기념행사에는 123만 자원봉사자의 수고를 격려하는 축제와 유류피해극복기념관[4] 개소식이 진행되었고, 자원봉사 기적을 만든 희망의 성지로 선포되기도 하였다.

(1) 재난의 개념

재난이란 국민이 생명신체재산과 국가에 피해를 주거나 줄 수 있는 것으로서 다음 각 목의 것을 말한다(「재난 및 안전관리 기본법」 제3조).

(가) 자연재난: 태풍, 홍수, 호우(豪雨), 강풍, 풍랑, 해일(海溢), 대설, 낙뢰, 가뭄, 지진, 황사(黃砂), 조류(藻類) 대발생, 조수(潮水), 화산활동, 소행성·유성체 등 자연·우주·물체의 추락·충돌, 그 밖에 이에 준하는 자연현상으로 인하여 발생하는 재해

(나) 사회재난: 화재·붕괴·폭발·교통사고(항공사고 및 해상사고를 포함한다)·화생방사고·환경오염사고 등으로 인하여 발생하는 대통령령으로 정하는 규모 이상의 피해와 에너지·통신·교통·금융·의료·수도 등 국가 기반체계의 마비·「감염병의 예

---

4) 유류피해극복기념관(만리포): http://www.chungnam.go.kr/memorialMain.do

방 및 관리에 관한 법률」에 따른 감염병 또는 「가축전염병 예방법」에 따른 가축전염병
의 확산 등으로 인한 피해

(2) 재난관리 자원봉사 4단계 활동

「자원봉사활동 기본법」 제7조(자원봉사활동의 범위)에서는 재난관리 및 재
해구호에 관한 활동이 기록되어 있다. 재난 자원봉사활동은 공공기관에서
미처 파악하지 못하거나 손이 미치지 못하는 부분을 위해 활동할 수 있다는
강점이 있으며, 사회적 약자라 할 수 있는 노인, 어린이, 장애인, 임산부 등
의 인권을 보호하고, 그들의 요구에 알맞은 맞춤형 활동이 가능하다(전국재
해구호협회, 2007).

「재난 및 안전관리 기본법」 제3조 3항에서 재난관리란 재난의 예방, 대비,
대응 및 복구를 위하여 하는 모든 활동을 말한다. 재난관리는 재난재해 시 전
국네트워크를 통해 자원봉사자를 모집, 배치하여 복구하는 과정이며, 첫째,
자치단체 재해대책본부와 역할분담과 관계성, 둘째, 지역사회 다양한 조직과
역할분담, 셋째, 확보된 자원을 적재적소에 배치하는 절차, 넷째, 모집된 자원
봉사자를 통해 현장을 신속하게 복구 지원하는 과정이다(행정안전부, 2008).

표 12-4 재난 봉사활동 4단계

봉사단계	내용
예방단계	안전문화 운동, 안전감시단 활동, 재난구호교육 등
대비단계	구호물자 확보, 비상연락망 정비. 취약지역 점검, 관련기관 협력 논의
대응단계	피해조사, 인명구조, 급식, 구호품 전달, 심리적지지, 의료지원, 통신지원, 의연금품 관리, 전산지원 등
복구단계	가재도구 정리, 쓰레기 청소, 농작물 복구, 가옥도배, 전기수리 등 피해주민 정서적지지, 공동체 회복력을 위한 사례관리 등

출처: 이현숙(2017). 참조 수정.

(3) 재난재해 현황에 따른 자원봉사활동

최근 국내의 재난상황을 살펴보면, 2002년에 발생한 태풍 '루사'와 2003년 태풍 '매미', 2012년 우면산 산사태, 2018 충북 충주 수해복구, 2017 포항 · 2019 경주 지진와 같은 자연재난과 2007년의 '허베이스피리트호 태안기름유출 사고', 2014년 '세월호 침몰 사건', 2019년 강원도(속초, 고성, 강릉 일대) 산불, 감염병으로는 2002년 사스, 2012년 메르스, 2020년 코로나 등의 해마다 크고 작은 사회적 재난이 끊임없이 일어나고 있다. 이러한 재난을 겪으면서 한국 사회도 재난에 대한 인식과 대응방식에 많은 변화가 있어 왔다.

이러한 재난 발생시 자원봉사자들의 활동내용을 살펴보면 다음과 같다.

- 조사활동: 이재민의 안부 확인, 고령자의 안전 확인, 라이프라인 복구 현황조사, 피해 가구의 가재도구, 피해지역 안내지도 만들기, 무선통신 운영하기
- 기록 및 상담: 이야기 상대(고령자나 아이들과 함께하기), 아이 돌보기(집을 고치거나 복구 작업을 하는 부모들을 대신하여 아이 돌보기), 전화받기(안내 전화나 자원봉사 참여 상담전화 받기), 동화 읽어주기(유치원이나 초등학교, 혹은 대피소에서 아이들에게 책 읽어주기), 수화(장애인 지원활동), 현장 기록 활동(현장에서 이루어지는 활동들에 대한 기록, 사진 찍기 등), 외국인 안내(피해를 입거나 자원봉사자로 참여한 외국인들 안내), 상담활동: 피해지역 주민 또는 자원봉사자들의 스트레스 완화활동
- 이재민 지원 및 복구: 오염된 피해지역 폐기물이나 쓰레기 줍기 등, 이동(외출) 서비스(장애인이나 고령자의 외출 지원), 급수활동(라이프라인 복구 지원 및 급수활동), 길안내 (재해지역을 방문하는 사람이나 자원봉사자들에게 지역안내, 물자 전달), 대피소 청소 및 지원, 급식활동, 청소 및 세탁 활동 등의 활동에 참여한다(이애재 외, 2017). 코로나19 상황에서의 자원봉사활동은 마스크 만들기, 방역활동, 취약계층 안부묻기 및 돌봄, 골목상

권 살리기 캠페인 등의 다양한 활동들이 이루어졌다.

(4) 민간참여형 재난관리 네트워크

① 재난자원봉사자 관리체계 필요

평상시 재난대비 차원에서 자원봉사자를 체계적으로 관리하는 시스템은 없으며, 재난 시 1365 자원봉사포털시스템을 통한 봉사자 모집과 기관별로 등록을 받아 자원봉사자를 일시적으로 현장 배치하고 있다. 또한 행정안전부, 여성가족부, 보건복지부, 문화체육관광부 등 각 정부기관별로 자원봉사자를 별도로 관리하고 있기 때문에 재난 발생 시 필요한 부분에 적절한 배치가 이루어지지 않고, 부분적으로 중복되거나 필요한 부분에 배치되지 못하는 경우도 자주 발생하고 있다.

② 재난관리에 관한 안전교육 실시

재난의 위험은 언제 어디서나 있을 수 있으며, 자원봉사 현장이라고 예외는 될 수 없다. 재난관리는 사후대처보다 적절하게 대비된 재난 예방책이 재난의 피해와 위험을 줄여 준다. 재난관리 교육기관으로는 (사)시민안전파수꾼협회(재난초기대응을 위한 안전교육), 대한적십자사(안전강습, 재난교육(구호교육, 심리사회적 지지교육)등의 교육과정, (재)재난안전기술원(민간자격증으로 재난안전관리사 양성과정), 각 지역의 소방서를 중심으로 응급심폐소생술 교육, 자원봉사센터에서 일상적인 재난교육 등을 실시하고 있다. 또한 서울시자원봉사센터는 2018년부터 실제적인 재난상황을 대비한 훈련으로 재난 구호소체험캠프를 가족중심으로 운영하고 있다.

V세상 코로나 캠페인

재난구호소 체험캠프

③ 지역별 재난관리 거버넌스 조직화 필요

재난관리와 관련된 정부와 민간단체 그리고 지역사회 시민단체 등이 참여할 수 있도록 각 지역별로 재난관리 거버넌스(governance) 체계의 구축이 필요하다.

지역사회의 재난은 그 지역사회에 존재하는 모든 단체와 구성원에게 영향을 끼칠 수 있기 때문에 민간단체의 기능과 역할 분담은 매우 필요하다. 현실적으로 재난구호 분야에서만 정부조직(중앙, 지방자치단체)과 민간조직(대한적십자사, 전국재해구호협회) 간의 협력체계가 부분적으로 갖추어져 있는 정도이며, 재난 예방·대비·대응 단계에서의 민관협력체계는 매우 미흡한 실정이다.

(5) 재난현장 자원봉사활동의 문제점 및 발전방안

재난현장에서의 자원봉사활동 시 발생하는 문제점은 자원봉사자 활동관리와 민관협업 관계 측면으로 구분하여 살펴볼 수 있다.

재난활동관리의 문제점

- 자원봉사자 활동관리: 모집·등록, 수요조사, 현장인력 배치, 교육 지원 등의 영역으로 구분할 수 있다.
- 민관 협업관계: 초기 현장통제, 컨트롤타워 기능, 상황공유, 자원공급의 균형 등이 원활하지 않아 실질적인 현장지원에 한계를 가져올 수 있다.

통합자원봉사지원단

이러한 문제점을 해결하기 위해 행정안전부에서는 재난 자원봉사 창구 일원화와 자원봉사활동의 통합자원봉사지원단을 설치토록 하고 있다. 통합자원봉사지원단은 효율적인 재난 수습을 위해 지역재난안전대책본부[5]에 설치되어 재난대응 13개 협업기능 중 자원봉사 지원 및 관리 기능을 수행하고,

---

5) 지역재난안전대책본부(「재난 및 안전관리기본법」 제16조 제1항)이란 해당 관할 구역에서 재난의 수습 등에 관한 사항을 총괄·조정하고 필요한 조치를 하기 위하여 시·도지사 및 시장·군수·구청장이 설치하는 기구를 말한다(행정안전부, 2018)

재난 현장에 대규모 자원봉사활동이 요구되는 경우 지자체 판단에 따라 자원봉사센터 등을 중심으로 설치·운영하는 자원봉사활동 총괄·조정 기구, 즉 재난 현장자원봉사센터를 말한다.

◼ 관련 사이트
- 한국자원봉사센터협회: http://www.kfvc.or.kr/contents/main/
- 한국중앙자원봉사센터: http://www.v1365.or.kr/main/main.php
- 서울시자원봉사센터: https://volunteer.seoul.kr/
- 한국자원봉사협의회: http://www.vkorea.or.kr/
- 소방청: http://www.nfa.go.kr/nfa/
- 국민재난안전포털: http://www.safekorea.go.kr/idsiSFK/neo/main/main.html
- 대한적십자사: http://www.redcross.or.kr/main/main.do
- 희망브리지 전국재난구호협회: https://relief.or.kr/

제13장

우리나라 자원봉사운동의 과제

1. 자원봉사의 기본원칙 회복

자원봉사의 기본 원칙은 무엇이 자원봉사이고, 무엇이 아닌가를 구분하는 기준이며, 전 세계적으로 통용되는 자원봉사의 기본원칙은 무보수성, 자발성, 공익성 세 가지라 할 수 있다. 이 세 가지가 자원봉사의 정체성을 유지하는 기본원칙이라는 것을 알면서도 자원봉사의 의미를 확장하기 위해 각각의 원칙에 대한 또다른 재해석이 필요하다(자원봉사 이음[1], 2018).

- 무보수성: 자원봉사는 기본적으로 대가가 전제되지 않은 활동이다. 하지만 현실적으로 완전 무보수의 형태에서 다소 실비성의 대가가 주어지는 형태들이 존재한다. 특히 자원봉사가 정부·시장에 의한 '동원'이나 '

---

[1] 자원봉사 이음: https://blog.naver.com/volmanager/221421630124

상업화'의 논리에 영향을 받으면서 무보수성의 원칙에 왜곡이 나타나고 있다.
- 자발성: 자발성은 무보수성과 함께 자원봉사를 규정하는 기본적인 원칙이다. 그러나 자발성의 기준이 항상 명확한 것은 아니어서 논의를 통한 공감대 형성이 필요하다. 자발성은 다른 사람으로부터 영향을 받지 않고 자기 스스로 선택하고 행하는 것으로 시간과 재능, 경험을 도움이 필요한 이웃과 지역사회 공동체 형성에 아무런 대가 없이 활동하는 것을 말한다.
- 공익성: 무보수성과 자발성이 자원봉사가 갖추어야할 기본요건이라면, 공익성은 자원봉사활동에 포함되어있는 속성이라고 할 수 있다. 개인이나 영리를 목적으로 하지 않고 이웃과 지역사회 내에 산재하고 있는 문제를 해결하여 삶의 질을 향상시키기 위하여 활동하는 것 즉, 공공의 이익을 도모하는 것이다.

앞의 기본원칙과 관련하여 자원봉사 개념의 확장성과 새로운 자원봉사 영역이 확대 됨에 따라 다음과 같은 논의가 필요하다.

(1) 자원봉사개념의 확장과 인식 개선 노력 필요

자원봉사는 이미 기관 중심의 '단순서비스 제공형 노력봉사'에서 개인의 욕구와 관심에 기반을 둔 '재능기부형 자원봉사' '지역사회참여 활동' 등으로 질적인 변화를 보이고 있다. 이와 같은 현상을 고려할 때, 자원봉사 참여율이 감소하거나 증가하지 않는 경향은 봉사 자체가 감소하는 것이 아니라, 자원봉사가 다양한 모습으로 다원화 되어 가는 모습을 반영한 것이다. 즉, 봉사시간 입력으로 집계되는 전통적인 자원봉사활동은 줄어들고 있지만, 새로운 영역에서의 시민참여는 확장되고 있다. 자원봉사의 확장된 개념을 반영하여 자원봉사활동에 대한 인식을 개선하고 이미지를 제고하기 위한 노력이 필요하다. 또한 이제는 활동실적 중심의 시간관리가 아닌 자원봉사자가 습득한 경험관리로 전환되어 평생학습과 생애주기형으로 이어지는 봉사로의 인식이 확장되어야 한다. 그렇게 되기 위해서는 첫째, 사회복지 활동 중심에서 탈피한 사회이슈 해결활동에 참여 및 변화가 공유되어야 한다. 둘째, 시간인증을 중심으로한 1365 시스템의 한계 극복의 방안으로 일상생활에서의 이웃돕기 등의 나눔과 배려활동 등이 자원봉사로 포함되어야 한다. 셋째, 자원봉사자들의 감동적인 활동 스토리 공유를 통해 잠재적 시민봉사자가 발굴되어야 한다. 넷째, 시민들이 주도성을 가지고 '활동 제안 → 기획 → 자원개발 → 평가 등 전 과정'에 능동적으로 참여하는 문화가 조성되어야 한다.

(2) 공익적인 자원봉사활동 개발

자원봉사는 잠재된 공공성 개념을 자원봉사 현장에 확장적으로 적용하여 운영해야 한다. 자원봉사 현장에서는 일반시민이 쉽게 참여할 수 있고, 자원봉사의 가치를 재발견할 수 있도록 공익성을 담은 자원봉사를 개발해야 한다. 자원봉사가 일방적인 수혜활동에서 자원봉사자의 욕구에 부응하며, 사회문제를 해결하는 공익성을 담아야 하며, 대중적 생활과 문화로서 자리 잡아야 한다.

한국자원봉사문화(2017)의 자원봉사실태조사에 의하면, 자원봉사의 자발성과 무급성 등 기본철학에 대한 이해가 잘 안 되어 있는 것으로 나타나고 있다. 자원봉사자 일부가 활동비 수준 이상의 수당 지급을 당연한 것으로 인식하는 사회적 풍조가 일부 있고, 일부 공공기관들도 이러한 실비지만 수당지급 정책을 시행하고 있다. 이와 관련하여 '자원봉사활동의 대가를 어디까지 허용해야 하는가'(이철선 외, 2016)와 비자발적 사회제도로 인해 실시한 '자원봉사 경험이 향후 자발적인 자원봉사활동으로 전환될 수 있느냐'(김자옥 외, 2019) 하는 점도 계속 논의되어야 한다.

(3) 새로운 자원봉사 영역으로의 확대

자원봉사활동의 새로운 영역으로의 확장은 기존의 전통적 자원봉사활동에 대한 수요를 감소시키고 있다. 그간 정부와 자원봉사계에서 자원봉사 활성화를 위해 노력했음에도 불구하고 2009년 이후 현재까지 21~22%대로 감소하거나 답보현상을 보이고 있다. 여전히 단체봉사, 학생봉사 등에서 전통적 봉사활동에 대한 수요가 존재하지만, 최근 자원봉사 영역은 새로운 자원봉사모델의 발굴을 위해 사회적 경제, 사회혁신조직과의 연계·협력 방안을 고민하고 있다.

사회적 기업은 영리기업과 비영리기업의 중간 형태로 수익창출과 함께 취약계층 고용, 지역사회 공헌 등의 사회적 역할을 동시에 수행한다. 자원봉사와 사회적경제 영역의 연계와 관련하여 두 영역의 접목이 부적절하다는 우려와 두 영역의 연계를 통해 발전적인 관계를 모색할 수 있다는 의견이 모두 존재한다(최상미 외, 2017).

이와 같은 자원봉사의 변화기류를 살펴보면 첫째, 현장의 다양화로 자원봉사와 이웃한 공익활동의 시민운동(환경운동, 여성운동, 정치개혁운동 등), 마을만들기, 사회적경제, 사회혁신, 도시재생 등의 영역에서도 자원봉사활동이 나타나고 있다. 둘째, 공식/비공식으로 최근 들어 시민들이 기관·단체를 거치지 않고 스스로 사회에 참여하는 경향이 활성화 되고 있다. 이에 따라 전통적인 공식적 자원봉사 외에 개인들에 의한 다양한 자원봉사인 비공식적 자원봉사가 부각되고 있다. 자원봉사가 우리의 일상으로 뿌리내리지 못한 이유라고 정희선(2015)은 지적하고 있다. 그간의 자원봉사활동 노력들이 지나치게 의무적이고 조직적인 공식부문의 자원봉사에 치중함으로써 자원봉사의 큰 비중을 차지하고 있는 이웃돕기 등 비공식부문에 대한 관심이 부족했다는 점이 제기되고 있다. 또한, 시간으로 측정 가능한 활동영역 중심으로 자원봉사 프로그램을 개발하고 활동시간을 관리하는 일에 집중함으로써 일상과 결합된 다양한 활동으로 자원봉사의 영역을 넓히지 못했다는 점이다.

이렇듯 자원봉사의 정체성을 새로이 하고자 하는 흐름은 비단 우리 사회에서 뿐만아니라 전 세계 자원봉사에서 공통적으로 나타나고 있다(자원봉사이음, 2018). 가장 우선적으로 고려되어야 할 사항은 다음과 같다.

- 개인 도움을 넘어 사회적 가치 생성: 자원봉사는 단지 '불쌍한 개인'을 돕는 것을 넘어 동료 시민들이 서로 돕는 호혜성의 원리가 실현되는 사회적 과정으로 이해되어야 한다.
- 사회변화의 전략으로서 사회참여: 그동안 자원봉사는 개인적인 차원의 행위로 이해되면서, 사회에 미치는 영향력이 경시돼 온 측면이 있다. 사회적 조건, 사회변화를 이끌어 낼 전략으로서 자원봉사를 모색해 나갈 필요가 있다.
- 비영리성에 대한 재해석: 영리적 활동이 포함돼 있다 하더라도 공익성과 사회적 가치가 추구되고 있다면 자원봉사로 다룰 수 있다는 관점이 요구된다. 영리냐 비영리냐 보다는, 그것이 과연 공익을 추구하며 사회적 가치에 기반해 있는가에 대한 판단근거의 마련이 더 중요해지고 있다.

2. 자원봉사센터와 단체의 독립성

1) 민간중심 운영체계로의 개선

자원봉사활동은 지방자치단체와 민간단체가 공공재를 공동 생산하는 파트너십을 갖고 있으며, 동시에 이것은 지방자치단체의 활동 및 복지, 환경, 교육 등 사회 제반 영역에 대하여 감시, 비판하는 역동적 기능을 함께 갖고 있다. 만일 자원봉사센터가 이러한 역동적 기능을 수행하지 못한다면 센터는 자주성을 상실하여 정치적으로 이용되거나 관변단체로 낙인되어 주민들로부터 외면을 받게 될 것이다. 또한 정부의 과도한 개입을 유발하여 시민들의 자발적 참여를 저해하는 상황이 발생하게 될 것이다. 결국 자원봉사활동이 그 본질을 지속적으로 유지하기 위해서는 자원봉사센터의 관 직영체계를 탈피하고 전문성을 가진 민간 영역의 참여를 확대해야 한다는 것이다(박태영, 2004; 배기효 외, 2007).

우리나라의 자원봉사 영역은 「자원봉사활동 기본법」이 시행되기 이전까지는 민간이 주도했으나, 2006년 「자원봉사활동 기본법」의 시행 이래로 정부 주도로 활성화되어왔다. 정부는 자원봉사활동 진흥을 위해 「자원봉사활동 기본법」 제19조에 의거하여 전국의 지방자치단체에 자원봉사센터를 설립하였고, 제19조 제1항은 자원봉사센터의 운영을 법인 혹은 비영리법인에 위탁하여 운영해야 한다고 규정하고 있다. 그러나 제2항에서는 필요에 따라 국가기관 및 지방자치단체 역시 자원봉사센터를 운영할 수 있음을 밝히고 있어, 자원봉사센터의 운영을 지방자치단체가 직영하는 것을 허용하고 있다. 이는 민간자원인 자원봉사 영역의 운영 행태를 왜곡하는 여지가 되고 있어, 이 조항의 내용을 삭제함으로써 민간자원의 허브역할을 하는 자원봉사센터가 민간 중심으로 전환될 수 있도록 제도적 근거를 마련할 필요가 있다.

자원봉사센터의 운영을 민간운영 방식으로 전환하도록 하고 자원봉사의 자발성 원칙에 비추어 민간의 자율성을 바탕으로 운영되는 것이 바람직하다. 이는 직영 방식에 따른 퇴직공무원 낙하산 인사, 정치적 중립여부 위반, 공무원 순환보직과 전문성 저해 등의 문제점을 보완하는 효과를 기할 수 있고 민간주도로 자원봉사계의 체질 개선을 도모한다는 의미가 있다. 하지만 급격한 변화보다는 자원봉사센터의 민영화는 민간위탁이나 법인설립 등의 방식으로 운영을 민간화할 필요가 있다.

2) 자원봉사센터의 적정인력 및 전문인력의 배치

자원봉사센터의 활성화를 위해서는 자원봉사활동을 조정·관리할 수 있는 전문인력의 배치가 무엇보다 중요하다. 자원봉사자의 모집과 배치, 교육 및 인정·보상 기준의 마련, 다양한 봉사활동 프로그램의 개발과 봉사자 위기관리 등 봉사활동을 전문적, 체계적으로 관리할 수 있는 자원봉사 전문 인력 양성이 미흡한 점도 자원봉사 활동 증진의 걸림돌로 작용하고 있다. 이와 관련하여 전국의 자원봉사센터 운영형태(행전안전부, 2019)를 살펴보면, 전국 245개 센터 중 직영이 127개소로 52.8%를 차지하고 있어 우려의 목소리가 높다. 이는 자원봉사자들이 지역 행사에 동원되거나, 지방자치단체장의 정치수단으로 이용되기도 하고 일부 자원봉사센터는 관변 단체화된 모습을 보이기도 한다. 또한 자치단체장이 바뀔 때마다 자원봉사센터장도 바뀌거나 전문성 없는 인력이 배치되는 경우가 있어, 센터 운영의 연속성·전문성을 저해하는 요인이 되고 있다. 일부 지방자치단체가 직영하고 있는 자원봉사센터의 경우, 자원봉사활동을 일반 행정수준에서 다루고 있으며 전문인력의 채용을 원천적으로 봉쇄하고 있다. 그리고 민간단체가 운영하고 있는 센터의 경우에는 해마다 직원수가 미미하게 증가하고는 있으나 처우의 열악성으로 전문인력을 지속적으로 유지하지 못하고 있다. 자원봉사센터에 실제 배치된 인력규모는 시도별 평균 5.8명으로 매우 부족한 실정이다(행정안전부, 2019). 자원봉사센터가 위치한 자치단체의 인구수 및 자원봉사자 수 등의 지역상황에 맞는 적정인력의 배치가 필요하다.

3) 자원봉사센터 유형에 따른 특성화와 역할분담체계의 구축

우리나라 자원봉사센터 조직의 가장 큰 문제점은 정부 관련 부처별로 설치하고 지원하고 있는 조직체계에 있다. 때문에 정부 부처별로 지원하는 방

식과 운영하는 형태가 다르며, 센터별로 이용 대상이 달라 종합적인 지원체
계로서 자원봉사센터의 기능을 수행하는 데는 현실적으로 많은 한계를 포함
하고 있다(박태영, 2004; 배기효 외, 2007). 그러므로 조정자 중심의 자원봉사
센터가 적절한 기능을 수행하기 위해서는 관련 부처별로 자원봉사센터 간에
협조가 필요하다. 따라서 자원봉사센터별 특성화와 전문화에 따른 역할설정
상 업무의 중복을 피하고, 자원봉사활동의 효율성과 효과성을 증대시킬 수
있다. 이를 위해서는 자원봉사센터 간의 유기적인 협력관계 구축이 필수적
이라 할 수 있다.

4) 확장된 시민사회영역과 협력프로그램의 연계

현재 자원봉사 프로그램의 질적향상을 위해서는 청소년, 청·장년, 노인
등 대상별 특화 프로그램의 개발과 더불어 사회적경제,[2] 찾아가는 동주민센
터 등 확장된 시민사회 영역과의 연계·협력 프로그램 개발을 통해 지역사
회 민간자원을 효율적으로 조직화할 필요가 있다. 사회적경제 영역에서의
자원봉사 프로그램은 사회적경제 조직의 활동을 지원하는 노력봉사와 비즈
니스 컨설팅을 제공하는 프로보노 봉사 두 가지 측면을 모두 고려하여 기획
할 필요가 있다. 찾아가는 동주민센터와 자원봉사센터 간 연계의 경우 찾동
의 읍·면·동 단위의 시민참여 사업에 대한 봉사자 모집과 교육을 자원봉
사센터가 지원하는 모델을 제안할 수 있다(최상미 외, 2017).

마지막으로 자선 영역과의 연계 방안 역시 검토해 볼 수 있다. 자원봉사
영역의 주요 과제로 논의되어 온 의제의 다양화, 새로운 영역의 개발, 방식
의 다양화는 자선 영역의 고민이기도 하다. 자선 영역 또한 의제 확장과 더

---

2) 최근 들어 각 지자체별로 사회적경제라는 조직을 만들어 민간의 참여를 위한 협동조합의 설립·
  운영을 지원하고 있다.

불어 최근 사회적 경제 영역을 새로운 배분처로 고려하기 시작하였으며, 클라우드 펀딩을 포함한 온라인 모금, 계획기부 등 다양한 방식의 모금을 시도하고 있다. 기부와 봉사의 상호 연계를 통해 두 영역의 시너지를 이끌어 내어 민간자원 활용의 효과성을 강화해 나가야 한다.

3. 생애주기별 자원봉사 활성화

생애주기(Life-Cycle)란 인간이 태어나면서부터 생물학적, 사회·경제적으로 성장, 변화하는 과정을 거치게 되는 것을 말한다. 자원봉사활동이 개인에게 주는 의미와 가치는 전 생애를 통하여 영향을 미치며, 인생의 전 단계에서의 긍정적 경험은 다음 단계로 그 활동을 지속시킨다. 자원봉사는 개인의 잠재된 능력을 최대한 개발할 수 있는 여건과 분위기를 만들어 주는 생산적이고 역동적인 활동이다. 이에 따라 출생하여 사망하기까지 수많은 연령층위의 연속으로 이어진 생애주기별 자원봉사활동의 양태가 달라지고 있다. 이제 자원봉사는 연령의 주기에 따라 한시적으로 하는 활동이 아닌 전 생애에 걸쳐 참여하는 사회적 책무로 인식되어야 하며, 자원봉사 참여자와 수혜자가 이분되지 않고 자원봉사 안에서 서로를 넘나들면서 사회적 관계를 확장하여야 한다. 이를 위해 지역현장과 주민들의 요구에 부응하는 다양한 생애주기별, 개인특성별, 사회연계형 자원봉사 프로그램을 적극 개발하고, 여건 조성을 위한 각종 지원정책을 수립해야 한다.

생애주기 자원봉사는 학령기, 청·장년기, 신노년기, 노년기 세대로 구분할 수 있다. 인생주기에 따른 세대별 욕구에 기반한 자원봉사 프로그램 개발이 자원봉사의 성장에 가장 중요하다. 인생주기의 연속성을 반영하여 현세대의 자원봉사 수혜자가 성장하여 그 프로그램의 자원봉사자가 될 수 있는 선순환구조의 지속성을 강화한다는 목표의식을 갖고 운영될 수 있어야 한다.

| 표 13-1 | 성별·연령별 자원봉사 활동 현황 |

구분	총계	남성	여성	10대	20대	30대	40대	50대	60대이상
실인원 (%)	4,290,985	1,717,225 (40.0)	2,573,760 (60.0)	2,038,698 (48.6)	574,612 (13.4)	268,328 (6.2)	562,092 (13.0)	454,486 (10.6)	392,769 (9.1)
연인원	30,619,226	11,648,383	18,970,843	8,450,654	3,094,812	1,657,070	5,005,498	6,117,020	6,293,272

출처: 행정안전부(2019).

2018년 기준으로 남성 자원봉사자는 전체의 40.0%로 여성 자원봉사자 규모보다 다소 적지만, 과거에 비하면 남성들의 참여가 꾸준히 증가하고 있다. 연령별로는 학생 자원봉사가 많은 10대(48.6%)와 20대(13.4%)가 가장 많으나, 30대(6.2%)에 들어서 참여율이 급락하고 있음을 확인할 수 있다. 또한 고연령층(60대 이상)의 자원봉사 활동 참여(9.1%)가 상대적으로 저조한 실정에 있다.

생애주기별 자원봉사활동은 '요람에서 무덤까지 자원봉사'로 함께하는 것을 의미하나 지금까지는 연속성보다는 분절적으로 자원봉사가 이루어져 왔다고 볼 수 있다.

1) 학령기 세대 자원봉사

학령기 전 초등학생 이하 세대는 건강한 성장이 중요하며 일상생활 속에서 배려와 상생의 정신을 배울 수 있도록 가정과 교육기관, 지역사회의 공동 노력이 필요하다. 자원봉사실천에 입문하기 전 이웃을 생각하고, 함께 나누는 학습이 우선되어야 한다.

학령기 세대인 중·고등학교의 자원봉사활동은 학교제도하에서 시간실적으로 인해 자발성이 매우 떨어지며 '자원봉사를 왜 하는지'에 대한 동기부여가 되어 있지 않고 이로 인해 다음 생애단계로 이어지지 못해 자원봉사가 단절되는 더 큰 문제를 초래하고 있다.

자원봉사활동이 현행 입시위주 교육환경에서 의무적·형식적 활동에 치우치고 있다는 지적이 끊임없이 제기되고 있다. 10대 청소년의 자원봉사 참여율은 청소년 봉사활동제도의 영향이 큰 것으로 볼 수 있지만, 전 생애에 걸친 자원봉사의 지속화에는 효과적이지 않다는 것을 알 수 있다(김의욱, 2019). 학생 자원봉사활동이 평생 봉사학습(lifelong service learning)으로 이어질 수 있도록, 자원봉사 관련 교과과정을 개발·보급하고, 교사대상 훈련 및 교육프로그램 개발이 시급히 이루어져야 한다(박세경 외, 2010).

서울형봉사학습실천학교

고려해 볼 수 있는 대안으로 봉사학습(service learning)기회를 제공하는 교육융합 자원봉사 개발 및 확산의 전략이 필요하다. 초중고 학교의 의무봉사 시간을 학생 주도적 봉사학습 활동이 될 수 있도록 학교와 지역사회가 함께 설계하여 자원봉사 순수 개념이 혁신적 교육효과를 향상시킬 수 있고 청소년들에게 생애시작 봉사경험으로 자리잡을 수 있어야 한다. 더불어 학생생활부에 단순히 봉사시간만 입력하는 현 시스템에서 봉사내용을 기재하도록 권장해야 한다(김자옥 외, 2019). 이에 대해 서울시교육청과 서울시자원봉사센터가 공동사업으로 추진하는 서울형봉사학습실천학교[3]가 적합한 모델사례가 될 수 있다.

서울동행

대학생의 경우도 사회봉사과목과 연계되어 봉사활동이 진행되고 있으나 최근 들어 참여율이 하향하는 추세에 있다. 이 역시도 전통적인 사회복지적 측면의 자원봉사에 치중되어 있어 다양한 학습경험과 연계되지 못해 지속성이 낮아지는 결과를 초래하고 있다. 대표적인 사례로 '서울동행[4]'에서는 대

---

3) 서울형봉사학습실천학교란 학교가 지역자원들과 연계협력을 통해 다양한 봉사학습을 경험하며 창의력과 문제해결 능력을 기르는 학교이다. 서울시교육청과 서울시자원봉사센터 업무 협약으로 2019년부터 시범사업으로 운영하고 있다.

4) 서울동행은 서울시자원봉사센터에서 2009년부터 운영하는 대학(원)생들이 자신의 재능과 경험을 필요로 하는 초중고 동생들에게 나누는 봉사활동으로 자신을 성장시키고 사회리더로 발전하는 봉사프로그램이다.

학생들의 창의성·주도성으로 참여하는 봉사활동과 진로연계, 관심영역에 따른 프로보노 멘토단 연계사업을 통해 봉사와 진로, 청년으로서 갖추어야 할 인성까지도 함께 체득될 수 있도록 학습과 경험이 가능한 프로그램 개발과 관리체계를 만들어 가고 있다.

2) 청·장년 세대 자원봉사

청년들의 자원봉사 참여율은 다른 연령대에 비해서 낮은 상태에 있으며, 이는 학교 교육과정을 통해서 부양되고 있는 청소년 봉사활동정책이 갖는 한계를 상징적으로 드러내고 있다. 이러한 청년층의 참여부족은 앞으로 자원봉사 참여가 증가되기 어렵다는 적신호로 여겨진다(김의욱, 2018). 20~30대 연령층은 사회생활을 시작하는 노동가능 인구로서 이 연령층의 공백으로 인해 지속적으로 자원봉사활동 경험이 이어지지 못하는 문제점이 심각하게 나타나기 때문이다. 이들 연령층 역시 현실적으로 여가 시간이 매우 부족하기 때문에 무엇보다 '접근성'에 대한 문제를 해결해야 할 것이다. 이에 대한 방안으로 기업의 자원봉사프로그램을 적극 활용하여 직장인들에게도 그 필요성과 장점을 자각할 수 있도록 도와주어, 지속적인 여가생활로 이어질 수 있는 발판을 마련해야 할 것이다(김효선 외, 2011).

특히, 여성의 경우, 육아로 인해 어쩔 수없이 경력단절이 되는 문제가 심각하다. 또한 이 시기는 소속된 직장이나 사업체에서 혼신을 다해 일하는 시기이므로 우리나라 여건상으로 자원봉사 참여 시간이 부족하며 퇴직 이후를 준비하기에는 다소 어려움이 따른다. 반면, 중년기 여성의 자원봉사활동은 자녀세대에 대해 긍정적인 모델링 역할을 하며, 미래의 노년기를 바람직하게 보내기 위한 예비사회화의 학습과정으로 보면서 이는 특히, 가정 내에서 각각의 발달단계가 다른 가족원들에게 긍정적인 영향을 미치며 사회화의 과정을 순환적으로 제공한다는 의미가 있다(박경혜, 2003).

청년세대와 장년·노년세대의 통합적 연결고리로서의 자원봉사 프로그램 개발이 필요하다. 몇 가지 고려할 수 있는 대안은 다음과 같다(김자옥 외, 2019). ① 청년층 대상 프로그램으로는 젊은 세대의 자기주도성, 전문성, 창의성을 발휘할 수 있는 새로운 봉사 플랫폼의 개발과 더불어 취·창업, 비즈니스 활동과 봉사의 융합을 검토해 볼 수 있다. ② 제3차 국가기본계획에서도 포함되어 있는 정부의 공공기관 및 지역단체 수요처와 연계하는 청년봉사단[5] 프로그램 시범사업이 구체화될 필요가 있다. ③ 경력단절 여성의 자원봉사 활성화에 관한 세부적인 추진전략이 필요하다. 여성발전센터, 여성능력개발센터, 여성인력개발센터 등을 통해 잠재적 여성 자원봉사 인력 풀을 확보하고, 지역별 예술교육센터와 문화복합시설, 그리고 지역아동센터와 연계하여 보유하고 있는 기능과 어머니로서의 노하우를 통해 다양한 활동에 참여할 수 있고 특히, 장애어린이 미술활동 등의 구체적인 여성 자원봉사자 프로그램을 기획할 수 있다고 제언한다. 또한, ④ 핸즈온[6] 자원봉사를 직장 내 자원봉사조직의 활성화 전략으로 실행할 수 있다. 기업 내 사회공헌팀, 직장 내 자원봉사 조직을 대상으로 점심시간이나 하루 일과 중 짧은 시간을 할애하여 자원봉사활동에 참여할 수 있으며, 사회적 경제 영역과 연계하는 방식을 고려할 수 있다. ⑤ 장년 세대는 자원봉사를 통한 자아재발견의 기회가 되고, 다가올 제2의 인생 설계를 도울 수 있는 다각적인 퇴직 전 프로그램의 개발과 지원책이 마련되어야 한다.

---

5) 청년층의 사회참여 역량제고 및 사회문제 해결 기여, 사회변화를 주도하는 청년리더 양성을 목적으로 지역의 비영리단체·기관 또는 사회적 기업에 배치되어 지역사회변화 프로젝트 및 사회공헌활동 중심으로 수행하는 청년국가봉사단을 말한다(2018~2022, 행정안전부, 2018).

6) 핸즈온(Hands On)이란 현대인의 생활양식에 맞는 유연한 자원봉사의 형태로 바쁜 시간에 틈을 내어 짧은 시간 자원봉사활동에 참여하는 것을 말함(서초구자원봉사센터).

3) 신노년 세대 자원봉사

신노년 세대(5060 세대)는 그간의 개별경험을 사회환원할 수 있는 자원봉사 개발과 지역 내 신노년층의 전문성이 요구되는 봉사일감과 효과적 매칭이 필요하다. 이금룡(2009)은 퇴직으로 인하여 상실된 활동에 대치할 만한 다른 활동의 참여가 필요하게 되는데, 이에 대한 해답이 자원봉사가 될 수 있다고 강조한다. 이 세대는 사회에 참여하고 싶고, 교육 받고 싶지만, 정보를 찾기는 너무 어렵다고 한다. 현재 50+센터, 노인복지관, 기업 은퇴자교육기관, 평생학습기관에서 관련 교육을 진행하고 있지만, 교육 후 실체적 활동과 잘 연계되지 않아 불만을 표현하고 있다. 반대로 자원봉사현장에서는 봉사자를 찾기가 어렵고, 실비를 제공하지 않을 경우에는 자원봉사자 확보가 더 어려워지고 있다.

4) 노년기 세대 자원봉사

노인 자원봉사 영역에서는 노력봉사부터 전문봉사를 아우르는 넓은 봉사프로그램 개발이 필요하다. 전국적으로 많은 공공기관 및 복지관이나 경로당 등의 민간 기관들이 노인을 대상으로 활동비 등의 수당을 지급해 자원봉사활동을 지원하고 있다. 활동비나 수당을 받는 활동도 자원봉사로 생각하는 심각한 자원봉사 정신과 원칙이 문제가 제기되고 있다. 이 세대의 자원봉사활성화 대안으로 퇴직공무원뿐 아니라 전국의 은퇴자들의 봉사활동을 지원하는 국가 차원의 '국가은퇴자봉사단' 조직과 운영을 심각하게 고려해 볼 수 있다. 미국의 '시니어봉사단(Senior Volunteers)', 영국의 '은퇴자자원봉사단(Retired Senior Volunteer Program: RSVP)'을 벤치마킹해 한국형 '국가은퇴자봉사단'을 창단해 볼 만하다(행정안전부, 2017).

이 세대에 대한 자원봉사 활성화 과제는 개인의 문제일 뿐만 아니라 우리

사회가 안고 있는 국가적 · 사회적 문제에 속한다. 보살핌의 대상에서 나눔의 주체로서, 부양받는 노인에서 책임지는 노인으로 신노인상을 구현하여 건강하고 건전한 노인문화로 정착 · 승화하는 것이 필요하다.

5) 세대통합 자원봉사: 가족단위 자원봉사

세대통합 자원봉사는 세대 간의 차이에 대한 간극을 좁혀 상호 이해의 폭을 넓힐 수 있다. 가족프로그램이나 1 · 3세대 통합프로그램을 지금보다도 더욱 개발, 확대해야 한다. 가족프로그램은 부모 · 자녀 · 배우자 · 형제자매 등 가족을 단위로 자원봉사에 참여하여 가족문화로 자리 잡을 수 있는 기반을 만들어가는 것이 중요하다.

특히 어린이가족봉사단 지원을 강화하는 방안이 마련되어, 어린 자녀를 자원봉사 현장에 데리고 올 수 있는 자원봉사환경을 조성하는 것이 필요하다. 이것이 생애주기 자원봉사의 시작이 될 수 있다.

결론적으로 생애주기별 자원봉사 활성화를 위해서는 대상별 맞춤형 정책지원이 다각적으로 필요하다. 생애 전 세대를 아우를 수 있는 통합적 지원 · 조정기구가 있어서 컨트롤타워 역할을 해야 한다. 이렇게 되려면 우선적으로 자원봉사가 공공의 보조적 수단과 적은 비용으로서의 시민참여가 아니라 새로운 사회적 관계와 가치를 생산하기 위한 사회적 투자라는 인식으로 바뀌어야 한다. 이것이 전 세대적인 긍정적 경험의 연속성과 평생학습으로서의 정착이 되고, 자원봉사 문화로서 자리 잡을 수 있는 지름길이 될 것이다.

4. 코로나19 시대, 자원봉사 패러다임의 변화

신종 코로나바이러스 감염증(코로나19)[7]이 팬데믹(pandemic)[8] 현상을 보이면서 전 세계인의 삶에 치명적인 영향을 미치고 있다. 코로나19는 2019년 12월에 중국 우한에서 시작되어 한국을 비롯한 전세계로 급속도로 확산되었고, 2020년 9월 10일 현재 확진자 수는 세계 27,841,981명, 국내 21,743명(중앙재난안전대책본부)이며, 신규확진자 수가 지속적으로 증가되는 추세를 보이고 있다.

코로나19가 장기화되면서 국민들의 일상이 멈추었고 평범한 일상이 사라지게 되었다. 정부의 사회적 거리 두기[9] 지침에 의하여 사람을 만나는 대면 활동이 위축 및 중단되었다. 이러한 코로나 상황을 대응하면서 다양한 영역에서 비대면 방식으로의 변화와 새로운 시도들이 이루어졌다. 드라이브 스루를 활용한 선별진료소 운영과 도서대출 서비스, 방 안에서 언택트로 연극, 뮤지컬, 음악공연, VR 전시회 등이 온라인 방식으로 시도되었다. 또한 사람 간의 관계 단절로 인한 외로움과 심리적 고립 등의 악화, 우울증과 자살 등

---

7) 코로나19(COVID-19, CORONAVIRUS DISEASE 2019의 약자): 2019년 12월 중국 우한에서 처음 발생한 이후 중국 전역과 전 세계로 확산된, 새로운 유형의 코로나바이러스(SARS-CoV-2)에 의한 호흡기 감염질환이다. 코로나바이러스감염증-19는 감염자의 비말(침방울)이 호흡기나 눈·코·입의 점막으로 침투될 때 전염된다. 감염되면 약 2~14일(추정)의 잠복기를 거친 뒤 발열(37.5도) 및 기침이나 호흡곤란 등 호흡기 증상, 폐렴이 주증상으로 나타나지만 무증상 감염 사례도 드물게 나오고 있다(네이버 지식백과 시사상식사전).

8) 팬데믹(pandemic): 전염병이 전 세계적으로 크게 유행하는 현상. 또는 그런 병. 보통 제한된 지역 안에서만 발병하는 유행병과는 달리 두 개 대륙 이상의 매우 넓은 지역에 걸쳐 발병한다.

9) 감염병 확산을 방지하기 위해 사람 사이의 접촉을 줄이는 것. '물리적 거리 두기'라고도 한다. 사람들이 서로 만났을 때 일정한 거리를 유지하는 것뿐 아니라 사회에서 사람들이 접촉하는 모든 기회, 즉 기업, 학교, 종교단체 등 일상생활에서 사람들이 접촉할 수 있는 물리적 기회를 줄여 원천적으로 접촉 자체를 줄이는 예방법을 의미한다. 이를 위해 재택근무, 휴교, 온라인 종교예식 등이 권장된다(다음백과).

의 코로나블루[10] 증상이 심화되어 이를 위한 심리적 방역(예: 서울시 COVID 심리지원단)프로그램들이 진행되었다.

자원봉사활동에도 코로나19는 그간 이전의 대면, 조직적·집합적 활동, 대규모 행사 등이 온라인·비대면 활동, 생활 속 거리 두기와 위생과 방역을 강화한 개인 및 소규모 활동, 온·오프라인 병행하는 참여방식으로 변화하였다. 자원봉사자의 안전을 최우선으로, 출입 시 열체크, 방문자 명부록 작성, 손소독제 비치, 마스크 착용, 언제나 소독활동과 생활방역을 실시하고 있다. 그동안 주요 활동처인 사회복지기관, 교육기관, 문화체육시설, 무료급식소 등이 문을 닫았고, 자동적으로 봉사활동도 휴면상태가 되었다. 청소년 봉사활동도 교육부의 방침으로 지역사회와 연계된 개인활동을 하지 못하고 학교내 활동 위주로 진행되고 있다. 더욱이 그간 활발히 진행되었던 해외봉사의 경우에도 전세계의 코로나19 확산으로 하늘길이 막힘에 따라 원조활동이 전면 중단되는 초유의 사태로 번지게 되었다. 각 대학과 해외원조단체, 심지어 코이카까지도 해외봉사사업이 중단되어 파견되어 있던 중장기 봉사단도 국내로 복귀하게 되었다.

봉사활동 방식도 언택트(비대면) 방식의 봉사로 전환되면서 거동불편 노인을 위한 도시락배달 봉사의 경우, 도시락을 전달하며 건강상태와 안부를 확인하고 필요한 가사돌봄을 제공하는 기존의 방식에서 도시락 가방을 문고리에 걸고 목소리만으로 안부를 확인해야 했다. 이렇듯이 상당부분의 기존의 봉사활동의 방법을 수정해야 하는 봉사현장에서의 고심은 높아져 가고 있다.

또한 기존의 대면활동은 중단되었지만 코로나 상황에서의 새로운 봉사활

---

10) '코로나19'와 '우울감(blue)'이 합쳐진 신조어로, 코로나19 확산으로 일상에 큰 변화가 닥치면서 생긴 우울감이나 무기력증을 뜻한다. 문화체육관광부와 국립국어원은 '코로나 블루'를 대체할 쉬운 우리말로 '코로나 우울'을 선정했다고 밝혔다(네이버 지식백과, 시사상식사전).

동 프로그램이 개발되는 새로운 국면에 접어들게 되었다.

그동안 코로나 예방활동으로 자원봉사자들이 마스크를 직접 만들어서 취약계층에게 전달하거나 정부에서 제공하는 공적마스크를 우선적으로 필요한 사람들에게 양보하자는 착한마스크 캠페인이 전개되었다. 각 지역에서는 방역활동, 의료진을 포함한 자원봉사자들 수고에 감사하는 '덕분에' 캠페인 및 자가격리로 힘든 상황에 있는 분들을 위한 응원캠페인 등 성숙한 공동체 문화조성에 앞장서 왔다. 또한 기업 등 민간자원 연계를 통한 취약계층 발굴 및 지원활동을 하고 있으며, 콩나물 기르기 키트, 화분 등을 제공하여 집에서 마음을 돌보는 심리적 방역활동 및 위기의 골목상권을 살리는 가치소비 캠페인 등 지역경제 살리기 운동에도 지역별 자원봉사센터가 지역주민들과 자발적으로 앞장서서 전개해 오고 있다.

이제 자원봉사계는 코로나19의 시대적 변화에 적응하기 위한 언택트/온라인 방식으로 자원봉사범주를 확장하고 그 활동을 전개해야 한다. 자원봉사 가치를 중심으로 현재의 시간관리 방식에서 과감히 벗어나 자신의 봉사경험을 공유하고, 다양한 사람 중심의 이야기로 감동을 주는 경험관리 방식으로 변화해야 한다. 자원봉사활동이 위축되는 시기가 아니라 새로운 방식의 자원봉사로 더 발전되는 전환기로 만들어 나가야 할 것이다.

참고문헌

고재욱 외(2013). 행복한 사회를 만들어 가는 자원봉사론. 경기: 양서원.

관계부처합동(2018). 자원봉사활동 진흥을 위한 제3차 국가기본계획(2018~2022).

김동배(2006). 시민사회와 자원봉사. 서울: 학지사.

김범수, 신원우(2006). 지역사회복지론. 경기: 공동체.

김범수 외 공저(2016). 자원봉사론. 서울: 학지사.

김복운 외(2008). 자원봉사센터 운영의 혁신적 활성화 방안-경기도 자원봉사센터를
　　중심으로 지방자치단체 직영과 민간위탁 비교연구. 경기도 연구단.

김영호, 오정옥, 김상조, 문해숙, 이은경(2006). 자원봉사의 이론과 실제. 서울: 창지사.

김은희, 김수정(2019). '자원봉사, 인권을 만나다'. 한국중앙자원봉사센터.

김의욱(2019). 자원봉사 진흥정책의 전환과제, 제3차 국가기본계획 수립 공청회 토론
　　자료. 한국자원봉사협의회 · 행정안전부.

김자옥 외(2019). 자원봉사와 시민서비스. pp. 24-25.

김자옥, 문상석, 민윤경(2019). 포괄적인 자원봉사 운영을 위한 자원봉사센터 체계 개
　　선방안 연구. 서울시자원봉사센터.

김자옥, 조철민, 홍송이(2018). 제1차 서울시 자원봉사 진흥을 위한 기본방향 수립 연
　　구(2018~2022). 서울시자원봉사센터.

김현호(2006). 자원봉사론. 혜진서관.

김효선, 윤소영(2011). 연령통합적 여가 측면에서 본 자원봉사활동의 연령별 실태분
　　석. 한국가족자원경영학회지, 15권 2호.

남미애(1997). 우리나라 자원봉사활동 체계모형개발에 관한 연구. 부산대학교 대학원
　　박사학위논문.

류기형 외(2003). **자원봉사론**. 서울: 양서원.

문영희(2017). 청소년자원봉사 관리체계 개선을 위한 질적 사례연구. 원광대학교 행정대학원 석사학위논문.

박경혜(2003). 중년여성의 자원봉사활동과 자아정체감이 위기감에 미치는 영향. 이화여자대학교 대학원 석사학위 논문.

박상욱, 이기백(2017), 2018 평창동계올림픽대회 및 동계패럴림픽대회 자원봉사자 참여동기 및 인정보상 인식 연구보고서. 서울시자원봉사센터. Frame연구소

박세경, 김유경, 이영민, 정진경, 이주연(2010). 민간복지자원확충을 위한 자원봉사활성화 방안 모색. 한국보건사회연구원.

박윤애(2007). 자원봉사관리자의 역량강화를 위한 비전만들기: 국가기본계획의 자원봉사관리 및 핵심인력 양성을 중심으로. 한국자원봉사포럼.

배기효, 김한양, 김현수, 남연희, 도기봉, 오현숙, 이미영, 전영록, 조당호(2007). **자원봉사론**. 경기: 공동체.

볼런티어 21(2001). **자원봉사센터 운영매뉴얼**.

볼런티어 21(2005). **자원봉사관리자 교육**.

서울시자원봉사센터(2004). **서울시 자원봉사 관리지침**. 서울시자원봉사센터.

서울시자원봉사센터(2020). **서울시 자원봉사센터**.

송민경(2016). **자원봉사의 NEW 패러다임**. 경기: 지문당.

송현주, 임란(2016). 베이비붐 세대의 부양부담이 노후준비에 미치는 영향. 전북: 국민연금공단.

승금희(2005). **자원봉사론**. 서울: 대왕사.

신승연(2016). 자원봉사자 모집 선발과 면접. 김범수 외 편저. **자원봉사론**. 서울: 학지사.

심현정, 정나라(2018). 5가지 키워드로 본 5060세대의 가족과 삶. 2018 미래에셋 은퇴라이프 트렌드 조사 보고서. 서울: 미래에셋은퇴연구소.

오영수(2015). 자원봉사 홍보 및 모집 배치. **자원봉사관리자 교육교재**. 한국자원봉사협의회.

유성호(1997). **자원봉사 프로그램 관리와 리더십**. 아시아 미디어리서치.

윤은섭(2008). 자원봉사관리과정이 자원봉사자의 활동유효성에 미치는 영향.

이강현(2013). **자원봉사의 길**. 서울: 아르케.

이금룡, 강은경, 박준기, 구재관, 조봉실, 이기백, 이권일, 박상욱(2009). 노인 **자원봉사**

실천론. 서울: 학지사.

이기백(2017). 일상의 작은 활동에서 찾아내는 변화의 의미. 제2회 전국자원봉사센터 실천지향 컨퍼런스 PLUG-IN.

이란희(2015). 자원봉사 프로그램 개발과 평가. 자원봉사관리자 교육교재. 한국자원봉사협의회.

이란희(2019). 제4회 전국자원봉사센터 연찬회 자료집. 한국자원봉사센터협회.

이민창(2006). 자원봉사 진흥을 위한 국가본계획 의제선정 연구용역. 조선대학교 산학협력단·행정안전부.

이병순 외(2010). 자원봉사실천가가 풀어쓴 자원봉사론. 경기: 공동체.

이선미(2019). 개인화 시대, 시민활동을 지원하는 자원봉사 큐레이션. 제4회 전국자원봉사센터 실천지향 컨퍼런스 PLUG-IN. 한국자원봉사센터협회.

이성록(2005), 자원봉사어드바이져. 서울: 미디어 숲.

이성록(2005). 자원봉사 확대정책과 사회복지계의 과제. 한국사회복지협의회.

이성록(2005). 자원봉사 활동관리 이론과 실제. 서울시자원봉사센터.

이영철(2009). 지역사회복지론. 경기: 양서원.

이용관(2015). 누가 자원봉사를 더 많이 하는가?. 보건사회연구. 35(1).

이인영(2020). 온라인 자원봉사란 무엇인가. 한국중앙자원봉사센터. 자원봉사정책저널. Vol. 16.

이재완 외(2009). 충남지역 자원봉사활동의 실태와 활성화 방안. 충남발전연구원.

이철선, 이연희, 남상호, 김진희(2016). 자원봉사자의 사회적·경제적 가치분석-사회서비스 산업을 중심으로. 한국보건사회연구원 연구보고서 2016(49).

일본전국사회복지협의회 홈페이지. www.vms.or.kr.

자원봉사문화(2014). 전국민 자원봉사, 기부, 이웃돕기 실태조사.

자원봉사 이음(2018). 2019~2021 자원봉사 비전선언문. 한국자원봉사협의회.

자원봉사 이음(2018). 자원봉사의 새로운 개념과 지향에 관한 명제.

자원봉사이음, 종교계자원봉사협의회, 한국자원봉사문화, 한국자원봉사센터협회, 한국자원봉사포럼, 한국자원봉사협의회(2018). 시민의 자발성과 주도성의 힘으로 지역사회를 혁신하기 위한 자원봉사 표준정책 제안. 6.13 지방선거에 대한 정책제안 자료집.

전영수(2020). 대한민국 인구 소비의 미래. 서울: 트러스트북스.

정민석, 김대성, 심미경(2010). 전라남도 자원봉사센터의 운영 활성화방안. 세미논단.

정병순(2019). 변화하는 시민사회와 자원봉사센터의 미래. 제4회 전국자원봉사센터 실천 지향 컨퍼런스 PLUG-IN. 한국자원봉사센터협회.

정선희(2003). 참여형태에 따른 청소년 자원봉사활동의 만족도에 관한 연구. 공주대 학교 대학원 석사학위논문.

정지애(2007). 중년여성 자원봉사활동 참여도에 영향을 미치는 요인. 이화여자대학교 사회복지대학원 석사학위 논문.

정진경(2016). 서울시 「동 자원봉사거점」 운영모델 개발 연구. 광운대학교 산학협력 단 · 서울시자원봉사센터.

정희선(2015). 시간관리 프레임을 넘어서는 일상의 자원봉사 문화. 제6회 전국자원봉사 컨퍼런스 자료집. 한국자원봉사협의회 · 한국자원봉사센터협회.

정희선(2015). 시간관리 프레임을 넘어서는 일상의 자원봉사 문화. 제8회 전국자원봉사 컨퍼런스. 한국자원봉사협의회.

조휘일(2002). 현대사회와 자원봉사. 서울: 홍익재.

조휘일, 정재훈, 원미순, 박윤순(2009). 자원봉사론. 경기: 공동체.

주성수, 박영선, 정희선(2015). 서울시 자원봉사 발전방안 연구. 서울시자원 봉사센터 연구용역. 한양대학교 제3섹터연구소.

지규원(2015). 한국 퇴직공무원의 사회공헌 활성화에 관한 연구-퇴직공무원 사회 공 헌 인식분석을 중심으로. 숭실대학교 대학원 박사학위 논문.

천 희(2015). 자원봉사 관리자의 역할과 윤리. 자원봉사 관리자 교육자료. 한국자원봉사 협의회.

최덕경 외(2006). 자원봉사론. 경기: 공동체.

최덕경, 김기정, 박경애, 박창우, 배은숙, 이명원, 이혜자, 정은미, 정혜선(2007). 자원 봉사론. 경기: 공동체.

최상미, 신경희, 이혜림(2017). 서울시 자원봉사 실태와 활성화 방안. 서울연구원.

최유미 외(2012). 자원봉사 기초교육 매뉴얼. 한국중앙자원봉사센터.

최은숙(2016). 자원봉사활동과 갈등. 김범수 외 편저. 자원봉사론. 서울: 학지사.

한국자원봉사의 해 비전 선언문 : https://blog.naver.com/volmanager/221421633426.

한국자원봉사협의회(2003). 자원봉사 교육과정 표준화 연구.

한국중앙자원봉사센터(2018). 현장자원봉사센터 운영체계 연구.

한국중앙자원봉사센터(2019) 예방적 차원에서 본 자원봉사현장의 안전과 보호. 자원
　　봉사정책저널 통권 제12호.

행정안전부(2008). 자원봉사활동관리 표준매뉴얼 개발 연구보고서.

행정안전부(2020). 2020년 자원봉사센터 운영지침.

행정안전부, 한국중앙자원봉사센터(2019). 2019 자원봉사센터 현황(통계편).

현외성(1998). 대학사회봉사론. 서울: 유풍출판사.

KOICA ODA교육원, KCOC(2016). 세계시민 첫걸음 필독서-국제개발협력 입문 개정증보
　　판. http://kov.koica.go.kr.

Agranoff, R. & McGuire, M. (2001), "After Networks is formed: Process, power, and
　　performance", In Myrna P, Mandell(ed.), *Getting Results through Collaboration:*
　　Networks and Network Structures for Public Policy and Management. Westport,
　　Connecticut: Quorum Books.

Dunn, P. C. (1995). Volunteer Management. *National Association of Social*
　　Workers. Encyclopedia of Social Work(19th ed.). Washington D. C.: United
　　Way of America.

Ilsley, P. J., & Niemi, J. A. (1981). *Recruiting and Training Volunteer.* New York:
　　McGraw-Hill Book Company.

llsley, P. J. & Niemi, J. A. (1981) *Recruiting and Trainning Voiunteers.* New York:
　　McGraw-Hill Book Company.

Lynch, R. (1983). *Designing volunteer jobs for result.* Voluntary Action Leadership.
　　Summer.

McCurley, S. & Lynch, R. (1994). *Essential volunteer Management.* New York:
　　VMSystems and Heritage Art Publishing.

Reginald, O. York. (1982). *Human Service Planning: Concepts, Tools and Methods.*
　　Chapel Hill.

Scheier, I. H. (1980). *The task enrichment system: A first outline.* Volunteer
　　Administration.

찾아보기

인명

내용

저자 소개

김범수(金範洙, Kim BumSoo)

bumsk21@hanmail.net

일본 도시샤(同志社)대학 대학원 석사 및 박사(사회복지학 전공)

행정안전부 자원봉사실무위원 역임

한국사회복지사협회 국가시험 및 자격제도위원회 위원장 역임

평택대학교 사회복지학과 교수 역임

일본 도시샤(同志社)대학 객원교수

사단법인 고앤두인터내셔널 회장

후즈파 협동조합연구원장

주요 저서
『지역사회복지론』(제5판, 공저, 공동체, 2019)

『다문화사회복지론』(공저, 양서원, 2007)

이기백(李起百, Lee KiBaik)

sinsa2377@nate.com

동국대학교 행정대학원 박사(행정학 전공)

상명대학교 가족복지학과 겸임교수 역임

2018 평창동계올림픽 자원봉사 전문위원·권익위원회 위원 역임

서울시사회복지사협회 이사 역임

서울시자원봉사센터 사업총괄부장

서울시의용소방대, 북한산국립공원, 서울시청소년활동진흥센터 등 자문위원

주요저서
『노인자원봉사실천론』(공저, 학지사, 2009)

수상경력
대통령 표창(서해안유류피해극복 유공) 등

자원봉사론
Volunteer Management

2021년 2월 10일 1판 1쇄 발행
2023년 10월 20일 1판 4쇄 발행

지은이 • 김범수 · 이기백
펴낸이 • 김 진 환
펴낸곳 • (주) **학지사**
　　　　04031 서울특별시 마포구 양화로 15길 20 마인드월드빌딩 5층
대표전화 • 02) 330-5114　　팩스 • 02) 324-2345
등록번호 • 제313-2006-000265호

홈페이지 • http://www.hakjisa.co.kr
인스타그램 • https://www.instagram.com/hakjisabook

ISBN 978-89-997-2309-4　93330

정가 18,000원

출판미디어기업 **학지사**

간호보건의학출판 **학지사메디컬** www.hakjisamd.co.kr
심리검사연구소 **인싸이트** www.inpsyt.co.kr
학술논문서비스 **뉴논문** www.newnonmun.com
원격교육연수원 **카운피아** www.counpia.com